SE HABLA ESPAÑOL

Curso de lengua, cultura y ortografía para hablantes de herencia.

Margarita Casas
LBCC

Índice

Capítulo 1: Relaciones mixtas

Capítulo 2: Costumbres y tradiciones

Capítulo 3: Educación y sociedad

Capítulo 4: El mundo hispano

Capítulo 5: Los ídolos del pueblo

Capítulo 6: Arte y sociedad

Capítulo 7: El dinero y la felicidad

Capítulo 8: Tecnología y sociedad

Cuaderno de ortografía

Cuaderno de gramática

Para los estudiantes

¡Bienvenido(a)! Estos materiales fueron escritos contigo en mente. Ojalá que con estas páginas aprendas no solo acerca de tu idioma, sino también sobre la gran riqueza cultural del mundo hispano, y que los temas propuestos sean una herramienta para reflexionar sobre nuestra identidad cultural, nuestro papel en la sociedad, y a entender mejor cómo funciona nuestro idioma, esta maravillosa herramienta de comunicación.

Para los profesores

Comencé a enseñar clases de español para hablantes de herencia hace varios años. Junto con esta aventura inicié también la búsqueda del libro de texto "perfecto". Sin embargo, tal libro nunca apareció, en particular por el alto precio de los libros de texto. Por estas razones decidí escribir mis propios materiales. Este es el segundo curso que escribo con el propósito de crear un programa de estudio accesible y a un bajo costo para los estudiantes.

He organizado este libro tratando de hacerlo lo más flexible posible, para que sea fácil para los profesores elegir las partes que más se amolden a las necesidades de sus estudiantes. El libro consiste en tres componentes que se pueden combinar al gusto: 1) Ocho unidades temáticas para leer, aprender, conversar y analizar temas de interés y actualidad. Estas unidades incluyen temas generales para mejorar el uso de la lengua y entender el sistema verbal del español; 2) Un cuaderno de ortografía organizado alfabéticamente; 3) Un cuaderno de gramática con temas cortos y actividades. Las tres partes del libro cuentan con actividades adicionales de mecanización en Quia, en la página **Se habla español** (https://www.quia.com/pages/mcasas/page111). Las actividades en Internet son de acceso libre y gratuito.

Los materiales que aquí presento son un reflejo de mi filosofía: Aunque todas las variantes de un idioma tienen validez, nuestros hablantes de herencia deben adquirir la habilidad de distinguir entre registros normativos y coloquiales. Los alumnos que deciden tomar esta clase generalmente son estudiantes que recibieron toda su educación en inglés. Usan el español con fluidez para comunicarse en situaciones de la vida diaria, pero podrían incrementar su vocabulario y gramática para desenvolverse en situaciones más formales, y usar la lengua en situaciones profesionales con seguridad y sin preocuparse si es "espanglish" o no. Al igual que en mi curso anterior, entre los materiales hay numerosos ejemplos que contrastan el español influenciado por el inglés con el que no lo está, así como las estructuras gramaticales que producen interferencia para quienes conocen el inglés y el español.

Con el objetivo de mantener los materiales a un costo accesible, he elaborado actividades a partir de textos del dominio público, pero el Internet ofrece una gran variedad de literatura moderna a la que los estudiantes pueden acceder. Otro gran recurso valioso para complementar el texto son los videos de *TedTalk* en español. No solo ofrecen temas interesantes para explorar, sino que también permite que los estudiantes se familiaricen con acentos diferentes.

La organización de los materiales

El libro está dividido en tres partes independientes: Capítulos temáticos, un Cuaderno de ortografía y un cuaderno de gramática. Esta organización ofrece la mayor flexibilidad para que los profesores puedan elegir los temas a cubrir en sus clases.

Organización de cada capítulo

Cada capítulo explora un tema diferente y contiene las siguientes secciones recurrentes:

Temas   Es un artículo breve que presenta el tema e invita a analizarlo y a compartir experiencias. Incluye una sección de comprensión

Palabras Es una sección con actividades para expandir el vocabulario.

Por escrito Esta sección da consejos para escribir mejor (uno de los mayores retos de los estudiantes de herencia) y propone temas para que los estudiantes escriban.

Expansión Se ofrece una lista ideas para explorar películas, música, videos o literatura relacionados con el tema del capítulo y, posiblemente, presentarlos y compartir con la clase o hacer trabajos escritos.

Nuestras lengua Tiene como objetivo presentar las bases gramaticales de la lengua de una manera sistemática. Incluye actividades para mejorar el control sobre las conjugaciones en los diferentes tiempos y modos del español, y los usos del subjuntivo (otros temas gramaticales más concisos aparecen en el Cuaderno de gramática).

Contrastes Una de las dificultades más grandes que tienen los hablantes de herencia es interferencia del inglés en sus conocimientos del español. Esta sección busca entender la diferencia entre el español estándar (normativo) y el llamado espanglish, el cual no es fácilmente comprendido por hispanohablantes de otros países, particularmente si no hablan inglés. El objetivo de esta sección no es eliminar el espanglish -el que puede ser parte de la identidad de los estudiantes-, sino reconocerlo y ayudar a los estudiantes a familiarizarse con el español normativo y con el uso de palabras y expresiones usadas en los diferentes países hispanos.

Para conversar Esta página ofrece información sobre temas diversos o interesantes que puedan ser del interés del alumnado. El formato de pequeñas cápsulas informativas permite usarlos de manera casual si una clase tiene cinco o diez minutos adicionales.

Tesoros Es un lugar para inspirar y recordar la magia de nuestras naciones.

Cuaderno de ortografía

Presenta explicaciones accesibles sobre los puntos difíciles de la ortografía española. Está organizado alfabéticamente e incluye actividades dentro del libro y también actividades mecánicas en Internet (de acceso gratuito).

Manual de gramática

Es una compilación de temas cortos para mejorar el estilo y evitar errores comunes.

Capítulo 1

Relaciones mixtas

Objetivos culturales

Reflexionar sobre los conceptos de raza y las relaciones entre diferentes grupos étnicos

Reflexionar sobre la identidad

Objetivos lingüísticos

Familiarizarse con las conjugaciones del presente del indicativo, incluyendo verbos irregulares, con cambio en el radical y pronominales.

Contenido

Antes de leer

Conversen en parejas o grupos para responder las preguntas con sus opiniones.

1. En tu experiencia, ¿es más fácil relacionarte con personas de tu grupo étnico que con otros? ¿Por qué?

2. ¿Conoces algún matrimonio que sea mixto?

3.¿Qué crees que significa la expresión "matrimonio mixto"? ¿Cuáles son dos ejemplos diferentes?

Estrategias de lectura

Antes de leer
Anticipa el texto: Echa un vistazo al título y a las gráficas o ilustraciones. Haz dos predicciones sobre lo que crees que dirá el texto.

Durante la lectura
Escribe al margen del texto la idea más importante de cada párrafo.
Subraya las palabras que no entiendas y busca su significado al final de la primera lectura. Después vuelve a leer el texto.

Matrimonios mixtos

Gonzalo Guerrero fue un español que vivió durante los años de la Conquista. Sabemos que sobrevivió un **naufragio** en la zona de Yucatán y que los mayas lo tomaron como prisionero. Para sobrevivir, Guerrero aprendió el idioma maya y su cultura. Poco a poco fue aceptado y hasta compartió con los mayas técnicas de **combate** que les permitieron **ahuyentar** a los conquistadores. Guerrero se convirtió en una figura muy respetada en su nuevo hogar y se casó con la princesa Zazil. Cuando Hernán Cortés llegó a esta zona intentó rescatarlo, pero Guerrero **se rehusó** a abandonar su patria adoptiva. Esto fue lo que le dijo a Jerónimo de Aguilar: *"Hermano Aguilar, yo soy casado y tengo tres hijos, y tiénenme por cacique y capitán cuando hay guerras. Id vos con Dios, que yo tengo labrada la cara y horadadas las orejas. ¿Qué dirán de mí cuando me vean esos españoles ir de esta manera? Y ya veis estos mis hijicos cuán bonicos son".*

Guerrero **abandonó** por completo su vida anterior, su lengua y su cultura y, aunque fue un caso **aislado** en su contexto histórico, no fue único. En los Estados Unidos el primer matrimonio mixto del que se tiene conocimiento ocurrió en 1614 entre John Rolfe, dueño de una plantación, y Matoaka, una mujer nativo-americana que ha pasado a la historia con el nombre de Pocahontas. Aunque las relaciones informales entre hombres blancos y mujeres negras o nativas eran comunes, las relaciones entre mujeres blancas y hombres negros estaban muy mal vistas. Una ley de 1664 en Maryland dictaba que si una mujer blanca se relacionaba con un hombre negro, ella pasaría a ser propiedad del dueño del esclavo negro, y los hijos producto de tal unión también serían esclavos hasta cumplir los 30 años (*Interracial Marriage History and Timeline*, Tom Head, 2020).

En 1853, un maestro negro, William G. Allen, intentó casarse con Mary King, una mujer blanca que había sido su estudiante. Una multitud que se oponía estuvo a punto de lincharlos, pero la pareja logró escapar. Se casaron en secreto y partieron rumbo a Inglaterra, donde vivieron el resto de su vida, al parecer en la pobreza. Cabe mencionar que Williams era hijo de una mujer mulata y un hombre blanco.

Segregación racial

Históricamente, la prohibición de que dos personas de diferentes razas se casen y tengan descendencia es una manera efectiva de perpetuar la segregación racial. No solo se separa efectivamente a la población, sino que se evita el mestizaje, un producto que borra las fronteras entre etnias.

Históricamente, el término de *matrimonio mixto* se ha usado para referirse a uniones en las que se casan dos personas que tienen religiones diferentes, algo que también ha sido desalentado en muchas culturas. En la historia de Guerrero y de su esposa Zazil, sin duda se trataba de una unión de religiones diferentes. Cuando la diferencia entre dos personas no es de religión, sino de grupos ancestrales diferentes, se usa el término "matrimonio interracial". Este **concepto** evita hablar de *razas* ya que estas son una construcción social subjetiva basada en diferencias percibidas como el color de la piel. Si el tono de la piel nos divide en razas diferentes... ¿por qué no el color del pelo o el color de los ojos? ¿Es un gato gris de una especie diferente a un gato blanco?

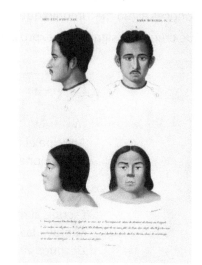

A lo largo de la historia, algunos grupos de científicos trataron de demostrar la existencia de razas, y la superioridad de una sobre las otras.

Ilustración: Dominio público. Human race illustrated by Charles Dessalines D' Orbigny (1806-1876). Rawpixel.com

A pesar de que el concepto de las razas es una construcción social, la mayoría de los seres humanos creen que existen, y por lo mismo no se puede ni se debe **ignorar**. El concepto de raza produce una idea de división, un "nosotros" en oposición a "ellos". Esta otredad nos da una identidad y hace más fácil que sintamos que permanecemos a un grupo. Desafortunadamente, la idea de "los otros" ha sido utilizada por muchos como un sinónimo de enemigos: si no pertenecen a mi grupo, son un peligro, o se oponen a "nuestros" valores, o no son tan inteligentes, o…. o…. (la lista es larga).

Quizás una de las razones por las que tantos se han opuesto históricamente a uniones entre dos grupos diferentes es precisamente esa idea de que los "otros" se oponen a los intereses del grupo al que uno pertenece. Una pareja mixta se enfrenta a una serie de dificultades prácticas que difieren de las que podría enfrentar una pareja interracial. Si la pareja desea tener **descendencia**, deberán decidir cómo serán educados sus hijos, qué tradiciones observarán y cuáles no. Tales decisiones pueden producir conflictos importantes en una relación o en las familias involucradas, por eso no es sorprendente que aún hoy en día el índice de divorcios para este tipo de relaciones sea mayor que para el de los matrimonios en los que ambos integrantes tienen la misma religión. En cambio, en una relación interracial es muy factible que ambos compartan una religión y un nivel social y educativo, creando menos conflictos.

Más allá de la religión ha habido otras razones por las que un grupo social se ha **opuesto** a los matrimonios con otro grupo. Por ejemplo, se puede citar el caso de la inmigración china a México: Un grupo considerable de hombres chinos migró y **se estableció** en este país, pero surgió un prejuicio en su contra, ya que se les percibía como extranjeros que estaban "robando" los trabajos de los hombres y a las mujeres. Aun así, este grupo de inmigrantes se mezcló ampliamente con la población del país.

¿Existen las razas?

Estudios científicos han encontrado que la composición genética de todos los seres humanos comparte un 99.9% de sus genes. Además, personas que nos parecen ser "de otra raza" porque son muy diferentes a nosotros físicamente, podrían ser más parecidas a nosotros genéticamente que alguien que se parece mucho. ¿Y qué pasa cuando hijos de una misma madre y padre tienen tonos de piel muy diferentes? Es algo que ocurre con frecuencia en poblaciones mixtas, como las de México. Aunque unos hermanos no se parezcan, nadie diría que son de razas diferentes.

Alemania, los Estados Unidos y Sudáfrica están entre las naciones que en algún momento tuvieron leyes explícitas para evitar la existencia de relaciones interraciales. En el caso de Alemania, esto ocurrió durante la época de la Segunda Guerra Mundial, y las leyes tenían el **propósito** de segregar a los judíos, a los gitanos y a otras comunidades de origen no ario. En los Estados Unidos los matrimonios interraciales estuvieron legalmente prohibidos hasta 1967. Por lo mismo, no es de extrañar que este tipo de relación encuentre mayor oposición entre los estadounidenses mayores de 65 años, grupo en el cual cuenta con una aprobación de apenas 70%. El promedio de **aprobación** de todos los grupos en EE. UU. es del 87%, comparada a solo un 4% en 1958. Otro dato interesante es que en 1967 solamente el 3% de los matrimonios eran mixtos. En 1980 el número se había duplicado (7%), y para el 2015, los matrimonios interraciales eran el 17%, de acuerdo con el *Pew Research Center*.

Aunque nadie **discuta** que la hispanidad no es una raza ni un grupo cultural monolítico, las estadísticas muestran que el 27% de los hispanos casados en Estados Unidos estaba casado con una persona de un grupo diferente. Si la persona hispana nació en los Estados Unidos, este número aumenta al 39%. Para los afroamericanos, el número de matrimonios mixtos es del 18%.

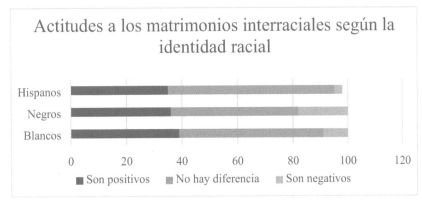

Fuente: *Pew Research Center* 2017

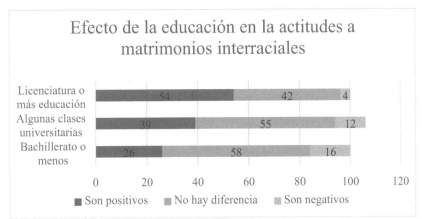

Fuente: *Pew Research Center* 2017

Si una pareja interracial **enfrenta** actitudes negativas de parte de miembros de sus familias, es muy posible que enfrenten obstáculos adicionales a su relación. Las estadísticas parecen apoyar esta idea, ya que el porcentaje de divorcios para matrimonios interraciales es mayor que para parejas del mismo grupo: un 41% contra el 31%, respectivamente (*Center for Disease Control*, 2002). Sin embargo, una vez que se consideran factores como edad, religión y educación, estas diferencias se reducen notablemente.

Así como el número de relaciones interraciales ha aumentado en los Estados Unidos, el número de matrimonios mixtos también se ha incrementado. Esto no debe ser sorprendente en una nación que se precia de su gran libertad de culto. Según el Centro de Investigaciones Pew, en la actualidad cuatro de cada diez matrimonios en este país son mixtos, es decir, los integrantes tienen religiones diferentes (o uno de ellos no practica ninguna religión). En 1960 este número era la mitad.

Imagen: Openclipart.org, dominio

Es obvio que han ocurrido cambios importantes en las actitudes de la población con respecto a las uniones mixtas e interraciales. Cabe **preguntarse** cómo estos cambios afectarán el futuro del país. ¿Es posible que el incremento de la población mestiza (producto de las relaciones interraciales) haga que el concepto de raza desaparezca? ¿Es posible que el mismo fenómeno disminuya las diferencias religiosas? O, por el contrario, ¿quizás algunos grupos sientan que su existencia está amenazada y luchen por mantener separados sus grupos "raciales" y religiosos?

Comprensión

a) ¿Es cierto? Decide si las siguientes afirmaciones son ciertas o falsas según el texto. Corrige las afirmaciones que sean falsas.

1. Gonzalo Guerrero tuvo que casarse con una mujer maya para sobrevivir.

2. Los mayas se opusieron al matrimonio de Guerrero, por tratarse de un matrimonio mixto.

3. Los términos de matrimonio mixto y matrimonio interracial significan lo mismo.

4. Las razas no existen.

5. En México se veían mal los matrimonios entre mexicanas y chinos.

6. En México eran ilegales los matrimonios interraciales.

7. Los matrimonios interraciales son legales en los Estados Unidos desde 1980.

8. El nivel de educación afecta la actitud acerca de los matrimonios interraciales.

9. Es más probable que un hispano nacido en los Estados Unidos se case con otro hispano.

10. El aumento en el número de matrimonios interraciales afectará nuestro entendimiento de las razas.

b) Profundización Hablen en grupos sobre sus respuestas a las siguientes preguntas.

1. Guerrero le dijo a Aguilar que tenía "labrada la cara y horadadas las orejas". ¿Qué significa esto?

2. ¿Cómo afecta a un matrimonio tener religiones diferentes?

3. ¿En qué países se prohibió en algún momento el matrimonio interracial?

4. ¿Cuál es el mensaje principal del texto? ¿Estás de acuerdo?

5. ¿Cómo responderían ustedes a las preguntas que se hacen en el último párrafo?

c) **Discusión** Trabajen en parejas o en grupos para responder las preguntas.

1. ¿Por qué crees que los hispanos que nacieron en los Estados Unidos se casen más con miembros de otros grupos (que los que inmigraron)? ¿Cuál es la experiencia de tu familia?

2. ¿Te casarías con alguien que no fuera hispano? ¿Por qué sí o por qué no? ¿Qué problemática pueden encontrar estas uniones?

3. ¿Cuáles son las dificultades adicionales que podría encontrar un matrimonio interracial o de religiones diferentes?

4. ¿Crees que las actitudes hacia el concepto de raza sean diferentes en Latinoamérica, comparada con los Estados Unidos? Explica tu respuesta.

5. Según un libro muy popular, los hombres y las mujeres son tan diferentes que parecen venir de distintos planetas. ¿Podría considerarse mixto el matrimonio entre un hombre y una mujer?

Colombia, como la mayor parte de Latinoamérica, tiene una gran variedad de culturas y etnias. (Foto de Pixabay, CC)

Etnia e identidad

Ejercicios de vocabulario

a) Sinónimos Para cada palabra del texto que está en negritas, proporciona un sinónimo que funcione dentro del mismo contexto.

b) Definiciones La siguiente es una lista de palabras que aparecen en el artículo. Trabajen en parejas y altérnense para explicar lo que significan. Después escriban una oración original usándola.

ancestral	etnia	gen
explícito	interracial	matrimonio
nacionalidad	pareja	monolítico
percepción	perjudicial	mestizo
raza	segregación	mulato
mixto	prejuicio	linchar
otredad	factible	construcción social

> **Estrategias**
> Cuando le expliques la palabra o frase a tu compañero(a), dile también qué parte de la lengua es cada palabra (adjetivo, sustantivo, verbo, etc.).

c) Expansión La siguiente lista de palabras está relacionada con el tema de las relaciones entre grupos humanos diferentes. Estudia la lista y asegúrate de que reconoces el significado de cada una. Después asocia las definiciones de abajo con una de las palabras que explique de lo que se habla.

aculturación	descendencia	igualdad	pueblos indígenas
afrocaribeño(a)	equidad	indígena	segregación
afrolatino(a)	etnicidad	integración	xenofobia
aislar	etnocentrismo	mitigación	
asimilación	exclusión	pluralismo	
colonización	fanatismo	prejuicio	

1. Los invasores impusieron su cultura y sus reglas sobre una población. _____

2. No aceptan a nadie que venga de otra parte del mundo. _____

3. Los inmigrantes terminaron por aceptar la nueva cultura y practicarla en vez de la suya. _____

4. Las nuevas leyes buscaban conseguir una reducción de las injusticias sociales. _____

5. Se goza de los mismos derechos y oportunidades. _____

6. Un sistema que reconoce como una fortaleza la existencia de ideas y perspectivas diferentes. _____

7. Conjunto de medidas para reducir el impacto de un desastre o de una catástrofe. _____

8. Se les conoce también como las naciones originarias. _____

d) Nuestra identidad La identidad es un concepto que mezcla cómo nos percibimos a nosotros mismos y cómo nos perciben los otros. Una sola palabra nunca es suficiente para entender todas las capas diferentes que componen nuestra identidad. ¿Cuáles de las siguientes palabras forman parte de tu identidad y por qué? En el último cuadro escribe otras palabras que sean parte importante de tu identidad.

hispano(a) latino(a) chicano(a) latinx enye blaxican latinoamericano(a)	hombre mujer ser humano no es asunto de nadie no binario transgénero	blanco(a) moreno negro mulato(a)

bilingüe   monolingüe   trilingüe

abuelo(a) -padre – madre - hijo(a)- nieto(a)

adoptado   hermano   tío   esposo(a)

niño(a) adolescente maduro(a) viejo(a) tímido(a) extrovertido(a)	Casado divorciado soltero separado viudo	extranjero estadounidense mexicano puertorriqueño salvadoreño cubano argentino guatemalteco colombiano ¿?	estudiante empleado voluntario

deportista

artista

creativo

¿Qué más?

b) ¿Coinciden? Habla con otros estudiantes… ¿Cuántas partes de su identidad tienen en común?

Cada ser humano es único.
Ilustración de GDJ, Pixabay, CC.

Racismo e identidad

El objetivo de esta sección es profundizar en algunos aspectos de los temas presentados en esta capítulo y compartir tus hallazgos con la clase.

1) Investigación

Elige uno de los siguientes temas y elabora un reporte para la clase.

a) ¿Hay más o menos divorcios en los llamados matrimonios mixtos? ¿Cómo se explica?

b) Muchos grupos supremacistas defienden leyes que prohíban el mestizaje (*miscegenation*). ¿Cuáles son sus argumentos? ¿Cuáles son los contraargumentos?

c) ¿A qué edad se aprende el racismo? ¿Cómo se enseña a un niño a no ser racista?

d) ¿Es posible que una persona sea racista y no lo sepa?

e) El mestizaje es la base de la identidad de varios países hispanos, como es el caso de México. ¿Cómo entienden los mexicanos el concepto de raza y cómo los afecta?

f) Matrimonios mixtos o interraciales que han cambiado la historia.

2) Entrevista

Entrevista a una pareja que conozcas que pueda considerarse mixta o interracial.

Antes de entrevistarla, escribe una lista de preguntas pertinentes y toma notas durante la entrevista, además de grabarla.

Escribe un ensayo reportando lo que aprendiste durante la entrevista, así como tu opinión sobre el tema de los matrimonios mixtos y del mestizaje en general. En el primer párrafo da una biografía de la pareja que entrevistaste. En el segundo párrafo habla sobre sus experiencias y las dificultades que enfrentaron. En el tercer párrafo escribe una conclusión que incorpore tus puntos de vista.

3) Reflexiones

Hay un experimento que se ha replicado múltiples veces en diferentes países. En este experimento se le muestran varios muñecos con diferente color de piel a unos niños, y después se le hacen preguntas.

Busca en Internet dos o tres videos hechos en países diferentes y escribe una reflexión que incluya las conclusiones de los tres videos y tu conclusión.

Palabras claves para buscar en YouTube: racismo en niños + (nombre de un país) / *Doll test* / campaña

Pixabay. CC

15

La puntuación

La puntuación es una de las claves más importantes para expresarnos mejor (y más claramente) por escrito. En esta página presentaremos los signos básicos de puntuación, así como algunos consejos para ayudarte a escribir más claramente.

El punto

En general, el punto (.) sirve para separar oraciones o ideas completas. Hay tres tipos de punto: el punto y seguido separa ideas que tienen una relación evidente y secuencial entre ellas. El punto y aparte se usa para comenzar un nuevo párrafo porque la relación temática no es tan inmediata. El punto final es el último tipo de punto, y se usa para concluir un texto.

La coma

La coma (,) se emplea para hacer una pausa breve. Si lees en voz alta, te darás cuenta de que a veces es necesario hacer una pausa para tomar aire y continuar hablando. A veces las comas sirven para presentar una idea adicional, como se hace con un paréntesis. Otro uso de las comas es separar los componentes de una lista. ¡Atención! En español generalmente no se usa una coma antes de la "y" que presenta el último elemento de una lista. El idioma inglés tiende a usar comas mucho más que el idioma español.

Algunas locuciones adverbiales o conjuntivas requieren de una coma al inicio de una oración. Ejemplos de esto son las expresiones *es decir, por consiguiente, por lo tanto,* y *en consecuencia.*

Otras dos reglas rápidas:

- Nunca pongas una coma entre un sujeto y su verbo.

- No uses una coma al iniciar una frase con información de modo o lugar:

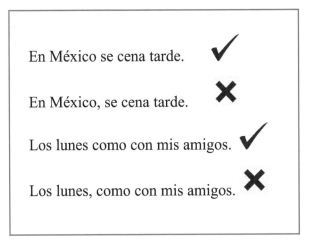

MEMES DEL INTERNET
Una coma puede decir lo opuesto.
Puede ser una pausa:
No, espere
No espere
Puede ser buenas o malas noticias:
Vamos a perder, poco se resolvió
Vamos a perder poco, se resolvió.
Puede salvar una vida:
¡No tenga clemencia!
¡ No, tenga clemencia!

Los dos puntos

Los dos puntos (:) representan una pausa un poco más pronunciada que una coma, pero menos que un punto. Se usa para hacer llamar la atención de la idea que sigue, como una especie de conclusión. Los dos puntos también introducen citas textuales y se emplean para iniciar una correspondencia. En títulos de artículos son comunes para separar el tema general del que se hablará, y el específico.

¡Atención! Nunca se usan después de una preposición y el sustantivo que presenta.

Querido Señor Pérez: ✔   En el viaje conocí personas de: México y Cuba.
Le escribo...

El grafiti: Un medio de comunicación. ✔   Como dicen en Costa Rica: "¡Pura vida!".   ✔

El punto y coma

El punto y coma (;) une dos oraciones completas que están muy relacionadas. Es preferible usar el punto y seguido si el vínculo entre las dos oraciones no es muy fuerte. Cabe señalar que su uso es generalmente subjetivo, ya que puede optarse también por una coma o un punto en muchos casos, según la intención del autor. También se usa para separar enumeraciones de frases más o menos largas, o que incluyan comas.

El paréntesis

Un paréntesis es un signo de puntuación que se usa en pares para separar una aclaración o añadir información no indispensable. En español se usan 3 tipos de paréntesis:

El paréntesis ( )	Se usa para agregar información como fechas, autores, aclaraciones, traducciones, etc.
El corchete [ ]	Se usa para indicar (en una cita) que se ha omitido parte del texto original. También presentan un paréntesis dentro de otro paréntesis.
Las llaves { }	Se usan para agrupar varios elementos que aparecen en líneas diferentes.
Las llaves angulares « »	Se usan en la literatura para establecer el diálogo de los personajes, o para señalar que una palabra se usa con un significado diferente al normal. También se conocen como ***comillas angulares***.

Igual que en inglés, los paréntesis pueden usarse para crear emoticones: :-)

EJERCICIOS

a) El punto Lee con atención las siguientes oraciones y coloca un punto (o más) donde se requiera. ¡Atención! Deberás escribir con mayúscula la palabra que sigue al punto.

1. Se tomaron todas las medidas de precaución aun así varias personas se contagiaron

2. El pueblo estaba silencioso amanecía.

3. Nadie puede venir a verlo llora y se deprime los médicos no dejan que nadie lo visite.

4. Duerme bien mañana nos levantaremos temprano.

5. Hubo mucha especulación sobre la ausencia del presidente el evento empezó tarde.

6. El maestro se marchó los alumnos protestaron el director los llamó a todos a una junta.

b) La coma Anota las comas que falten en las siguientes oraciones.

1.   Vengan a comer niños.

2.   El lunes contra su voluntad llegaron sus suegros para quedarse.

3.   Compañeros presten atención.

4.   Olvidé las llaves no pude entrar a la casa.

5.   Aunque no tengo tiempo te ayudaré con tu tarea.

6.   Si me lo preguntas te diré que no hay nada que puedas hacer.

7.   Están exentos del examen final Patricia Paula y Luis.

8.   vamos a vernos el martes el miércoles y el jueves a menos que ocurra algo inesperado pero lo dudo.

9.   Para tener una buena relación se deben respetar las opiniones de los otros creo.

10.   No no es posible que vengan a visitarnos a menos que cambien las circunstancias.

c) El punto y coma Añade punto y coma o comas, según se necesite.

1.   El sol es estrella Marte es planeta.

2.   Tengo más tiempo ahora sin embargo tengo menos energía.

3.   No llegues tarde levántate al amanecer.

4.   El lunes práctica de volibol el martes ensayo de teatro el miércoles trabajo de campo.

5.   La prueba fue muy fácil todos sacaron una A o una B.

d) Los dos puntos Decide si el uso de los dos puntos es correcto o incorrecto.

1.   Leí: Cien años de soledad, escrito por Gabriel García Márquez.

2.   Miguel De Cervantes escribió: Don Quijote de la Mancha.

3.   Son siete los días de la semana: lunes, martes, miércoles, jueves, sábado y domingo.

4.   Señora Pérez: Le escribo esta carta para: pedirle permiso para hacer un evento frente a su casa.

5.   Leí: Nunca debemos dejar que nuestro ayer se apropie de nuestro hoy.

Ejercicios en Internet

La puntuación   http://www.quia.com/quiz/7784804.html

Películas sobre relaciones mixtas e interraciales

Las relaciones mixtas o interraciales son un tema explorado en muchos libros o películas y nos dan la oportunidad de reflexionar acerca de temas políticos, sociales y culturales. Elige uno de los siguientes filmes y escribe una reflexión que incluya lo siguiente:

- ✓ Una breve sinopsis
- ✓ Un comentario sobre el tema principal y la perspectiva desde la que se presenta
- ✓ Un comentario sobre el contexto social o histórico.
- ✓ Una conexión a tu vida
- ✓ Una conclusión.

o *Loving* (2016), dirigida por Jeff Nichols.	**La Malinche**
o *Where Hands Touch* (2018)	La Malinche fie un personaje histórico en tiempos de la Conquista de México. Aunque no hay una película acerca de ella, es un componente importante de la identidad de México como nación.
o Espera al último baile (2001)	
o Algo nuevo (2006)	
o La montaña entre nosotros (2017)	
o Pocahontas (1995)	
o Pasión comanche (1997)	Investiga su historia, escucha el Corrido de la Malinche y da tu opinión sobre ella. ¿Fue protagonista o víctima de la historia?
o *Made in America* (2003)	
o Déjame salir (2017)	
o Bodas y prejuicios (2004)	
o Amira & Sam (2014)	
o El violinista en el tejado (1971)	
o Bombay (1995)	
o Un amor dividido (1999)	

pixabay.com/ OpenClipart-Vectors

La conjugación y el presente del indicativo

¿Ya lo sabes?

Observa los ejemplos e indica cuál de las dos versiones te parece la correcta.

1. a) Mis padres se esforzan para darnos una buena vida.

    b) Mis padres se esfuerzan para darnos una buena vida.

2. a) Venimos a clase todos los días.

    b) Vinimos a clase todos los días.

3. a) Los asistentes se divierten viendo el espectáculo.

    b) Los asistentes se divierten viendo el espectáculo.

Los verbos son una parte fundamental de la lengua. Entender cómo funcionan te ayudará a usar el lenguaje con mayor precisión y aumentará tu confianza al hablarlo y escribirlo.

Conjugar un verbo significa que lo modificamos para saber <u>quién</u> hace la acción y <u>cuándo</u>. ¡Un verbo conjugado comunica mucha información! Por ejemplo, si ves el verbo "leer", no sabemos quién lo hace, pero si lo cambiamos a "leí", sabemos que la persona que habla (yo) es quien hizo la acción y que la acción ocurrió en el pasado. En este capítulo hablaremos solamente de los verbos en el presente para familiarizarnos con las reglas del sistema verbal.

1. Los verbos regulares

El tiempo **presente del indicativo** en español se usa para hablar de acciones habituales (de rutina) y generalidades de nuestra vida.

> ***Soy*** *estudiante.* ***Asisto*** *a la universidad por las mañanas y* ***trabajo*** *por las tardes.* ***Vivo*** *con mi familia.*

Observa como en los ejemplos se indica quién hace la acción sin necesidad de decir "yo". Para conjugar un verbo, se usa la primera parte de la palabra (el radical) y se elimina la terminación (-ar/-er/-ir) para añadir una nueva terminación. A este proceso se le llama **conjugación**.

La siguiente tabla muestra las conjugaciones de tres verbos regulares de los tres grupos en el presente (*-ar, -er, -ir*). La mayoría de los verbos en español termina en *-ar*, y este grupo es el más regular.

EL PRESENTE DEL INDICATIVO	cantar (-ar)	beber (-er)	vivir (-ir)
yo	canto	bebo	vivo
tú	cantas	bebes	vives
él/ella/usted	canta	bebe	vive
nosotros	cantamos	bebemos	vivimos
ustedes	cantan	beben	viven
ellos	cantan	beben	viven

2. Verbos con cambio en el radical

Algunos verbos requieren de un cambio adicional en el radical, como en el caso del verbo **querer**:

		QUERER
1^{era} persona del singular	yo	qu**ie**ro
2da persona del singular	tú	qu**ie**res
3^{era} persona del singular*	usted	qu**ie**re
3^{era}	él/ella	qu**ie**re
1^{era} persona del plural	nosotros	qu**e**remos
2da persona del plural	vosotros	qu**e**réis
2da persona del plural	ustedes	qu**ie**ren
3^{era} persona del plural	ellos	qu**ie**ren

*Aunque semánticamente usted es segunda persona del singular, gramaticalmente se comporta como tercera persona.

Como puedes observar, las conjugaciones para *nosotros* y para *vosotros* son las únicas que no llevan cambios en el radical.

Los siguientes son los cuatro cambios que existen en el radical (la raíz) de los verbos listados. Asegúrate de reconocer el significado de todos los verbos antes de continuar.

e → ie   abstenerse, adherir, advertir, ascender, atenerse, cegar, cerner, comenzar, disentir, entender, encender, encomendar, hervir, mentir, negar, nevar,   quebrar, querer, pensar, perder, preferir, recomendar, sentir

e → i   bendecir, competir, pedir, perseguir, regir, reñir, reír, repetir, servir, sonreír, teñir

o → ue   absolver, acostar, agorar, apostar, cocer, colgar, costar, devolver, dormir, encontrar, llover, morir, poder, recordar, soñar

u → ue   *Jugar* es el único verbo de este grupo.

> **¡Atención!**
> Debido a la influencia del inglés, algunos hablantes usan el verbo "jugar" para hablar de música:
> Me gusta jugar música.
> En español se debe usar el verbo ***tocar***: *Me gusta tocar música.*

3. Verbos con irregularidad en la primera persona del singular

Algunos verbos no siguen las reglas anteriores en la conjugación para la primera persona (<u>yo</u>). ¿Cuál es la conjugación del presente para cada uno de los siguientes verbos?

	YO		YO
caber	_____	poner	_____
conducir	_____	saber	_____
conocer	_____	salir	_____
dar	_____	ser	_____
estar	_____	traer	_____
hacer	_____	ver	_____

4. Otros verbos irregulares

Algunos verbos tienen irregularidades en varias de sus conjugaciones, no sólo en la forma de *yo*. Completa la tabla de acuerdo con tus conocimientos.

	decir	seguir	satisfacer	oír	oler
yo					
tú					
él/ella/usted					
nosotros					
vosotros					
ustedes/ellos					

5. Haber

Observa que solamente hay una forma para conjugar este verbo en presente: **hay**.

Hay un maestro.

Hay tres estudiantes.

Hay tres estudiantes, pero hay solo un maestro.
Pixabay Clipart (CC)

6. Verbos reflexivos y pronominales

Seguramente has notado que algunos verbos en español aparecen con un pronombre:

Luisa **duerme** seis horas cada noche.

Generalmente **se duerme** a las diez de la noche.

El pronombre *se* genera un pequeño cambio en el significado: A veces indica un cambio de estado, como en el ejemplo anterior, y muchas veces se trata de un verbo reflexivo, lo que significa que el sujeto hace y recibe la acción: Alfonso baña a Alfonso → Alfonso se baña. Puedes aprender más sobre estos verbos en el **Cuaderno de Gramática**. En esta sección verás solamente la información básica sobre estos verbos.

Muchos verbos reflexivos son del campo semántico de la rutina personal. Por ejemplo, *bañarse, vestirse, lavarse*. Si la persona no hace la acción a sí mismo, se omite el pronombre.

Mis hijos **se levantan** a las siete.

Levanto <u>a mi esposo</u> a las seis.

Los pronombres reflexivos son los siguientes:

me   te   se   nos   os

> **Diferencias con el inglés**
> En inglés la idea de un reflexivo se aclara usando la palabra *himself*, *herself* o *themselves*. Aunque esto se puede traducir como "a él mismo", "a ella misma" etc., pero en español es redundante porque el significado está claro en el uso del pronombre.

22

Finalmente, observa que los pronombres pueden escribirse pegados al verbo si este no está conjugado, o si es un gerundio o un mandato (verbo terminado en *-ando* o *-iendo*).

Se lava las manos. ✅

Prefiere **dormirse** temprano. ✅

Estoy **cepillándome** el pelo. ✅

Voy a **vestirme** de azul. ✅

Lupe prefiere levantar se tarde. ❌

Ejercicios

a) Cambio en la raíz Completa la siguiente tabla con las conjugaciones en presente de los verbos para cada persona.

	cerrar	volver	pedir	nevar	adquirir
yo					
tú					
Él/ella/usted					
nosotros					
vosotros					
ustedes/ellos					

b) Mentiras Escribe 3 ideas sobre ti usando verbos diferentes. Dos deben ser verdades y una debe ser mentira. Después de escribir habla con varios de tus compañeros. Compartan sus ideas y adivinen cuáles son las mentiras.

| entender | mentir | caber | competir | querer | pensar | perder | preferir | saber | pedir |
| sonreír | servir | reír | recordar | dormir | poder | esforzarse | soñar | jugar | oír |

1.

2.

3.

c) Lotería Pregúntales a compañeros diferentes si hacen las actividades de la tabla. Para ganar el juego debes completar <u>dos líneas enteras</u> con las respuestas de tus compañeros. Toma notas para después reportarle a la clase.

Modelo: Estudiante 1: ¿Ves la televisión más de una hora al día?
Estudiante 2: Sí, veo la televisión dos horas antes de dormirme.
Estudiante 1: (Haz una pregunta adicional, por ejemplo: ¿Cuál es tu programa favorito?)

(**VER**) la televisión más de una hora al día	(**DIVERTIRSE**) con amigos todos los fines de semana	(**VENIR**) a la escuela a las ocho de la mañana	(**REIR**) de los chistes malos por cortesía
(**CONOCER**) a alguien famoso	(**DESPERTAR**) temprano	(**DARLES**) sorpresas a sus amigos	(**HACER**) la tarea por la noche
(**OIR**) música	(**SABER**) andar en bici/nadar	(**VESTIR**) ropa formal de vez en cuando	(**AVERGONZARSE**) cuando comete un error
(**PODER**) tocar un instrumento musical	(**RECORDAR**) las capitales de cinco países latinoamericanos.	(**APOSTAR**) a veces	(**QUEBRAR**) cosas con frecuencia

d) Conjugaciones Completa la conjugación de los siguientes verbos.

	dormirse	perderse	sentarse	vestirse	volverse
yo					
tú					
él/ella/usted					
nosotros					
vosotros					
ustedes/ellos					

e) Diferencias Explica la diferencia en el significado de cada par de verbos y escribe un ejemplo usándolos.

1. asustar / asustarse _____

2. dormir/ dormirse _____

3. despedir/ despedirse _____

4. ir/ irse _____

5. mudar / mudarse _____

f) ¿Qué hacen? Usa las pistas para decir lo que están haciendo las personas en este momento.

Modelo: Lidia usa un cepillo → Lidia está cepillándose.

1. Nosotros usamos maquillaje. _____

2. Ustedes usan una silla. _____

3. Elena usa perfume. _____

4. Vosotros usáis pasta de dientes. _____

5. Usted usa un espejo. _____

6. Tú usas la regadera. _____

Ejercicios en Internet

Verbos irregulares y con cambio en el radical	http://www.quia.com/quiz/7784371.html
Conjugación de verbos irregulares en el presente	http://www.quia.com/quiz/7784824.html
Conjugación de verbos reflexivos	http://www.quia.com/quiz/7784888.html
¿Se necesita el pronombre?	http://www.quia.com/quiz/7784880.html

StartUpStockphotos. Pixabay. CC

Los cognados falsos

Un **cognado** es un término lingüístico para referirse a una palabra que se parece mucho a otra y tiene el mismo significado porque, generalmente, tienen el mismo origen etimológico.

Aunque el inglés no es una lengua latina, un gran número de sus palabras tiene raíces latinas, y por eso son comunes los cognados entre estas dos lenguas. Los siguientes son algunos ejemplos:

español	inglés
actor	actor
alcohol	alcohol
cereal	cereal
conclusión	conclusion
irónico	ironic
victoria	victory

> **Un reto**
>
> Lista otras cinco palabras que sean cognados en inglés y en español.

Por otra parte, un **cognado falso** describe a una palabra que se parece en dos lenguas, pero tiene un significado distinto porque su origen es diferente, o porque con el paso del tiempo una de las palabras ha pasado a significar algo distinto en uno de los idiomas. Los cognados falsos pueden ocasionar errores en la comunicación y confundir. Los siguientes son ejemplos comunes de cognados falsos entre el inglés y el español:

carpet (alfombra), **carpeta** (*binder*)
embarrassed (avergonzado), **embarazada** (*pregnant*)
faculty (profesor), **facultad** (*academic department*)
library (biblioteca), **librería** (*bookstore*)

Ejercicios

a) **Diferenciemos** Las palabras de la tabla son cognados falsos. Escribe la traducción al español de la palabra en inglés, y da un sinónimo (o explica qué significa) la palabra en español. Finalmente, usa la palabra de la columna de traducciones en una oración. La primera palabra de la tabla es un ejemplo.

inglés	traducción al español	cognado falso	sinónimo o explicación	Ejemplo de una traducción correcta
actually	de hecho	actualmente	hoy en día	Sí, sé cantar. De hecho, canto bien.
advertise		advertir		
apology		apología		
conductor		conductor		
inglés	traducción al	cognado falso	sinónimo o	Ejemplo de una traducción correcta.

	español		explicación	
current		corriente		
curse		curso		
deception		decepción		
excited		excitado		
exit		éxito		
grocery		grosería		
large		largo		
lecture		lectura		
mayor		mayor		
pan		pan		
parents		parientes		
to apply		aplicar		
to attend		atender		
to realize		realizar		
trunk		tronco		

b) El error Cada una de las siguientes oraciones tiene al menos un problema con cognados falsos. Corrige las equivocaciones.

1. Finalmente me voy a graduar y estoy muy excitado.

2. Ana María se sintió muy embarazada cuando su padre empezó a decir chistes de doble sentido.

3. Mi vecino fue muy grosero con mi hija el otro día y más le vale que nos dé una apología.

4. Atiendo un colegio porque quiero estudiar una maestría.

5. Apliqué a un trabajo en la nueva librería.

6. El tronco de mi automóvil es muy largo, caben varias maletas.

7. Fui a una lectura sobre el cambio climático, que es el mayor reto de la actualidad.

8. En las vacaciones nos quedamos en un hotel muy largo y lujurioso.

c) ¡Traducción, por favor! Observa los siguientes ejemplos de *espanglish* y «tradúcelos» al español de alguien que no ha tenido contacto con el idioma inglés.

1. El conductor de la orquesta hizo un trabajo extraordinario.

2. Para conducir su auto necesita tener aseguranza.

3. Yo trabajo apodando árboles de manzana.

4. No está loco, está sano.

5. Asisto a este colegio para estudiar una maestría.

6. Estoy muy cansado de trabajar, hay que tomar un break.

7. Recibí una parcela de mi abuela en Texas.

8. ¿Cuál es la agenda de ese político? No confío en él.

9. Las facilidades de esta universidad son muy modernas.

10. Prefiero no comer ese postre porque es muy rico y yo estoy a dieta.

d) Oraciones incompletas Decide qué palabra completa cada oración lógicamente. Es posible que debas modificar ligeramente cada palabra (por ejemplo, hacerla plural).

actual   advertir   aplicar   asistir   atender   conferencia   corriente   lectura

1. Debido a la situación _____ de la pandemia, los científicos deben _____ sobre el riesgo

que corren los estudiantes al _____ a clases presenciales en su universidad. Aunque algunos catedráticos

decidieron dar sus _____ en el auditorio, la mayoría prefirió pedirles a sus alumnos que hicieran

algunas _____ en su casa para después _____ sus conocimientos en una prueba virtual.

darse cuenta   éxito   grande   grosería   largo   mayor   pan   provisiones   realizar   salida   sartén

2. El otro día recibimos la visita inesperada de unos primos. Mi hermana _____ y yo fuimos a la tienda para

comprar _____. Ya estábamos en la _____ del supermercado cuando nos _____ de

que se nos olvidó el _____. Mi hermana fue por él y pusimos todas nuestras compras en la

_____ del auto. Cuando llegamos a casa hicimos una tortilla española con una _____ muy

_____ para que alcanzara para diez personas. La tortilla quedó deliciosa y la cena fue un _____,

hasta nos pidieron la receta.

e) Investigar Busca en el Internet tres cognados (verdaderos) adicionales y tres cognados falsos. Completa la tabla con la información, como en los ejemplos de esta sección.

COGNADOS VERDADEROS

inglés	español	Ejemplo de una oración en español

COGNADOS FALSOS

inglés	traducción al español	cognado falso	sinónimo o explicación	Ejemplo de la traducción correcta

f) ¿Cómo se dice? Escribe el nombre en español de cada uno de los objetos.

1.   2.   3.   4.   5.

Ejercicios en Internet

Calcos y anglicismos (1)   http://www.quia.com/quiz/7784889.html

¿Cognados falsos o verdaderos?   http://www.quia.com/quiz/7784939.html

El español en el mundo

a) Las lenguas más habladas Lee la información presentada y después habla con tus compañeros de clase acerca de sus respuestas a las siguientes preguntas:

1. ¿Qué ventajas tiene hablar dos de los idiomas más usados en el mundo? ¿Hay desventajas?

2. ¿Qué razones históricas explican que el inglés y el español se hablen en muchos países?

3. ¿Son "conservadores" el inglés y el español? Explica. ¿Qué consecuencias (positivas y negativas) puede tener que una lengua sea "conservadora" o no?

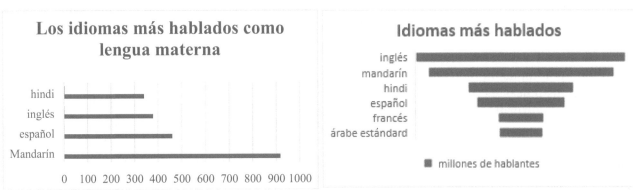

Fuente: Eberhard, David M., Gary F. Simons, and Charles D. Fennig (eds.). 2020. Ethnologue: Languages of the World. Twenty-third edition. http://www.ethnologue.com.

b) Opiniones Lean las siguientes afirmaciones y expliquen si están de acuerdo o no y por qué.

1. Traducir entre el inglés y el español es fácil.

2. Pensaría de forma diferente si no hablara español.

3. Aprender otro idioma debería ser obligatorio.

4. La gente se pone paranoica cuando no entiende lo que alguien está diciendo.

5. El Spanglish debería considerarse un idioma.

6. Me gustaría que los Estados Unidos fuera un país bilingüe.

7. Los comunicadores de los medios (TV, radio, internet, influyentes de YouTube, etc.) tienen la obligación de modelar el idioma correctamente.

8. La Real Academia de la Lengua Española (RAE) no es necesaria.

9. Los Estados Unidos debe considerarse como un país hispano.

Datos interesantes sobre el español

El idioma más rápido del mundo

Así es: se ha descubierto que los hablantes del español pronuncian en promedio una sílaba por segundo, con una densidad de información de 6,5.

El japonés ocupa el segundo lugar, con casi una sílaba por segundo, pero una densidad de información de 5.

¿Y el inglés? Su rapidez es de 0,7 con una densidad de información de 9.

93 111 palabras

Ese es el número de palabras aceptadas en la edición de la Real Academia de la Lengua en el año 2019. Cada año se admiten nuevas palabras, pero el español tiene un carácter más conservador que el inglés, lengua que acepta nuevos vocablos más rápidamente.

¿Sólo español?

Aunque el español sea la lengua oficial o *de facto* en 21 países, esto no significa que sea la única lengua de estas naciones.

El número de idiomas hablados en algunos de estos países es testimonio de la gran diversidad cultural y de su historia.

De los países hispanos, México es el país más diverso lingüísticamente, ya que se hablan allí 297 lenguas diferentes. En Colombia se hablan 100 lenguas diferentes, y en Perú el número se calcula en 90.

Se habla en los cinco continentes

Junto con el inglés y el francés, el español es uno de los idiomas que se habla oficialmente en los cinco continentes (sí, leíste bien: cinco continentes).

Se habla en España (Europa) y en 19 países de América, sin contar a los Estados Unidos. En África es el idioma oficial de Guinea Ecuatorial. En Oceanía se habla en la Isla de Pascua (que es propiedad de Chile), y en las Filipinas (Asia), donde fue una de las lenguas oficiales hasta hace pocos años (las Filipinas fue una colonia de España durante unos 300 años).

Por si fuera poco, en los Estados Unidos se calcula que hay más de 40 millones de hablantes de español como lengua materna. Por si fuera poco, el español es la segunda lengua más usada en Andorra.

Citas sobre el idioma

Lee las siguientes citas y explica qué significan. ¿Estás de acuerdo con ellas? ¿Por qué?

«Hablo el español con Dios, el italiano con las mujeres, el francés con los hombres y el alemán con mi caballo». (Carlos I de España, monarca, 1500-1558)	«El lenguaje nos ayuda a capturar el mundo, y cuanto menos lenguaje tengamos, menos mundo capturamos. [...]. Si se empobrece la lengua se empobrece el pensamiento». (Fernando Lázaro Carreter, lingüista, 1923-2004)
«Quien no conoce las lenguas extranjeras nada sabe de la suya propia». (Goethe, escritor 1749-1832).	«Las lenguas tienen dos grandes enemigos, los que las imponen y los que las prohíben». (Fernando Savater, filósofo, 1947-)
«Un idioma es un dialecto con un ejército detrás». (Max Weinreich, lingüista, 1894-1969).	«Cada idioma es un modo diferente de ver la vida». (Federico Fellini, cineasta, 1920-1993)
«Su Alteza, la lengua es el instrumento del Imperio». (Antonio de Nebrija a Isabel I de Castilla la Católica, al presentarle su Gramática).	«Si hablas a una persona en una lengua que entiende, las palabras irán a su cabeza. Si le hablas en su propia lengua, las palabras irán a su corazón». Nelson Mandela (líder político y filántropo, 1918-2013)

México

La capital de México, **la ciudad de México** es una de las ciudades más grandes del mundo. Es una megalópolis que tiene varios títulos, como la ciudad con más museos en el mundo. Sus sistema de transporte es uno de los más eficientes del mundo. La ciudad es uno de los centros económicos y financieros de mayor importancia mundial. El Zócalo es el segundo más grande del mundo, y además cuenta con varios puntos declarados Patrimonio Cultural de la Humanidad, como el Campus de la Universidad Nacional Autónoma de México -la universidad más grande del mundo. (

Teotihuacán
México se distingue por la enorme cantidad de centros arqueológicos del país. Se calcula que se ha excavado tan solo el 10% de las ruinas que existen. *Foto: Pixabay, Makalu (CC).*

El país es mundialmente famoso por sus playas, como las de **Cancún**. México cuenta con casi 10 mil kilómetros de litoral. (*Foto: Pixabay, Mariamichelle, CC*).

La cultura y gastronomía de México son una de las razones por las que millones de personas visitan este país cada año. En esta foto se observa a los voladores de Papantla. (*Pixabay, GenX, CC*)

Capítulo 2

Cultura y tradiciones

Objetivos culturales

Reflexionar sobre el valor de las tradiciones y su impacto en nuestras vidas

Reflexionar en el concepto de patrimonio de la humanidad

Familiarizarse con varias tradiciones del mundo hispano y sobre el patrimonio de la humanidad

Objetivos lingüísticos

Perfeccionar el dominio del pretérito y el imperfecto y sus usos

Familiarizarse con el presente perfecto y distinguir sus usos en comparación con el pretérito

1. ¿Cuáles son dos o tres tradiciones de tu familia? ¿Son importantes para ti? ¿Por qué?
2. ¿Cuál crees que sea la diferencia entre una costumbre y una tradición?

3. Relaciona las siguientes tradiciones con el país que las celebra. ¿Sabes qué se festeja en cada una de estas fiestas?

Las Fallas de Valencia	**Bolivia**
El Día de los Muertos	**Colombia**
Guaicurú Ñemondé	**México**
Inti Raymi	**España**
Carnaval de Oruro	**Paraguay**
Fiesta de las Flores	**Perú**
	Ecuador

Preservar nuestro legado

Una parte importante de nuestra identidad es la cultura a la que pertenecemos, y un componente primordial de una cultura son sus costumbres y tradiciones, las cuales son un reflejo de la historia y los valores de un país. Por lo mismo son parte de su **patrimonio**. La Unesco (*Organización de las Naciones Unidas para la Educación, la Ciencia y la Cultura*, UNESCO por sus siglas en inglés) es una organización internacional que ha liderado la protección del patrimonio cultural material e inmaterial de la humanidad. El patrimonio cultural material es aquel que es **tangible**. Incluye monumentos, arquitectura y rituales, entre otros. En la lista de la Unesco figuran sitios arqueológicos como Machu Picchu (Perú) y Chichen Itzá (México).

El patrimonio inmaterial también se conoce como patrimonio viviente. Ambos patrimonios se consideran una muestra de la diversidad cultural del mundo, y por lo mismo **se alienta** a las naciones a proteger este patrimonio, a documentarlo y a **revitalizarlo** (en el caso del patrimonio intangible). Dos características importantes del patrimonio cultural inmaterial son que se transmite de generación en generación y que infunde un sentimiento de identidad y continuidad de la sociedad a la que pertenece. Se trata de prácticas, representaciones, conocimientos y habilidades. Algunos ejemplos de patrimonio inmaterial son las técnicas artesanales, la música y las danzas, las tradiciones culinarias, la literatura y los rituales, entre muchos otros.

La idea de la Unesco de preservar el patrimonio de la humanidad llevó a crear una lista de sitios importantes. La lista apareció por primera vez en 1978, pero los motores que llevaron a su **realización** empezaron a moverse casi treinta años antes, cuando Siria y Egipto le pidieron ayuda a la Unesco para evitar la destrucción de muchos de sus monumentos históricos. Venecia fue otro de los sitios que se benefició por las acciones de la Unesco antes de que su **iniciativa** fuera creada. En 1972, en la Convención para la Protección del Patrimonio

Mundial Cultural y Cultural, la Unesco estableció que algunos lugares de nuestro planeta tienen un valor excepcional y le pertenecen a la humanidad y, en consecuencia, se debe actuar para protegerlos.

Machu Picchu, en Perú, es Patrimonio de la humanidad.

Cuando la Unesco publicó su primera **lista** de Patrimonio de la Humanidad incluyó tres tipos de sitios: 1) lugares naturales únicos; 2) lugares culturales; 3) sitios mixtos (una combinación de lugares naturales y culturales). Así, la primera lista incluyó 12 sitios alrededor del mundo, entre ellos las Islas Galápagos (Ecuador), el Parque Nacional de Yellowstone (Estados Unidos), las Minas de Sal de Wieliczka y Bochnia (Polonia) y la Catedral de Aachen (Alemania). Desde su creación, la lista ha crecido hasta incluir aproximadamente 1 120 nombres en 165 países (2020). De estos 869 son culturales, 213 naturales y 39 mixtos.

México es uno de los países que cuenta con más sitios en la lista del Patrimonio Universal: un total de 35 (27 culturales, 6 naturales y 2 mixtos), lo que lo coloca en el séptimo lugar del registro. España ocupa el tercer lugar, con un total de 48 (42 culturales, 4 naturales y 2 mixtos). China e Italia empatan en el primer puesto de esta lista, ambas con un total de 55 sitios.

Por su parte, la lista del patrimonio cultural inmaterial incluye aproximadamente 550 elementos que corresponden a 127 países. De México la lista incluye la charrería, los mariachis, la gastronomía y también la técnica de fabricación de la Talavera de Puebla y Tlaxcala. De Uruguay se encuentra el Candombe, de Perú se puede mencionar la danza del Hatajo de negritos, y de Cuba la rumba y el punto (una expresión poética y musical).

La importancia de proteger el patrimonio cultural

Cuando hablamos de proteger el patrimonio de la humanidad, no estamos hablando solamente de conservar nuestro **legado** histórico y cultural, sino que también estamos hablando de proteger la economía y la forma de vida de muchas regiones. Por ejemplo, en el caso de la gastronomía, las artesanías y las tradiciones, al entrar en la lista de la Unesco se garantiza que el gobierno de ese país hará lo posible por preservarla y difundirla, protegiendo así la herencia cultural y **asegurando** que los artesanos puedan vivir de la venta de sus productos.

Tienda de artesanías mexicanas.

Sin embargo, no es fácil figurar en la lista de la Unesco, así que cada país debe ayudar haciéndose responsable de proteger la cultura de sus pueblos. Los resultados pueden ser devastadores cuando no existe un mecanismo de protección. Desafortunadamente, no son pocos los casos en los que los artesanos han perdido la guerra contra industrias que han **copiado** sus artesanías para producirlas en masa, a precios mucho menores y sin usar los métodos tradicionales.

De acuerdo con un artículo del periódico El País del 2017, para festejar las fiestas patrias en México ese año, la tienda Walmart ofrecía 17 productos decorativos "artesanales", de los que solamente seis habían sido producidos en este país. **Incluso** en los mercados de artesanías, como reportó en el 2018 un artículo en *Global Press Journal*, los artículos procedentes de China estaban llevando a la ruina a los artesanos locales, pues se vendían a menor precio -al parecer, los turistas no prestan atención a la calidad de los productos ni están enterados de la saturación de los productos chinos. Ante esta situación, la única manera de proteger a los artesanos es pedirle al gobierno que haga algo para proteger la cultura, y crear conciencia entre los ciudadanos y turistas.

La apropiación cultural

En los últimos años se ha empezado a escuchar frecuentemente acerca de la apropiación cultural, un concepto definido en el 2010 por James O Young como la adopción o uso de elementos culturales hecha por parte de alguien que no pertenece a esa cultura.

En general, la apropiación cultural se considera dañina porque viola los derechos de propiedad intelectual de la cultura original. En los casos más criticados de apropiación cultural se han tomado diseños originales de grupos culturales, se han copiado y se les ha sacado **provecho** económico sin darles ningún crédito ni beneficio económico a los creadores originales del diseño.

Artesanías "mexicanas" hechas en China.

Como es **obvio**, esta práctica puede acarrear consecuencias económicas para muchos, pero también es un robo de expresiones culturales que tienen gran significado para los pueblos que las crearon. Los huipiles de Chiapas y de Guatemala hablan de la cosmovisión de sus pueblos. Cuando la cultura dominante se los apropia y los copia, se pierde su significado original y los artefactos se utilizan fuera de su contexto cultural, perdiéndose así la cosmovisión y la historia de estos pueblos, se vuelven simples objetos sin un valor particular.

Por otra parte, se argumenta que muchas veces este proceso no es necesariamente algo negativo, sino un fenómeno **inevitable** que contribuye a la pluralidad y a la diversidad. Son préstamos culturales que han contribuido a la humanidad, y pueden verse también en el **sincretismo** de muchas culturas. Además, ¿no tiene una persona el derecho de participar en las expresiones de otra cultura si identifica con ella? Quizás el mayor problema con el concepto de apropiación cultural sea que no está bien definida la frontera entre un robo cultural, un préstamo, o incluso un elogio o admiración hacia una cultura sin ningún afán de lucro.

Comprensión y discusión

1. ¿Por qué es importante proteger las costumbres y tradiciones de los pueblos?

2. ¿Cómo ayuda la Unesco a proteger el patrimonio de la humanidad?

3. ¿Cuál es la diferencia entre patrimonio material y patrimonio inmaterial de la humanidad?

4. ¿Qué es la apropiación cultural?

5. ¿Piensas que la explicación sobre la apropiación cultural sea objetiva o que esté sesgada hacia una posición? Explica tu respuesta.

6. ¿Cuál crees que sea el mensaje principal de este artículo? ¿Estás de acuerdo? Explica por qué.

Conversación y discusión

1. ¿Has visitado alguna vez uno de los sitios considerados Patrimonio de la humanidad? ¿Cuál?

2. ¿Qué sitios te interesa visitar? ¿Por qué?

3. El turismo está dañando muchos sitios naturales y culturales históricos, pero la derrama económica ayuda a muchas comunidades. ¿Qué se debe hacer para encontrar un equilibrio?

4. ¿Compras artesanías o recuerdos cuando viajas? ¿Por qué?

5. ¿Qué tradiciones consideras que son parte importante de tu identidad? ¿Por qué?

¿Es apropiación cultural?

Para cada uno de los siguientes casos, habla con uno o dos compañeros y decidan si se trata de apropiación cultural o no y expliquen sus argumentos. ¡Todos son casos reales!

1. Una persona estadounidense de origen europeo decide peinarse con rastas.

2. Después de ganar dos premios MTV, a la artista española Rosalía se le acusó de apropiación cultural por mezclar música flamenca con rap.

3. La tienda de ropa Zara es acusada de apropiación cultural por vender bolsas de polietileno muy parecidas a las que se usan en los mercados y tianguis de México para comprar el mandado... pero a un precio al menos diez veces más alto. ¿Es solo casualidad?

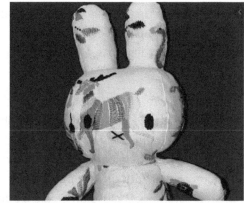

Twit denunciando el uso de los bordados de Tenango.

4. Carolina Herrera es acusada de apropiación cultural por usar bordados hidalguenses en sus diseños, sin darles ningún crédito a los artesanos. ¿Fue homenaje a la cultura o apropiación?

5. Los bordados de Tenango (del estado de Hidalgo, en México) también fueron la causa de otra disputa: Una estudiante mexicana mandó a un concurso internacional un diseño para celebrar los 65 años de Miffy, un personaje infantil creado por el holandés Dick Bruna. Con el diseño quería rendirle homenaje a su abuelo, originario de Hidalgo. Tras ser acusada de apropiación cultural, tuvo que devolver el premio.

6. La celebración del Cinco de Mayo en los Estados Unidos como excusa para beber, sin saber ni siquiera lo que se celebra.

Detalle de un bordado de Tenango original (cortesía de Dee Curween, foto de Ivy Snyder.

PALABRAS

El legado cultural

a) Sinónimos Encuentra un sinónimo para cada una de las palabras que aparecen en negritas en el artículo. El sinónimo deberá funcionar dentro del contexto en el que está la palabra.

b) Vocabulario adicional Observa la lista de palabras y frases. Busca en un diccionario cualquier palabra cuyo significado no reconozcas y después completa las oraciones de abajo.

ancestro	cosmovisión	icónico
antaño	creencia	implementar
antigüedad	dejar huella	lengua materna
arqueología	deterioro	patrimonio
Colonia	desarrollo sustentable	perjudicial
conservación	gestionar	polémica
conquista	esplendor	restauración
cooperativa	exclusión	sincretismo cultural

1. El tema de la apropiación cultural ha causado muchas _____.

2. Una de las fotografías más _____ de la historia es la conocida como "Muerte de un miliciano", de Robert Capa.

3. Las _____ indígenas han sido una manera de vender sus artesanías de una manera justa.

4. La _____ de esos jóvenes era mixteco, pero hablaban español con fluidez.

5. Se intenta _____ varios de los edificios de la zona arqueológica y abrir el sitio a visitantes.

6. La _____ nos permite entender mejor cómo vivían nuestros antepasados.

7. Los habitantes de la Isla de Pascua hacían estatuas de sus _____ para que los protegieran.

8. En la actualidad hay mucha_____ sobre lo que constituye apropiación cultural.

c) Palabras de la misma familia Completa las siguientes oraciones con palabras relacionadas a las de la lista. ¡Atención! Vas a tener que cambiar sustantivos a adjetivos o a verbos.

Modelo: Las ruinas están muy ___*deterioradas*___. (deterioro)

arqueología   conservación   conquista   creencia   implementar   restauración

1. Con la ayuda de la Unesco están _____ varios sitios históricos en Latinoamérica.

2. Hay que _____ nuestras tradiciones para heredárselas a nuestros hijos.

3. Cuando los incas fueron _____ se perdieron muchas de sus historias.

4. Conozco a unos _____ que están excavando unas ruinas en Tabasco.

5. La _____ de un reglamento que prohíbe subir a las pirámides está ayudando a preservarlas.

El patrimonio intangible de la humanidad

La siguiente tabla nos muestra un listado de algunas de las manifestaciones culturales inmateriales de la Unesco en países hispanos. Elabora un reporte de una de estos manifestaciones culturales y preséntaselo a la clase. Incluye información acerca del grupo al que pertenece la tradición, así como su historia y su significado.

Ejemplos del patrimonio intangible de la humanidad

Tipo de manifestación cultural	Nombre	País
Danza	- las pallitas	Perú
	- danza del wititi	Perú
	- el baile chino	Chile
	- el Pujllay y el Ayarichi: músicas y danzas de la cultura yampara	Bolivia
	- la danza de las Tijeras	Perú
	- la lengua, la danza y la música de los garifunas	Belice, Guatemala, Honduras y Nicaragua
	- La tumba francesa	Cuba

Participante en el Candombe (Uruguay). Pixabay, foto de Alejandro Cuadro. (CC)

Músicos mariachis (México) Pixabay, foto de Jackmac34 (CC)

Fallas de Valencia (España) Pixabay, foto de Isromar (CC)

Festival de Oruro (Bolivia) Pixabay, foto de Gaimard (CC)

	Nombre	País
Música	- rumba y sus prácticas inherentes	Cuba
	- el vallenato	Colombia
	- el mariachi	México
	- el canto de la Sibila de Mallorca	España
	- el flamenco	España
	- la pirekua, canto tradicional de los p'urhépechas	México
	- el candombe	Uruguay
	- el tango	Argentina-Uruguay
Fiestas, eventos y celebraciones	- festividad del Señor Jesús del Gran Poder	Bolivia
	- expresiones rituales de la cultura Congo	Panamá

	▪ la romería de Zapopan	México
	▪ las Parrandas de la región central	Cuba
	▪ las tamboradas	España
	▪ la charrería	México
	▪ la fiesta de las fallas de Valencia	España
	▪ fiesta de la Vírgen de la Candelaria en Puno	Perú
	▪ fiesta de San Francisco de Asís en Quibdó	Colombia
	▪ la fiesta de los patios de Córdoba	España
	▪ los "castells"	España
	▪ el carnaval de Negros y Blancos	Colombia
	▪ ceremonia ritual de los voladores	México
	▪ el carnaval de Barranquilla	Colombia
	▪ el Güegüense	Nicaragua
	▪ las fiestas indígenas dedicadas a los muertos	México
Gastronomía	▪ la cocina tradicional mexicana	México
Procesos, técnicas y conocimientos	▪ proceso artesanal para elaborar la Talavera de Puebla	México
	▪ sistema Tradicional de Jueces de Agua de Corongo	Perú
	▪ procesos y técnicas artesanales para la elaboración del sombrero pintao	Panamá
	▪ técnica de elaboración del filete porteño	Argentina
	▪ técnicas tradicionales para el cultivo de la curaguala	Venezuela
	tradición oral mapoyo	Venezuela
	▪ conocimientos, técnicas y rituales vinculados a la renovación anual del puente Q'eswachaka	Perú
	▪ tejido tradicional del sombrero ecuatoriano de paja toquilla	Ecuador
	▪ los conocimientos tradicionales de los chamanes jaguares de Yuruparí	Colombia
	▪ la cosmovisión andina de los kallawayas	Bolivia
Vestimenta	▪ arte textil de Taquile	Perú

Celebración moderna del día de los Muertos (México). Pixabay (CC)

La redundancia

La redundancia se define como el uso de palabras innecesarias para expresar una idea que ya está clara. Algunas ideas pueden no ser redundantes en inglés, pero al tratar de traducirlas al español palabra por palabra se vuelven redundantes. Exploremos algunos de estos casos.

Salir para afuera   *To go out*

En inglés tiene sentido porque la idea de salir se comunica a través del verbo *to go* y la preposición. En español la preposición es parte del significado del verbo.

Entrar para adentro   *To go in*

Igual que en el ejemplo anterior, el idioma español emplea un verbo específico. El inglés comunica el significado a través de una preposición cuyo significado está implícito en el verbo español.

Subir arriba/bajar abajo   *To go up/down*

Es este un tercer ejemplo de redundancia producida por la preposición en inglés.

Comer comida   *To eat food*

¿Qué más se puede comer? Sin embargo, se puede usar esta expresión si se modifica de alguna manera la palabra comida: Comió <u>su</u> comida. En otras circunstancias es una aclaración inútil: Comió la comida rápidamente → comió rápidamente.

Crédito: Cortesía de Gerardo Kloss

Me lavé mis manos   *I washed my hands*

Esta redundancia es más sutil. En el primer capítulo de este curso aprendiste lo que es un verbo reflexivo y su significado: que la persona se hace una acción a sí mismo. Por esta razón, cuando se emplea un verbo reflexivo es inútil usar los pronombres posesivos: si la persona se lo está haciendo a sí misma, tienen que ser sus manos/dientes/pelo, etc. En suma, no se deben usar los adjetivos posesivos cuando se empleen verbos reflexivos.

Otros ejemplos de redundancias

casualidad imprevista	anciano viejo	requisito imprescindible
colaborar juntos	nunca jamás	ver con sus propios ojos
erradicar totalmente	opinión personal	volar en el aire
guardería infantil	pero sin embargo	volver a insistir
muchacho joven	redundancia repetitiva	sorpresa inesperada

Muchas de estas expresiones se usan de manera coloquial al hablar, pero trata de no usarlas al escribir.

Ahora practica estos consejos escribiendo acerca de dos o tres tradiciones importantes para ti.

Leyendas de México

Antes de leer

¿Qué leyendas conoces? ¿Cómo las aprendiste?

La leyenda de los volcanes

Hace cientos de años, antes de que llegaran los europeos a México, vivía en el centro del imperio azteca un guerrero llamado Popocatépetl. Este valiente guerrero se enamoró de Iztaccíhuatl, la hija de un cacique muy influyente que se oponía a la relación entre estos dos jóvenes. Por eso decidió enviarlo a la guerra, tan lejos como pudo. Para convencerlo, le prometió la mano de su hija si regresaba victorioso. Una vez que Popocatépetl hubo partido, el cacique le dijo a su hija que el guerrero había muerto en batalla. Iztaccíhuatl cayó enferma, con el corazón roto por la noticia. Cuando Popocatépetl se enteró de que su amada estaba muy grave, se apresuró a regresar, pero llegó demasiado tarde: Iztaccíhuatl había

El volcán Popocatépetl. *Pixabay, foto de JCésar. (CC)*

muerto. El guerrero se arrodilló a su lado, y desde entonces permanece junto a ella, convertidos ambos en volcanes por los dioses.

El Popocatépetl es uno de los volcanes más activos de México, y el Iztaccíhuatl, con su forma de mujer que yace sobre su costado, es un volcán muerto.

La Llorona

Aunque hay muchas versiones de la Llorona, todas coinciden en que es la historia de amor de una mujer indígena que vivió durante la época colonial. Ella era muy joven y hermosa, y estaba enamorada de un hombre español, quien la correspondió lo suficiente para que de su relación nacieran tres hijos, a pesar de que no estaban casados. Se dice que la mujer quería mucho a sus hijos y los atendía devotamente. Ella esperaba que su amado le pidiera matrimonio. Sin embargo, un día el padre de sus hijos no regresó a verla. Pasaron los días, hasta que la mujer se enteró

Representación de la Llorona durante un desfile por el Día de Muertos. CarlosGalvánMex. CC BY-SA 4.0

por otros de que el hombre se había casado con una mujer española, y se había marchado. Cuenta la leyenda que cuando ella se enteró de la traición, el dolor la enloqueció. La mujer, cegada por el dolor, se dirigió al Lago de Texcoco y ahí ahogó a sus tres hijos. Después de tan horrible acto, recobró la razón por un momento. Al darse cuenta de lo que había hecho, decidió terminar su propia vida.

Desde entonces, la gente del lugar dice que se escucha el lamento de una mujer joven que llama a sus hijos en una voz impregnada de dolor: "Ay, mis hijos". Dicen los testigos que se trata de una mujer vestida de blanco que deambula sin rumbo hasta esfumarse de nuevo en el lago.

Leyendas del mundo hispano

Investiga una de las siguientes leyendas y prepara una presentación para la clase. Además de contar la leyenda, incluye información sobre su origen y, si es posible, información sobre los elementos que trata de explicar y su relación con la cultura y tradiciones.

Leyenda de Quetzalcóatl

La Siguanaba

El Cadejo

Lobisón

Leyenda del Callejón del Beso

Los amantes de Teruel

El fantasma de la monja

La garita del diablo

La Pincoya

La muchacha de la curva

La octava isla Canaria

El mito del Calafate

La isla de las muñecas

Pareja besándose en el Callejón del Beso.

Leyenda de la yerba mate

El Sombrerón

La laguna del Inca

Añañuca

El Dorado

Sacerdote sin cabeza

Yasy Yateré

El mito de Luisón

El perro de Piedra

Leyenda del coquí

La Mancarita

Los tiempos del pasado: El pretérito, el imperfecto y el presente perfecto

¿Ya lo sabes?

Observa las siguientes oraciones y decide cuáles son correctas. Corrige las incorrectas.

1. Ayer vine a la universidad muy temprano.

2. ¿Tú oístes lo que dijo la maestra?

3. Cuando fui niño me encantaban los dulces.

4. Mi familia vivían en Puerto Rico por dos años.

5. Hubieron varios errores en el reporte.

6. Vosotros llegasteis tarde a la función.

7. La presentación de la biografía sobre Simón Bolívar fué un éxito.

8. Nosotros vinimos para discutir el libro de Rigoberta Menchú.

El pretérito del indicativo

El pretérito es el nombre del tiempo que se emplea en el idioma español para referirse a una acción terminada. En otras palabras, el pretérito describe una acción que finalizó y ya no puede modificarse. No es el único tiempo que se emplea para hablar del pasado, pero es probablemente el más común. La siguiente tabla resume la conjugación de los tres grupos, pero el pretérito tiene muchos verbos irregulares.

	-ar (cantar)	-er (beber)	-ir (vivir)
yo	cant**é**	beb**í**	viv**í**
tú	cant**aste**	beb**iste**	viv**iste**
él/ ella/ usted	cant**ó**	beb**ió**	viv**ió**
nosotros	cant**amos**	beb**imos**	viv**imos**
vosotros	cant**asteis**	beb**isteis**	viv**isteis**
ustedes/ellos	cant**aron**	beb**ieron**	viv**ieron**

Cambios en la ortografía

1) Verbos que terminan en -_**car**_ cambian a -_**qué**_ en la primera persona (yo): buscar, chocar, comunicar, explicar, fabricar, indicar, pescar, practicar, tocar, sacar

2) Verbos que terminan en -_**gar**_ cambian a -_**gué**_ en la primera persona: apagar, colgar, llegar

3) Verbos que terminan en -_**guar**_ cambian a -_**güé**_ en la primera persona averiguar, atestiguar

4) Verbos que terminan en -_**zar**_ cambian a -_**cé**_ en la primera persona: alcanzar, almorzar, comenzar, empezar

Ejemplos

	colocar	llegar	averiguar	empezar
yo	colo**qué**	lle**gué**	averi**güé**	empe**cé**
tú	colocaste	llegaste	averiguaste	empezaste
él/ella/usted	colocó	llegó	averiguó	empezó
nosotros	colocamos	llegamos	averiguamos	empezamos
vosotros	colocasteis	llegasteis	averiguasteis	empezasteis
ustedes/ellos	colocaron	llegaron	averiguaron	empezaron

Ponlo a prueba

Escribe la conjugación del pretérito para cada uno de estos verbos en la conjugación de **yo**.

aguar _____
alcanzar _____
explicar _____
colgar _____

Verbos irregulares comunes en el pretérito

Observa que la mayoría de los verbos irregulares <u>no</u> necesitan acentos, a diferencia de los verbos regulares.

DAR
Yo	di
Tú	diste
Él/ella/Ud.	dio
Nosotros	dimos
Ustedes	dieron
Ellos	dieron

DECIR
Yo	dije
Tú	dijiste
Él/ella/Ud.	dijo
Nosotros	dijimos
Ustedes	dijeron
Ellos	dijeron

¡Ojo! Los verbos terminados en **-ir** no son iguales en la conjugación de *ustedes* y *ellos*: se usa **-jeron** en vez de -**ieron**.

ESTAR
Yo	estuve
Tú	estuviste
Él/ella/Ud.	estuvo
Nosotros	estuvimos
Ustedes	estuvieron
Ellos	estuvieron

HACER
Yo	hice
Tú	hiciste
Él/ella/Ud.	hizo
Nosotros	hicimos
Ustedes	hicieron
Ellos	hicieron

IR
Yo	fui
Tú	fuiste
Él/ella/Ud.	fue
Nosotros	fuimos
Ustedes	fueron
Ellos	fueron

OIR
Yo	oí
Tú	oíste
Él/ella/Ud.	oyó
Nosotros	oímos
Ustedes	oyeron
Ellos	oyeron

SER
Yo	fui
Tú	fuiste
Él/ella/Ud.	fue
Nosotros	fuimos
Ustedes	fueron
Ellos	fueron

TENER
Yo	tuve
Tú	tuviste
Él/ella/Ud.	tuvo
Nosotros	tuvimos
Ustedes	tuvieron
Ellos	tuvieron

Ortografía

El pretérito de **tener**, así como el de **estar**, requieren escribirse con la **v**.

Verbos con cambios ortográficos

bus**car**	*bus**qué**... buscaste... buscó*
lle**gar**	*lle**gué**.... llegaste... llegó*
empe**zar**	*empe**cé**... empezaste... empezó*

Verbos irregulares cuya raíz cambia a _u_:

andar	anduve	**caber**	cupe	**poder**	pude
poner	puse	**saber**	supe	**tener**	tuve

Verbos irregulares cuya raíz cambia a _j_ (verbos que terminan en -_cir_).

conducir conduje		**decir** dije, dijeron		**traducir** traduje, tradujeron

¡Atención! En la conjugación de ustedes/ellos el final de la conjugación es _**-jeron**_, no _-jieron_

Verbos irregulares cuya raíz cambia a _i_:

decir dije		**venir** vine		**ver** vi

Verbos con cambios en la raíz

Solamente los verbos del grupo **-ir** tienen cambio en el radical en el pretérito, y solamente en la tercera persona del plural y del singular.

Verbos con _o_ cambian a _u_ solamente en la conjugación de la tercera persona del singular y plural (él, ella, usted, ustedes, ellos).

dormir → d**o**rmí, d**u**rmió
morir → m**o**rimos, m**u**rieron

Verbos con _e_ cambian a _i_
advertir, consentir, competir, medir, mentir, pedir, preferir, reír, repetir, seguir, sentir, servir, sonreír, sugerir

comp**e**tir → comp**e**tí, comp**i**tieron
pref**e**rir → pref**e**rimos, pref**i**rieron

Verbos con _ui_ cambian a _y_
construir, concluir, huir, sustituir, incluir, contribuir, leer, oír

huir → hui, huyo, hu**ye**ron
construir → constru**i**mos, constru**ye**ron

> **LEER**
>
> El verbo leer también requiere de este cambio en la tercera persona:
>
> leí, leíste, **leyó**, leímos, **leyeron**.
>
> Verbos similares: Caer, creer, incluir.

Un resumen visual

Los verbos **-ar** y **-er** con cambio en el radical en el presente **NO** cambian en el pretérito:		
	Presente	**Pretérito**
costar	cuesta	costó
pensar	pienso	pensé
entender	entiendo	entendí

Los verbos **-ir** con cambio en el radical cambian solamente en la tercera persona:		
	No cambia	**Cambia**
preferir	yo preferí	ella prefirió
dormir	yo dormí	ellos durmieron

Ejercicios

a) ¿Qué dijeron? Trabaja con un compañero para completar con el pretérito lo que dijeron las personas. Después decidan en el año más lógico para que ocurriera el acontecimiento. Nota que todas las respuestas están **en la primera persona (yo).** ¡Atención a la ortografía!

Modelo: Hernán Cortés: (yo/venir) a América en...

Hernán Cortés: **_Vine_** a América **_en 1511_**.

1491	1492	1520	1910	1916	1946	1959

1. Fidel Castro: _____ (saber) que era el momento de empezar una revolución en Cuba en...

2. Cristóbal Colón: _____ (buscar) una nueva ruta a las Indias y _____ (hallar) un nuevo continente en...

3. Pancho Villa: _____ (atacar) una población de los Estados Unidos en...

4. Eva Perón: _____ (querer) apoyar a los trabajadores y _____ (pelear) por sus derechos en...

5. La reina Isabel: Le _____ (dar) dinero a Colón para financiar su viaje a las Indias en...

6. La Malinche: _____ (averiguar) que había un complot para asesinar a Hernán Cortés en...

b) La semana pasada Habla con un compañero sobre lo que hicieron la semana pasada ustedes o alguien que conocen. Usen los verbos de la lista y presten atención a la conjugación de los verbos (escríbanla también).

Modelo yo (hacer)...   Estudiante 1: _La semana pasada mi amiga **hizo** una fiesta._

Estudiante 2: _La semana pasada yo hice la cena para mi familia._

La semana pasada...

1. conducir _____	**3.** decir _____	**5.** caber _____	**7.** poder _____
2. saber _____	**4.** ver _____	**6.** pelear _____	**8.** traer _____

c) Figuras históricas Elige a un personaje histórico y habla con un compañero sobre lo que hizo la persona para hacerse importante. Compartan todos los detalles que sepan sobre esa figura y narren usando el pretérito.

d) Verbos difíciles en el pretérito Escribe la conjugación para cada uno de los siguientes sujetos y verbos.

1. ver (yo) _____

2. saber (tú) _____

3. vestirse (ella) _____

4. reír (ellos) _____

5. satisfacer (nosotros) _____

6. regar (yo) _____

7. traducir (tú) _____

8. conducir (ustedes) _____

> **Error común**
> Recuerda que la conjugación de la segunda persona (tú) no lleva una ese al final:
>
> _Fuistes (incorrecto)_
> _Fuiste (correcto)_

El Imperfecto

El imperfecto es otro tiempo del indicativo que se usa para hablar del pasado. Sin embargo, tiene usos muy diferentes a los del pretérito.

Usos del imperfecto

	Ejemplo
Hablar de acciones habituales en el pasado.	*De niña me encantaba jugar béisbol.*
Acciones pasadas sin énfasis en un momento específico.	*Antes salía mucho con mis amigos.*
Hacer descripciones en el pasado.	*Era un hombre alto y llevaba pantalones negros.*
Describir acciones en progreso en el pasado.	*Los niños dormían ya cuando llegué a casa.*

Los verbos –ar

Yo	cant**aba**
Tú	cant**abas**
Él/ella/usted	cant**aba**
Nosotros	cant**ábamos**
Ustedes	cant**aban**
Ellos	cant**aban**

Los verbos –er y –ir

Yo	com**ía**
Tú	com**ías**
Él/ella/ud.	com**ía**
Nosotros	com**íamos**
Ustedes	com**ían**
Ellos	com**ían**

Verbos irregulares en el imperfecto

IR → iba, ibas, iba, íbamos, iban
SER → era, eras, era, éramos, eran
VER → veía, veías, veía, veíamos, veían

No hay cambio en el radical en el imperfecto:

Presente	Imperfecto
duerme	*dormía*
se esfuerzan	*se esforzaban*
pides	*pedías*
prefieren	*preferían*

1. Si la acción ocurrió en un momento específico o bien delimitado, usa el pretérito.

> *Cuando era niño, **tenía** muchos amigos. (No hay un inicio/fin específico)*
> *Durante mi niñez **tuve** muchos amigos. (Se habla de la niñez como un tiempo que terminó).*

2. Cuando narramos oralmente una acción en progreso es común usar el verbo **estar** + **gerundio** en vez del imperfecto. Sin embargo, al escribir el uso del imperfecto es un mejor estilo porque es más conciso.

> *Ayer **estaba lloviendo** cuando salí de mi casa. = Ayer llovía cuando salí de mi casa.*
> *Sara **estaba comiendo** cuando llegué. = Sara **comía** cuando llegué.*

3. No es posible usar el gerundio en todos los casos en los que se usa el imperfecto. Por ejemplo, si estás describiendo la vestimenta de una persona.

> *De niño, Javier siempre **llevaba** pantalones cortos.*

> **ORTOGRAFÍA**
> Las conjugaciones del imperfecto para los verbos -ar siempre se escriben con la letra b:
> *cantábamos*
> *hablaban*
> *comenzabas*

Ejercicios

a) Conjugación Conjuga los siguientes verbos en el imperfecto de acuerdo al sujeto indicado.

1. conocer (yo) _____

2. ir (ustedes) _____

3. manejar (tú) _____

4. oír (nosotros) _____

5. llover _____

6. nevar _____

7. navegar (tú) _____

8. decir (ella) _____

9. venir (él) _____

10. saber (vosotros) _____

11. vestirse (tú) _____

12. concentrarse (él) _____

b) ¿Pretérito o imperfecto? Primero decide si debes usar el pretérito o el imperfecto para completar cada pregunta. Después responde las preguntas.

Tu niñez

1. ¿Dónde _____? [nacer]

2. ¿Cómo _____ de niño? [ser]

3. ¿Te _____ la escuela? ¿Por qué? [gustar]

4. ¿A qué _____ y con quién? [jugar]

5. ¿Cómo _____ con tus hermanos? [llevarse]

6. ¿_____ en monstruos y vampiros? [creer]

7. ¿De qué _____ miedo? [tener]

8. ¿Cómo _____ a tu mejor amigo? [conocer]

9. ¿Alguna vez _____ mucho? ¿Por qué? [asustarse]

10. ¿_____ muchas películas de fantasmas? [ver]

c) ¿Qué ocurría? Describe lo que pasaba en las ilustraciones usando los verbos sugeridos. Cada oración debe combinar los dos verbos sugeridos (tú decides si debes usar pretérito o imperfecto).

Modelo: *Fernando dormía cuando sonó el despertador.*

dormir, sonar

1. cocinar, pelearse   2. dar de comer, llorar   3. contar, escuchar   4. peinar, verse

Ejercicios en Internet

Pretérito (conjugación)(1)   http://www.quia.com/quiz/7784356.html

Pretérito (conjugación) (2)   http://www.quia.com/quiz/7784357.html

Imperfecto (conjugación)   http://www.quia.com/quiz/7784330.html

Imperfecto (conjugación) (2)   http://www.quia.com/quiz/7784358.html

¿Pretérito o imperfecto? (1)   http://www.quia.com/quiz/7784345.html

¿Pretérito o imperfecto? (2)   http://www.quia.com/quiz/7784361.html

El presente perfecto y el pretérito

Observa las siguientes oraciones

Leí todos los libros de Gabriel García Márquez.   [pretérito]

No **he leído** todos los libros de Elena Poniatowska.   [presente perfecto]

¿Se pueden intercambiar los dos tiempos, o cambia el significado? Si piensas que el significado es diferente, explica en qué consiste la diferencia.

Los usos del presente perfecto y del pretérito

Como aprendiste anteriormente, el pretérito se usa cuando el contexto indica que una acción ya terminó y no se puede modificar. Por su parte, el presente perfecto se usa para hablar de acciones que comenzaron, pero que no han concluido: pensamos que todavía pueden modificarse.

El uso del presente perfecto puede variar de país a país. En general se usa más en España -basta con que la acción se perciba como muy reciente, aunque haya terminado. Por el contrario, en Argentina se escucha más el pretérito, aunque la acción haya concluido (algunos de estos usos se consideran coloquiales).

El presente perfecto se forma con el auxiliar **haber** en presente (he, has, ha, etc.) y un participio (verbo terminado en **-ado** o **-ido**).

Ejemplos de conjugaciones en el presente perfecto

Viajar (-ar)

yo	**he** viaj**ado**
tú	**has** viaj**ado**
él/ella/usted	**ha** viaj**ado**
nosotros	**hemos** viaj**ado**
vosotros	**habéis** viaj**ado**
ustedes	**han** viaj**ado**
ellos	**han** viaj**ado**

Beber (-er)

yo	**he** beb**ido**
tú	**has** beb**ido**
él/ella/usted	**ha** beb**ido**
nosotros	**hemos** beb**ido**
vosotros	**habéis** beb**ido**
ustedes	**han** beb**ido**
ellos	**han** beb**ido**

Vivir (-ir)

yo	**he** viv**ido**
tú	**has** viv**ido**
él/ella/usted	**ha** viv**ido**
nosotros	**hemos** viv**ido**
vosotros	**habéis** viv**ido**
ustedes	**han** viv**ido**
ellos	**han** viv**ido**

Los verbos irregulares

Los verbos que tienen un participio irregular siempre tienen una de las siguientes conjugaciones: **-to**, **-so** o **-cho**. Escribe el participio para todos los verbos de la siguiente lista.

abrir	_____	descomponer	_____	oponer	_____
absolver	_____	devolver	_____	predecir	_____
componer	_____	envolver	_____	poner	_____
contradecir	_____	escribir	_____	resolver	_____
cubrir	_____	hacer	_____	romper	_____
decir	_____	imponer	_____	satisfacer	_____
deponer	_____	imprimir	_____	ver	_____

Ejercicios

a) Conjugaciones Completa con el <u>presente perfecto</u> del verbo lógico de la lista.

abrir   decir   hacer   imprimir   ir   poder   poner   resolver   romper   ser   venir   ver

1. ¿Todavía no _____ ustedes la tarea?

2. Nosotros _____ esa película muchas veces, pero no nos cansamos de ella.

3. ¡Qué mala suerte! Este es el tercer plato que (yo) _____ esta semana.

4. Francisco, no me _____ qué quieres hacer el día de tu cumpleaños.

5. Llevo media hora trabajando en esta ecuación para la clase de álgebra y no _____ resolverla.

6. La clase de filosofía _____ la más difícil que he cursado en toda la carrera.

b) El tiempo lógico Elige el tiempo más lógico para completar las oraciones

1. Ayer (tuve / tenía / he tenido) problemas para completar mi tarea y le pedí ayuda a la maestra.

2. Todo este semestre (tuve / tenía / he tenido) problemas para completar mi tarea. Menos mal que ya van a terminar los cursos.

3. Nunca (viajé / viajaba / he viajado) a las islas Galápagos.

4. (Viajé / Viajaba / He viajado) a las islas Galápagos cuando tenía diez años.

5. Verónica (se casó / se casaba / se ha casado) con un hombre de Marruecos.

6. En la novela, Verónica (se casó / se casaba / se ha casado) cada año con un hombre diferente.

> → **¿Hay algún caso en que haya más de una respuesta posible? Explica.**

Ejercicios en Internet

<u>Conjugación del presente perfecto</u>   http://www.quia.com/quiz/7804769.html

Calcos, préstamos, anglicismos y cambios de código

Cuando dos idiomas conviven en cercanía -como es el caso del español y el inglés dentro de los Estados Unidos, ocurren varios fenómenos lingüísticos que combinados crean lo que conocemos como el *espanglish*. Aunque es perfectamente posible que un hablante bilingüe no mezcle los dos idiomas, en el contexto de los Estados Unidos, muchas personas usan el inglés la mayor parte del tiempo, y lo consideran su lengua dominante. El cerebro organiza la información de manera que la que usamos con mayor frecuencia es más accesible. Aun cuando una persona hable la mitad del tiempo en español, es probable que los use para hablar de temas diferentes. Por ejemplo, alguien podría comunicarse en español a la perfección para hablar de la casa, la comida y las actividades diarias... pero podrían tener problemas para encontrar todas las palabras que necesita en una discusión de política.

Los siguientes conceptos te ayudarán a entender las maneras en las que los dos idiomas interactúan:

Cambio de código: Cambiar de código significa alternar idiomas dentro de una conversación. Los hablantes bilingües tienden a cambiar de código cuando no encuentran una palabra en uno de sus idiomas, o cuando piensan que una palabra en otro idioma explica mejor lo que quieren decir. Hay otras razones para el cambio, como connotaciones, modas o motivos emocionales.

El cambio de código puede ocurrir de cuatro maneras diferentes.

1) Cambio de código inter-oracional	Ana no me llamó. *What's up with her*?
2) Cambio intra-oracional	Me encanta *ir de shopping* con mis amigos
3) Cambio de coletilla/muletilla (tag)	Así son ellos, *you know*.
4) Cambio intra-palabra	Vamos a wachar el juego en la tele.

Calco → El *Portal de Lingüística Hispánica* define a un calco como un préstamo literal que el idioma toma de otra lengua. El calco es una traducción literal de una frase. Por ejemplo, el español toma el término *skyscraper* y lo transforma en una traducción literal: rascacielos.

Por supuesto, hay calcos que están aceptados por la lengua, y calcos que confunden porque existen palabras para describirlas, sin necesidad de un préstamo. Es este el caso de muchas frases del espanglish en las que se copia una frase junto con la sintaxis del inglés, como se ve en los siguientes dos ejemplos:

Frase en inglés	Calco	Posible frase en español
I will call you back	Te llamo pa'trás.	Vuelvo a llamarte después.
How are you? –So-so.	¿Cómo estás? -Así así.	¿Cómo estás? -Regular/ más o menos.

Préstamos: Un préstamo se entiende como una palabra del inglés que se ha modificado para sonar como una palabra en español. Por ejemplo, *sandwich* ahora se acepta en español como sándwich.

Anglicismos: Un anglicismo es una palabra del idioma inglés que se incorpora al español sin españolizarla. Algunos ejemplos nos los proporciona la tecnología, donde hablamos, por ejemplo, de *blogs*, *software* y de *hackers*.

Reflexión

Conversa con un compañero sobre sus respuestas a las preguntas.

1. ¿Cuál es tu idioma dominante? ¿Cómo lo sabes?

2. ¿Hablas *Spanglish*? ¿Con quién y con qué frecuencia?

3. ¿Tienes problemas de comunicación con parientes o amigos que vivan en otros países? Explica.

4. ¿Qué se necesita para entender el *espanglish*?

5. ¿Crees que sea un idioma como el español o el inglés? ¿Por qué?

6. ¿Tiene el *espanglish* algún papel en tu identidad personal? Explica.

¡Traducción, por favor!

Las siguientes oraciones usan anglicismos, calcos, préstamos o cambios de código. Haz los cambios necesarios para que las pueda entender alguien que no habla nada de inglés.

1. Mis primos tienen pases de backstage para conocer a la cantante in person.

2. Miguel necesita conseguir aseguranza para su automóvil.

3. Tengo un apuntamiento a las 3:00 para .

4. Trabajo en una wainería, pero ahora estoy mirando por otro trabajo.

5. Llama para atrás a tu amigo Jaime porque te llamó hace un rato.

6. Miranda tiene que ver después a su hermanita hoy por la noche.

7. José necesita arreglar los braques de su troca.

8. El mall está como a unos cinco bloques lejos de aquí.

9. Vamos a comprar una carpeta nueva, o instalar un piso de linóleo.

10. Parking solo para clientes del shopping center.

Más español, menos anglicismos

Pasatiempo en vez de *hobby*.
Asesoría en vez de *coaching*.
Compras en vez de *shopping*.
Vestimenta en vez de *outfit*.
Apariencia en vez de *look*.
Registro de entrada en vez de *check in*.
Registro de salida en vez de *check out*.
Apoyo o respaldo en vez de *backup*.
Contraseña en vez de *password*.
Versión en vez de *cover*.
Fecha límite en vez de *deadline*.
Experiencia en vez de *knowhow*.

Nuestro idioma es muy rico

Meme que circula en redes sociales.

¿Tradiciones mexicanas?

Hay símbolos culturales que nos hacen pensar en un país… pero en realidad la historia es un poco más complicada.

Las piñatas

Pocas imágenes nos hacen pensar en México tanto como una piñata. Sin embargo, las piñatas se originaron en China. Marco Polo las introdujo a Europa y posteriormente los españoles las llevaron a México con el objetivo de usarlas para enseñar religión. Los siete conos de la piñata clásica representaban los siete pecados capitales. Los dulces en el interior representaban la promesa de las riquezas en el reino de los cielos.

En México las piñatas adquirieron gran popularidad, primero dentro de la celebración de las posadas y posteriormente como un juego para animar fiestas y celebraciones. Hoy en día se fabrican en muchas formas.

El flan

Es una creencia común que el flan es un postre mexicano. Sin embargo, este postre nació en Europa.

Después de domesticar gallinas, los romanos empezaron a experimentar con el uso de huevos en muchos platillos, incluyendo un postre que llamaron *tyropatina*.

En la Edad Media, se substituyó el uso de miel por azúcar, y el de pimienta por caramelo. El nombre de flan, con el que lo conocemos ahora, viene del francés y significa "pastel plano". Hay variaciones de este postre en otras partes del mundo, como el crème brulée francés.

El ceviche

El ceviche (o cebiche) es otro platillo que los mexicanos consideran mexicano, pero el honor se lo disputan también Perú (en donde es el plato nacional) y España. Todos tienen diferentes recetas. Al parecer, hace más de dos mil años la cultura Mochica del Perú consumía pescado cocinada en el jugo de una fruta local. Algunos ingredientes básicos del ceviche que conocemos ahora los trajeron los españoles, como la cebolla. Quienes piensan que el ceviche se origina en España encuentran las raíces de este platillo en otras cocinas, como la morisca.

España

Por algo España es el segundo país más visitado del mundo. Sus riquezas naturales y culturales son espectaculares. España es también en mosaico en el que convergen muchas culturas.

España se caracteriza por una gran variedad de regiones, como las montañas de Asturias. (*Pixabay, Urti 2009, CC*)

Molinos de viento en la región cercana a Toledo. (*Pixabay, Javier Alamo, CC*)

Granada fue la capital del imperio musulmán, el que dominó la parte sur de España por más de 700 años, dejando huellas en la arquitectura, la gastronomía, la cultura y el idioma de la nación. En esta foto puedes ver la Alhambra.
(*Foto: Pixabay, dkatana, CC*).

La arquitectura de Madrid es ecléctica. (*Pixabay, CC*).

La arquitectura de **Antonio Gaudí** es una de las razones por las que Barcelona es una de las ciudades más visitadas del mundo. (*Pixabay, Pexels, CC*).

Investiga aspectos adicionales de España y preséntaselos a la clase.

Capítulo 3

Educación y sociedad

Objetivos culturales

Discutir los efectos de la educación, así como sus objetivos

Objetivos lingüísticos

Perfeccionar las comparaciones

Familiarizarse con el uso de elativos

Antes de leer

1. ¿Qué significa "educarse"?
2. ¿Por qué asistes a la universidad?
3. ¿Por qué es obligatoria la educación hasta el bachillerato?
4. ¿Qué diferencias has encontrado entre la educación básica de la universitaria?

¿La educación nos separa?

Richard Rodríguez (1944-) es un escritor estadounidense que se hizo famoso en la década de 1980 por la publicación de un libro autobiográfico **llamado** *Hunger of Memory: The Education of Richard Rodríguez*. Rodríguez asistió a la universidad de Stanford, y posteriormente a la Universidad de Columbia. Consiguió también un doctorado de la Universidad de California en Berkeley.

Rodríguez nació en California, en el seno de una familia mexicana que había inmigrado a los Estados Unidos. Como en el caso de muchas familias hispanas, su lengua materna fue el español. Cuenta en su libro que cuando empezó la escuela apenas sabía unas cincuenta palabras. Al poco tiempo de comenzar a asistir a la escuela católica en la que lo inscribieron, unas **monjas** fueron a su casa a pedirles a sus padres que hablaran en inglés en casa para que Richard mejorara. Así lo hicieron, pero el niño sintió que había perdido su "hogar". En su libro Rodríguez escribe que este fue el **costo** de "americanizarse" y encontrar su "voz pública": hablar inglés fue el boleto para pertenecer al mundo *gringo,* pero perdió a su familia.

Rodríguez cuenta su vida a través de una serie de ensayos controversiales. En el primer ensayo, acerca de su niñez, concluye que la educación debe de ser solamente en inglés, **oponiéndose** así a quienes abogaban en California por la educación bilingüe. Por supuesto, los **detractores** de la educación bilingüe usaron este punto de vista para defender sus opiniones. Según Rodríguez, este tipo de educación evita la asimilación a la cultura estadounidense y asimilarse es lo precisamente lo que le permitió a él considerarse "americano".

"Crecí víctima de una confusión debilitante. Mientras más fluidamente hablaba en inglés, ya no podía hablar español con **confianza**." Rodríguez asegura que llegó a ser incapaz de pronunciar el español, sintiéndose culpable por ello. Sus parientes y amigos de la familia empezaron a llamarlo *pocho*. Además comenzó a corregir la gramática (del inglés) de sus padres y se sintió decepcionado de que estos no pudieran ayudarlo con las tareas. Todos estos recuerdos **subrayan** la tesis principal de su libro: que la escuela lo separó de su familia. En otra parte de su libro Richard Rodríguez hace patente también su oposición al programa de Acción Afirmativa citando su propio éxito como una prueba de que no es algo necesario ni deseable.

Pixabay, CC.

El libro de Rodríguez fue rechazado ocho veces antes de ser publicado por *Bantam Books*, consiguiendo críticas muy positivas tras su publicación. Su obra también fue citada una y otra vez por los oponentes a la educación bilingüe y a Acción Afirmativa. Aunque su autobiografía fue un éxito para él, para su familia fue una gran humillación. Rodríguez admitió en una entrevista que nunca pensó que su familia la leería, así que cabe preguntarse si esta humillación no fue lo que realmente lo separó de sus familiares. A pesar de que Rodríguez consideró la separación de su familia como el precio que tuvo que **pagar** por su asimilación al mundo estadounidense, es fácil **argüir** que esta fue una decisión personal. Sus hermanos también fueron muy exitosos en la escuela, y ni olvidaron el idioma español, ni se separaron de su familia.

Aunque es posible que muchos lectores empaticen con las experiencias narradas por Rodríguez, como la de ingresar por primera vez a la escuela sin hablar inglés, la mayoría de los estudiantes hispanos que hablan español en sus casas piensan que el ser bilingües es una ventaja, un conocimiento que abre puertas a mejores empleos y oportunidades, no un obstáculo para la asimilación. También habría que cuestionarse lo que realmente significa asimilarse...¿es necesario renunciar a la cultura de nuestras familias para poder tener una voz y una opinión en este país?

Es posible que algunos estudiantes sientan que ir a la universidad los separa de sus amistades; tal vez sus amigos se quejen de que la relación ha cambiado porque ahora su amigo(a) (el(la) que decidió seguir estudiando) usa palabras **rimbombantes** que nadie entiende. También es posible que el universitario sienta que su familia y los amigos lo boicotean con mensajes como "ven con nosotros, luego haces tu tarea". Quizás en estos casos no sea la educación la que separa, sino el simple hecho de que las personas tienen objetivos diferentes en la vida.

Es cierto que seguir una educación es un proceso que nos cambia si los métodos educativos son **eficaces**. Hay quienes creen que recibir una educación significa memorizar información y repetirla como merolicos. En realidad, educarse significa aprender a razonar críticamente con esa información, analizarla, cuestionarla y aplicarla. Educarnos es aprender a hacer preguntas, a no creer todo lo que escuchamos o leemos en el Internet; es aprender a expresarnos por escrito y oralmente. Educarnos es entender otras perspectivas.

Adquirir **habilidades** es muchas veces una parte importante de una educación: la habilidad de expresarse correctamente por escrito, de aprender otro idioma o de cambiar una llanta. Sin embargo, educarse es más que la suma de todas estas partes, y no puede despojarnos de nada que no queramos perder. ¿Será que Rodríguez se sentía **avergonzado** de su familia, por lo que decidió alejarse de ella y culpar a su educación?

Comprensión y discusión

1. ¿Quién es Richard Rodríguez y por qué se hizo famoso?

2. ¿Qué opina Rodríguez acerca de la educación bilingüe y por qué?

3. ¿Qué dice este escritor acerca de Acción Afirmativa?

4. Hay una refrán en español que dice que "lo que bien se aprende no se olvida". En su libro, Rodríguez afirma que simplemente olvidó el español. ¿Conoces a alguien a quien le haya ocurrido esto?

5. En el texto se da una opinión acerca de lo que significa educarse. ¿Estás de acuerdo? ¿Por qué?

6. ¿Se asemejan de alguna manera tus primeras experiencias en la escuela a las de Rodríguez?

7. ¿Has sentido que tu decisión de asistir a la universidad te ha separado de tus familiares o amigos? ¿Qué se puede hacer para remediar esto?

8. ¿Cuál crees que sea el mensaje que quieren dar los autores de este texto?

9. ¿Cómo responderías la pregunta que se plantea al finalizar el artículo?

Pixabay, CC.

Hablar de educación

a) **Sinónimos** Encuentra un sinónimo o una frase que pueda substituir las palabras que aparecen en negrita en el artículo.

b) **Vocabulario adicional** Estudia la lista de vocabulario y busca en un diccionario las palabras con las que no estés familiarizado. Después completa los ejercicios.

abogar	darse de baja	lluvia de ideas
acoso	desempeño escolar	logros
agenda	diplomado	maestría
alumno	discapacidad	matricularse
ampliar	docente	métodos de aprendizaje
aprobar	doctorado	pasantía
argumentar	educación bilingüe	pensamiento crítico
asistir	egresado	plantel
ayuda financiera	ensayo	primaria
bachillerato	esforzarse	razonamiento
borrador	exentar	recibirse
calificaciones	facultad	reprobar
carrera	grado	secundaria
carrera técnica	jardín de niños	semestre
completar formularios	juzgar	solicitar ingreso
conferencia	lectura	trimestre
cursos electivos/opcionales	licenciatura	

c) **Cognados verdaderos y falsos** El tema de la educación es uno en el que hay muchos cognados falsos. Decide cuáles de las siguientes oraciones no funcionan más que en espanglish (no las entendería alguien que solamente habla español). **¡Atención!** Puede haber más de un error en cada una.

1. Este término estoy tomando tres clases en línea.

2. Apliqué a dos universidades y las dos me gustan.

3. En el colegio no saqué muy buenos grados, pero ahora en la universidad me estoy aplicando mucho.

4. Se pusieron a argumentar sobre las responsabilidades de cada uno.

5. Para ser facultad en esta universidad se debe completar un doctorado.

6. En la clase de Historia hay que escribir un papel cada dos semanas.

7. No sé qué agenda tengan en ese grupo, así que sugiero vigilarlos.

8. Eugenio va a fallar sus clases si no atiende las lecturas.

d) Tus experiencias con la educación Respondan las preguntas y compartan sus experiencias.

1. ¿Cuántos años tenías cuando fuiste a la escuela por primera vez? ¿Qué recuerdas de ese día?

2. ¿Recuerdas a alguno de tus maestros de la primaria, secundaria o bachillerato? ¿Por qué los recuerdas?

3. En general, ¿cómo ha sido tu experiencia educativa? ¿Qué ha sido negativo? ¿Qué ha sido positivo?

4. ¿Te gustaría trabajar como docente? ¿Por qué sí o por qué no?

e) Diferencias Trabaja con un compañero y túrnense para explicar la diferencia entre cada par de palabras.

1. colegio - universidad

2. aplicar - solicitar

3. recibirse - matricularse

4. grado - calificación

5. alumno – egresado

6. maestría – doctorado

Pixabay, CC.

f) Puntos de vista Conversen sobre sus respuestas a las siguientes preguntas.

1. ¿Te gustaba asistir a la escuela cuando eras niño? ¿Por qué? ¿Te gusta ahora?

2. ¿Crees que la educación deba ser obligatoria? ¿Hasta qué nivel?

3. ¿En qué países del mundo crees que sea mejor la educación? ¿Por qué?

4. ¿Hasta cuándo quieres estudiar y por qué?

5. ¿Piensas que una educación tenga algún efecto en tu vida, más allá de un mejor trabajo?

6. En tu opinión, ¿debería ser gratuita la educación? ¿Por qué?

Fotos: Pixabay (CC)

Política, educación y sociedad

Los siguientes temas de investigación son muy relevantes para la experiencia de los hispanos en los Estados Unidos. Elige uno e investígalo siguiendo las instrucciones.

a) La educación bilingüe En el artículo de esta capítulo se mencionó el tema de la educación bilingüe Ambas iniciativas han sido de gran beneficio para la comunidad hispana, por eso fue particularmente controversial que un hispano como Rodríguez se pronunciara en contra de ellas.

b) Acción afirmativa Esta es otra de las iniciativas a las que se opone Richard Rodríguez. La ley buscaba lograr una mayor equidad en la sociedad norteamericana. Investiga en qué consisten los argumentos a favor de Acción Afirmativa y de la educación bilingüe. Busca los argumentos a favor y en contra de Acción Afirmativa, e investiga cuáles han sido los resultados de su aplicación. Incluye un comentario al final con tu opinión.

c) English Only En varios estados de los Estados Unidos existe desde hace varios años una ley llamada *English Only* (el país no tiene una lengua oficial, pero inglés se considera una lengua de facto). Reporta qué es lo que dice la ley y cómo ha afectado los derechos de la comunidad hispana.

d) El síndrome de impostor Este síndrome parece aquejar desproporcionalmente a personas de minorías como los afroamericanos y los hispanos. Investiga en qué consiste y escribe una reflexión personal acerca de lo que se puede hacer para educar al público y evitar que ciertos grupos lo padezcan más.

e) El Tratado de Hidalgo Averigua cuáles fueron las condiciones del Tratado de Hidalgo y lo que implicó para todos los mexicanos que vivían en este territorio. Después averigua si se respetó el tratado.

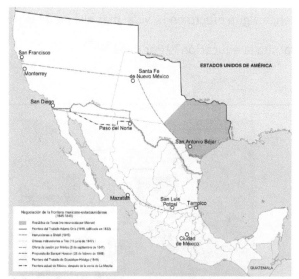

Mapa de la negociación de la frontera entre México y Estados Unidos (1845-1848) como parte de la Guerra de Intervención estadounidense en México. CC BY-SA 3.0

Pequeñas y grandes diferencias entre el inglés y el español

El uso de los artículos es diferente en inglés y en español. A continuación encontrarás una lista con algunas de las diferencias principales. En general, el artículo definido (el, la, los, las) se usa más, pero los artículos indefinidos (un, una, unos, unas) se usan menos.

1. En inglés puedes empezar una oración con un sustantivo, en español el sustantivo necesita un artículo.

      Books are expensive.   **Los libros** son caros.

2. En español no se necesitan los artículos indefinidos al dar la profesión de una persona. Sin embargo, observa que si usas también un adjetivo para describir la profesión, entonces el artículo se hace necesario.

      *Joaquín is **a teacher**.*   Joaquín es **maestro**.

      *He is **a good teacher**.*   Es <u>un</u> **buen maestro**.

3. En español se requiere usar artículos definidos con los días de la semana, pero no uses la preposición "en", como se hace en inglés.

      *I go to school **on Mondays**.*   Voy a la escuela **los lunes**.

Observa en el ejemplo anterior que los días de la semana se escriben con minúsculas. Observa también que necesitas usar el artículo definido antes de escuela, porque es un sustantivo específico.

4. Para decir la hora siempre se requiere el artículo definido femenino en todos los contextos.

      *It's **one** o'clock.* Es **la una**.

      *See you **at 3:00** pm.*   Te veo **a las 3:00** pm.

5. El artículo definido es necesario también con los títulos de cualquier tipo, con la excepción de cuando uno se está dirigiendo a la persona.

      ***Ms**. Ramírez talked with me.*   **La** señora Ramírez habló conmigo.

      ***Dr**. Flores is a good man.*   **El** doctor Flores es un buen hombre.

      ***Miss** Gómez, come in.*   **Señorita** Gómez, pase.

6. El artículo definido también es necesario al hablar de las partes del cuerpo. No se usan adjetivos posesivos, pues son redundantes. En general, esta regla es también cierta para la ropa.

incorrecto	correcto
Me duele mi estómago.	Me duele el estómago.
Se lavó sus manos.	Se lavó las manos.
Se puso su camisa.	Se puso la camisa.
Me miró a mis ojos.	Me miró a los ojos.

7. Algunos sustantivos femeninos que empiezan con las letras *a* o *ha* requieren del artículo masculino. Esto es por razones fonéticas y solamente para los sustantivos singulares. Observa que cualquier adjetivo que modifique al sustantivo tiene que mantener la concordancia femenina.

singular	plural	ejemplo de concordancia
el agua	las aguas	Debemos mantener **limpia** el agua de los ríos.
el águila	las águilas	El águila **calva** es un símbolo de los EE. UU.
el azúcar	los azúcares	Prefiero el azúcar **refinado/refinada**.*
el arma	las armas	Un ejemplo de arma **blanca** es el cuchillo.
el haba	las habas	Las habas son nutritivas.

* el azúcar se usa en algunas regiones como sustantivo femenino, y en otras como sustantivo masculino. Por lo tanto, ambas formas son correctas.

Ahora recuerda estas reglas al escribir una reflexión acerca de tu experiencia con la educación.

Ejercicios adicionales

a) **Traducción** Traduce al español cada una de las siguientes oraciones. Presta atención al uso de los artículos.

1. *My birthday is on July 24th*. _____

2. *I brushed my teeth before leaving home.* _____

3. *On Monday, Mrs. Zavala arrived at 9:00 am.* _____

4. *Hunger is an issue in this country.* _____

5. *My father is a bus driver and my mother a homemaker.* _____

6. *Trips abroad can be expensive.* _____

7. *Sonia brushed her hair and put on her coat.* _____

8. *Mr. Smith, where is Dr. Krauss?* _____

Ejercicios en Internet

Pequeñas y grandes diferencias al escribir   http://www.quia.com/quiz/7784359.html

Películas sobre educación y perseverancia

Las siguientes películas y documentales hablan sobre el impacto de educación. Algunas expresan experiencias desde el punto de vista de una minoría, y otras expresan el punto de vista de la mayoría anglosajona. Varias son documentales sobre estudiantes latinos, otras son historias basadas en casos reales.

Elige una de las películas o documentales y analízalo. Incluye al menos los siguientes puntos: 1) La trama; 2) El contexto (¿es una escuela pública o privada? ¿rica o pobre? ¿religiosa o laica? ¿Tienen recursos los estudiantes?); 3) La temática que se aborda; 4) Los protagonistas (¿Cuáles son sus retos? ¿Qué acerca y qué separa a los docentes de sus alumnos?); 5) El mensaje de la película/documental; 6) Una comparación con tu experiencia; 6) Una conclusión general (incluye un comentario acerca de si te gustó la película o no).

- o *Stand and Deliver* (1988)

- o La Sociedad de los poetas muertos (1989)

- o *Spare parts* (2015)

- o Freedom Writers (2007)

- o The Ron Clark story (2006)

- o Rich Hill (2014) *

- o Underwater dreams (2014)*

- o The graduates/ Los graduados (2013) *

- o La educación prohibida (2012)*

- o *No greater odds* (2015)*

- o McFarland (2015)

*Documental

¿Qué significa "educarse"?

Clipart: pdclipart.org

Más sobre la educación: Comparaciones

Observa las siguientes oraciones y decide cuáles te suenan correctas y cuáles te parecen incorrectas.

a. Estudiar es más difícil que trabajar

b. Mis primos trabajan bien mucho, pero ganan más dinero que yo.

c. Mis clases este semestre son más mejores que las del semestre pasado.

d. Creo que en mi clase de español hay menos de 20 estudiantes.

e. Mi profesora de Ciencias tiene mejor actividades para aprender de toda la escuela.

f. Tengo tantísima tarea en la clase de español como en la de Historia.

g. Mi vecino gana menos que mi por hora, pero tiene más prestaciones.

h. Miguel y Alfredo tienen las mismas clases.

Las comparaciones y los superlativos

Si identificaste las oraciones *a*, *d* y <u>h</u> como las correctas, tus respuestas son acertadas. Ahora corrige los errores de las otras oraciones. Quizás hayas notado que la última oración es diferente a todas las demás porque no es una comparación, sino solo una afirmación. Para tener una verdadera comparación es necesario tener sujetos separado (no pueden aparecer juntos al principio de la oración).

Comparaciones de desigualdad

Se logran usando las palabras *más* o *menos* con un adjetivo o un sustantivo seguido de la palabra <u>**que**</u>.

Hoy en día hay **menos** hombres que mujeres estudiando en las universidades.

Mi amigo es **más** trabajador **que** yo.

Un tecnológico es **menos** caro **que** una universidad.

Algunos adjetivos son irregulares en este tipo de comparación:

bueno	→	mejor
malo	→	peor
viejo/grande	→	mayor
joven/pequeño	→	menor

Cuando se compara el tamaño, generalmente se usa "más grande/pequeño que" para evitar que se interprete como edad. Cuando no hay ambigüedad, es posible usar mayor o menor para referirse al tamaño.

Santiago es menor que Elvira.   (Santiago tiene menos años)

Puerto Rico es más pequeña que Cuba.

El área de Canadá es mayor que la de Estados Unidos. (En este caso no hay ambigüedad).

Si la comparación es con un número específico, no se usa *que*, sino *de*.

> A su fiesta llegaron **menos de** diez personas.

Comparaciones de igualdad

Se la palabra *tan* cuando se compara con un <u>adjetivo</u>, y la palabra como antecede al segundo sujeto.

> La conferencia que dio ese profesor fue **tan interesante como** la tuya.
>
> Latinoamérica es **tan diversa como** Europa.

Si lo que se compara es un sustantivo, se debe usar tanto(a)(s); en otras palabras, tanto debe concordar en género y número con el sustantivo al que se refiere.

> Escribimos **tantos ensayos** para la clase de inglés **como** para la de español

Superlativos

En un superlativo comparamos un sujeto con un grupo. En estos casos es necesario usar un artículo definido. En este caso también se usa *de* antes de establecer el grupo con el que se compara.

> Hay desigualdad en varias regiones del mundo, pero creo que Latinoamérica es **la más** desigual **de** todas.

Afijos para hacer superlativos

Los sufijos -*ísimo* y -*érrimo* se le agregan a un adjetivo en vez de usar la palabra "muy" (no se pueden usar ambas). Es particularmente útil con adjetivos que no admiten el uso de *muy*, como en el caso de delicioso (algo es delicioso o no, pero no puede ser "muy" delicioso). Este uso es coloquial y equivale a una exageración. Otros afijos que se usan con este propósito son *requete-* (el cual es muy coloquial), *super-*, *hiper-*, *mega-* y *ultra-*.

Ejemplos del uso de afijos (muchos son coloquiales):

> Mi tío es muy inteligente = Mi tío es inteligentísimo
>
> Es una filosofía hiperdifícil.
>
> El nuevo megacomplejo turístico será concluido el próximo año.

Superlativos absolutos

Los adjetivos que no admiten el uso de "muy" se llaman superlativos absolutos o elativos, y no lo admiten porque la palabra implica ya el significado superlativo. La siguiente es una lista de elativos, así que no los uses con "muy", pues es incorrecto en el español normativo.

abominable	encantador	helado
atroz	excelente	horroroso
brutal	enorme	insignificante
delicioso	fabuloso	precioso
descomunal	fundamental	tremendo

Ejercicios

a) Opiniones Trabajen en parejas para encontrar la palabra que falta en cada oración y después comentar si están de acuerdo con las afirmaciones y responder la pregunta adicional. Repórtenle a la clase sus opiniones.

1. Las matemáticas son _____ difíciles que las ciencias sociales. (¿Cuál es la materia más fácil de todas?)

2. Los inmigrantes tienen más retos _____ los ciudadanos de la segunda generación. (¿Por qué?)

3. El trabajo de docente está _____ pagado que muchas otras ocupaciones. (¿Cómo lo sabes?).

4. Enseñar a los niños es uno de los trabajos más importantes _____ mundo. (¿Por qué?).

5. Es más importante tener experiencia profesional _____ un título universitario. (¿Por qué?).

6. Las mujeres ganan _____ que los hombres por el mismo trabajo. (¿Por qué?).

b) Comparaciones Completa con las palabras necesarias.

1) María tiene 24 años, Felipe tiene 21 años y Pascual tiene 19 años.

→ Felipe tiene _____ años _____ Pascual.

→ Pascual es _____ _____ María. María es _____ _____ joven _____ todos.

2) Beatriz tiene $100.00. José tiene 100 dólares también. Nosotros tenemos $50.00.

→ Beatriz tiene _____ dinero _____ José. Ella tiene más dinero _____ nosotros.

→ Nosotros tenemos _____ _____ $100 dólares.

3) Ricardo escribió 3 ensayos esta semana. Susana también escribió 3, pero Tomás escribió 5.

→ Ricardo escribió _____ composiciones _____ Susana, pero Tomás escribió _____ _____ nadie.

Él escribió _____ _____ cuatro composiciones.

c) Exageraciones Usa los afijos mega-, requeté-, hiper, mega-, ultra- e -ísimo para transformar los siguientes adjetivos. Después escribe una oración original usando la nueva palabra.

Modelo: triste → tristísimo → Es película es tristísima.

1. fundamental → _____ → _____

2. atroz → _____ → _____

3. educativo → _____ → _____

4. insignificante → _____ → _____

5. tremendo → _____ → _____

d) Encuentra el error Indica cuál es el problema en cada oración y corrígelo. Puede haber más de un error.

1. Ayer comí una cena muy deliciosa. _____

2. En mi clase de cálculo hay más que 30 estudiantes. _____

3. Los maestros no ganan tantos como los políticos. _____

4. Las matemáticas son tan importante como los idiomas. _____

5. Mi clase de literatura es más mejor que mi clase de cálculo. _____

6. No me gusta mucho tomar clases por internet como en persona. _____

7. Mi universidad es la mejor universidad que todas las del estado. _____

8. La educación en México enfrenta tantas dificultad como la de EE. UU. _____

Ejercicios en Internet

Comparaciones   http://www.quia.com/pop/760439.html

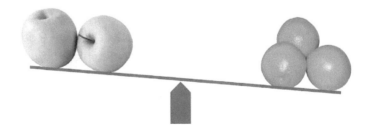

Pixabay, CC.

El español de los Estados Unidos (más calcos y cognados falsos)

Los idiomas evolucionan. El español que hablamos hoy en día es muy diferente al que se hablaba hace cuatro o cinco siglos. Además, el idioma está influenciado por la cultura, la historia y la geografía del lugar en donde se habla. Aunque se trata del mismo idioma, hay notables diferencias en el léxico. Por ejemplo, el español de México está influenciado por las culturas que vivían en el continente antes de la Conquista. Muchos de los nombres de comidas, lugares y costumbres vienen de las lenguas originales de estas poblaciones.

El español en los Estados Unidos también está influenciado por su contexto, y la influencia más notable es la que produce su coexistencia con el idioma inglés. En un capítulo anterior aprendiste acerca de las maneras en que dos idiomas que conviven pueden afectar el habla de una población. En esta sección vamos a explorar ejemplos adicionales.

Interferencias léxicas

Hay dos tipos de calco: El **calco semántico** es un cognado falso que se emplea como si fuera un cognado verdadero. Puede darse a nivel de una sola palabra, o en frases. Por ejemplo, en la oración "Me moví a Portland" se usa el verbo *mover* como si fuera el verbo *to move*, del inglés, en vez de usar el verbo mudarse. Otro ejemplo es la expresión de "tener un buen tiempo" en vez de decir simplemente divertirse.

En el caso de un calco lingüístico, se traduce palabra por palabra para adoptar el significado de una lengua extranjera. Por ejemplo, "baloncesto" es un calco de *basketball*.

Interferencias gramaticales

El primer tipo de interferencia gramatical, la simplificación, consiste en ignorar estructuras del español. Por ejemplo, como en inglés no hay un modo subjuntivo, un hablante bilingüe de los Estados Unidos podría decir "no creo que están enfermos" en vez de "no creo que estén enfermos". Otro ejemplo que se ha observado en los Estados Unidos es la pérdida de la dinámica entre el pretérito y el imperfecto. Por ejemplo, decir *"Cuando llegué mi hermanito estuvo jugando videojuegos"* en vez de *"… estaba jugando videojuegos"*.

Alternancia de códigos

En el primer capítulo de este texto aprendiste sobre la alternancia de códigos (*code switching*). Los hablantes usan los dos idiomas simultáneamente por razones variadas. Por ejemplo, podrían haberse olvidado de una palabra, o quizás prefieren el uso de ciertas expresiones para comunicar su pertenencia a un grupo social. La alternancia de código es en parte de un fenómeno social en el que un grupo hace un esfuerzo por hablar y expresarse de manera diferente en presencia de otro grupo. Esto lo hacemos todos de una u otra manera, por ejemplo, no hablamos con nuestros amigos de la misma manera en la que le hablamos a nuestros profesores. Sin embargo, de acuerdo con un estudio del Centro de Investigaciones Pew, los jóvenes hispanos a negros con una educación universitaria sienten con mayor frecuencia la necesidad de cambiar su manera de hablar cuando están en la presencia de otro grupo étnico.

Puede verse que el español de los Estados Unidos tiene características definidas. Algunos llaman espanglish al resultado de todas estas interferencias lingüísticas, y hay quien argumenta que el espanglish debería considerarse una lengua. Otros opinan que el espanglish muestra un desconocimiento de la lengua española. Lo que no debemos olvidar es que la forma en la que se habla en una comunidad contribuye a su identidad, y por ello hay que respetarla.

Sin embargo, también es un hecho es que la comunicación con hablantes de otros países se dificulta cuando no se siguen las reglas normativas del idioma. Por ello, comprender cómo difiere el español de los Estados Unidos al del español estándar es importante para comunicarnos eficazmente con hispanohablantes de todas partes del mundo.

> **¿Recuerdas?**
>
> La alternancia de código puede ocurrir en cuatro formas diferentes:
>
> 1) Castellanizar un verbo del inglés (*to mop* se convierte en "mopear"),
>
> 2) Alternar oraciones (*Hey, Good to see you. ¿Adónde van?*).
>
> 3) Alternar los idiomas dentro de la misma oración ("El *teacher* dijo que podemos entregar la tarea después.").
>
> 4) Usar muletillas u otras frases de discurso ("Ustedes también quieren ir, right?").

Conversación

1. ¿Usas tú el espanglish? ¿Con quiénes?

2. ¿Cuáles son ejemplos de palabras o frases que dices en espanglish?

3. ¿Crees que deba considerarse un idioma? ¿Por qué?

4. Una de las razones por las que los hispanos de los EE. UU. van perdiendo su dominio del español es porque el inglés se vuelve su lengua dominante a partir de que comienzan a ir a la escuela. ¿Qué puede hacer un hispano para mantener y mejorar su dominio del español?

5. En el artículo se menciona que los hispanos con una educación universitaria sienten a menudo la necesidad de expresarse diferente en presencia de otros grupos étnicos. ¿Cómo se puede explicar este fenómeno?

Ejercicios

a) **Correcciones** Localiza el espanglish en cada oración y cámbialo al español normativo. **¡Atención!** En algunos casos hay más de un error.

1. Te llamo para atrás en cuanto llegue a mi casa.

2. Felipe se ha movido a tres casas diferentes este año.

3. No me gusta cuando alguien toma ventaja de uno. Hay gente muy abusiva.

4. Con su nuevo negocio están haciendo mucho dinero.

5. Mi mejor amigo llamó porque tenía un accidente.

6. El manager escuchó sus empleados porque estaban preocupados por la epidemia.

7. Pienso mi hermana tiene hambre

8. Yo vengo a la escuela porque yo quiero trabajar como maestro en el futuro y yo creo que tengo mucha vocación porque yo disfruto enseñar niños.

b) Expansión En el primer capítulo de este texto te familiarizaste con una lista de cognados falsos. Aquí te presentamos una segunda lista. Investiga cuál es el verdadero significado del falso cognado y escribe cuál sería la traducción correcta de la palabra en inglés. Finalmente, da un ejemplo de cómo usar el cognado falso correctamente.

inglés	traducción al español	cognado falso	sinónimo o explicación	Ejemplo del uso correcto
advertisement		advertencia		
to assist		asistir		
carpet		carpeta		
to choke		choque		
code		codo		
college		colegio		
compromise		compromiso		
to contest		contestar		
cup		copa		
disgust		disgusto		
embarrassed		embarazada		
to introduce		introducir		
library		librería		
to molest		molestar		
nude		nudo		
pie		pie		
rope		ropa		
sensible		sensible		
soap		sopa		
success		suceso		
to support		soportar		
tuna		tuna		
ultimately		últimamente		
vase		vaso		

c) La palabra lógica Una vez que hayas completado la tabla anterior, completa las siguientes oraciones con la palabra lógica en español. Las respuestas pueden venir de la columna de cognados falsos, o de las verdaderas traducciones a las palabras de la columna en inglés.

1. Para su cena de aniversario, Martín preparó un _____ de manzana por primera vez en su vida.

2. Hijo, por favor tráeme un _____ para poner estas flores.

3. Quisiera tomar una _____ de café porque me muero de sueño.

4. Es una persona muy _____: llora cada vez que ve las noticias.

5. _____, es tu decisión.

6. Comió demasiado rápidamente y se _____ . Un amigo tuvo que hacerle la maniobra de Heimlich.

7. Quiero _____ a mi amiga Marta.

8. El otro día no reconocí a mi maestro en un centro comercial… me sentí muy _____.

Ejercicios en Internet

Calcos, anglicismos y cognados falsos (1)   http://www.quia.com/quiz/7787012.html

Cognados falsos (2)   http://www.quia.com/quiz/7787015.html

Anglicismos y cognados falsos   http://www.quia.com/quiz/7787016.html

Trabajo y educación

Muchas personas deciden estudiar una carrera universitaria para encontrar mejores puestos de trabajo. Observa los siguientes datos. ¿Cuáles son tus conclusiones? ¿Afectan tus planes para el futuro? ¿Cómo?

Ganancia media según el nivel de educación

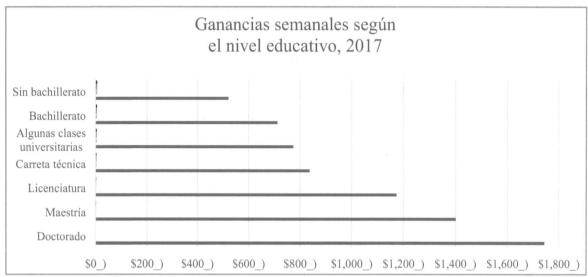

Fuente: Pew Research Center

Desempleo post-covid-19

En el 2020 la situación económica cambió significativamente debido a la llegada del covid-19. El siguiente es el índice de desempleo de los primeros meses del año.

febrero 3.8%	junio 11.1%
abril 14.4%	julio 10.2 %
mayo 13.0%	agosto 8.4%

Sin embargo, el desempleo no afectó a todos por igual. En abril el desempleo entre personas con al menos una licenciatura era del 8.4%, pero del 17.3% para aquellos con solamente un diploma de bachillerato.

¿Trabajar desde casa?

Solamente el 12% de los trabajadores sin una educación universitaria puede trabajar desde su casa, en comparación con un 52% de los trabajadores que cuentan con una licenciatura.

Diferencias

Menos del 35% de los adultos mayores de 25 años en Estados Unidos ha completado una licenciatura. Sin embargo, hay grandes diferencias demográficas entre quienes han completado la universidad. ¿Cómo pueden explicarse?

asiático-americanos	56.5%
euroamericanos	35.3%
afroamericanos	25.2%
hispanoamericanos	18.4%

Fuente: Pew Research Center

Chile

Investiga un aspecto que te interese sobre Chile y preséntaselo a la clase.

Paisaje de Chile: La cordillera de los Andes atraviesa este país casi en su totalidad. Chile mide más de 4 mil kilómetros de largo, básicamente la misma distancia que hay entre la costa este y la oeste de los Estados Unidos. Por esto, el país tiene una gran diversidad de regiones geográficas.

Santiago de Chile, la capital. (*Pixabay, CC*)

El desierto de Atacama, en el norte de Chile, es el más seco del mundo. Otras regiones se distinguen por su producción agrícola, incluyendo muchos viñedos que producen vinos de calidad internacional.

Torres del Paine es uno de los parques nacionales más famosos de Chile, ubicado en la Patagonia chilena. (*Pixabay, Monica Volpin, CC*)

74

Capítulo 4

El mundo hispano

Objetivos culturales

Aprenderás sobre la diversidad geográfica, cultural y lingüística de los países hispanos.

Te familiarizarás con muchas variaciones léxicas de varios países hispanos

Objetivos lingüísticos

Distinguirás entre registros formales y coloquiales

Perfeccionarás el uso del modo imperativo

Distinguirás casos adicionales de calcos

Antes de leer

1. ¿Qué imágenes vienen a tu mente cuando escuchas las palabras "cultura hispana"?
2. ¿Te imaginas lo mismo cuando se habla de Puerto Rico que cuando se habla de Bolivia? ¿Qué es diferente?

Las regiones geográficas hispanas

Los seres humanos nos distinguimos por crear grupos culturales. Dentro de una ciudad o incluso un pequeño pueblito pueden coexistir múltiples culturas y subculturas. Ahora, imagínate cuántas culturas diferentes hay en una región tan **vasta** como lo es Hispanoamérica. Por lo mismo, resulta extraño escuchar que dentro de los Estados Unidos se use la palabra "hispano" como si se hablara de un grupo monolítico en el que todas las personas fueran iguales y tuvieran la misma cultura o, aún peor, como si fuera una raza. Desafortunadamente muchas personas tampoco entienden la diferencia entre Hispanoamérica y Latinoamérica, lo que ha llevado a confundir el significado de las palabras *hispano* y *latino*. En este artículo vamos a explorar algunas de las mega regiones de Hispanoamérica, y a explicar los **rasgos** que distinguen a cada una de estas zonas.

Mesoamérica

La región de Mesoamérica ocupa gran parte de la costa del Pacífico de México y se extiende desde el altiplano central hasta Centroamérica, incluyendo la zona del Pacífico de Guatemala, El Salvador, Honduras y Nicaragua, así como Belice. Nota que el norte de México no pertenece a Mesoamérica. Algunos de los elementos culturales que hacen que Mesoamérica se considere una región son los nexos entra las diferentes culturas prehispánicas que la habitaron. De hecho, Mesoamérica **se considera** una de las seis cunas de la civilización

© Sémhur / Wikimedia Commons / CC-BY-SA-3.0, or Free Art License

temprana del ser humano. De entre las culturas mesoamericanas sobresalen la olmeca, la maya, la zapoteca, la teotihuacana y la azteca, pero hubo más civilizaciones avanzadas, muchas de las cuales se caracterizaron por la construcción de pirámides escalonadas y una arquitectura avanzada. Eran politeístas y tenían castas sacerdotales. Subsistían mediante una economía agrícola; les debemos algunos cultivos que hoy son parte fundamental de las dietas alrededor del mundo: el maíz, el tomate, los frijoles, el cacao, el aguacate y la vainilla. Varias de estas civilizaciones desarrollaron su propia escritura y se distinguieron por sus conocimientos de medicina y astronomía.

Hoy en día hay una gran riqueza cultural en las diferentes subregiones de Mesoamérica, y hay millones de hablantes de las lenguas originales de estas tierras, pueblos que han **preservado** su cultura ancestral.

Yaxilán, Chiapas, en Mesoamérica (México).   Toniná, Chiapas.

Centroamérica

Los **países** que conforman la región centroamericana tienen mucho en común en cuanto a su geografía e historia. Con la excepción del **territorio** que se considera mesoamericano, en esta zona habitaron grupos que no construyeron grandes ciudades ni pirámides escalonadas, aunque se sabe que comerciaban e hicieron posible el intercambio de productos entre las civilizaciones de Sudamérica y las de Mesoamérica. Entre los grupos que poblaron este territorio están los lencas, náhuas, kunos y churotegas.

Geográficamente esta zona se distingue por la influencia del mar Caribe y del océano Pacífico, y por ser una región montañosa que incluye más de 90 volcanes, muchos de ellos activos. Además de ser proclive a erupciones volcánicas, por su **localización** la zona también sufre los efectos de terremotos y huracanes.

Los países de esta región atravesaron por condiciones **similares** durante la Colonia española. Junto con México, conformaban el Virreinato de la Nueva España, con la excepción de parte de Panamá, que pertenecía al Virreinato de Nueva Granada. Tras la Independencia de México, los países centroamericanos pasaron a ser parte de México, pero poco después se independizaron mediante un proceso pacífico. Todos celebran su independencia el 15 de septiembre, salvo Panamá. Tras su independencia, las naciones de la región abolieron **por completo** la esclavitud. Sin embargo, varios de estos países volvieron a enfrentar el colonialismo, ya que los Estados Unidos se interesó en explotar económicamente la región, comprando grandes extensiones de tierra y explotando el trabajo de sus habitantes a través de compañías como *United Fruit Company y Cuyamel Fruit Company*. Los Estados Unidos comenzó a interferir activamente en la política de la región para proteger sus propios intereses económicos. Además hubo quien intentó reclamar el territorio como propiedad estadounidense, como fue el caso del filibustero William Walker, quien trató de **apropiarse** de Nicaragua y Costa Rica en 1856.

Hoy en día hay grandes diferencias económicas y sociales entre cada uno de los países que componen esta región. Costa Rica se ha distinguido por su sistema democrático y una economía estable que valora el medio ambiente, en tanto que Panamá se ha destacado por el comercio y, por supuesto, por la importancia económica del Canal de Panamá. Sin embargo, es mucho lo que tienen en común los países de la región, como su geografía, su historia y sus retos para el futuro.

Panamá, archipiélago de los Kunos.

El Caribe

La región del Caribe incluye a las numerosas islas ubicadas al este del Golfo de México y frente a las costas de Centroamérica. Además de las islas, la región incluye a Venezuela y parte de Colombia. A diferencia de otras regiones, en esta zona hay varios países que fueron colonias francesas y británicas, por lo que el francés y el inglés son idiomas oficiales de varios países. Las islas hispanas incluyen a Puerto Rico, Cuba y la República Dominicana (que comparte la isla con Haití).

Cuando llegaron los españoles, los tainos habitaban las islas que hoy son Puerto Rico y Cuba, aunque se cree que los primeros habitantes fueron los indígenas del río Orinoco, ubicado en lo que hoy es Venezuela y parte de Colombia. Otros habitantes de la región fueron los Caribes. La colonización europea también resultó en una importante población africana que se mezcló con otras culturas y cuya cultura es hoy parte fundamental de la vida en el Caribe y de sus expresiones culturales, muy en particular la música.

En total hay 32 países que **integran** la Asociación de Estados del Caribe, pero dentro del contexto hispanoamericano, aquí nos concentraremos en hablar de Cuba, Puerto Rico y la República Dominicana (varios de los países hispanos que integran la región están incluidos en las otras regiones geográficas listadas).

¿Cuáles son los denominadores comunes de esta zona geográfica? Por supuesto, el clima y la geografía, su historia colonial y la presencia de las culturas africanas que se mezclaron con las culturas locales y con las europeas. Se escuchan las influencias africanas en géneros musicales como la rumba y el merengue, particularmente en las percusiones.

Modificado de un mapa de Publicdomainvectors.org

En cuanto a religión y espiritualidad, la santería cubana es bien conocida -la mezcla de la religión católica con muchas de las creencias de la cultura yoruba, traída por los esclavos africanos. El vudú también es conocido, aunque se practica más en Haití que en las islas hispanohablantes.

La gastronomía del Caribe es también un producto del contacto entre varias culturas. Algunos ingredientes típicos son el ají, la yuca, el plátano y el ñame (estos dos últimos son de origen africano).

Países Andinos

El nombre de esta región viene de la **cordillera** de los Andes y generalmente se refiere a Bolivia, Perú y Ecuador. Sin embargo, el norte de Chile forma parte de esta región cultural, así como gran parte de Colombia.

En el caso de Ecuador y Perú, se puede hablar de tres regiones muy diferentes que constituyen el territorio de estos dos países: la costa, la cordillera y la selva amazónica.

Por su parte, Bolivia (oficialmente llamado Estado Plurinacional de Bolivia) también tiene una parte importante de su territorio en la región andina, pero la mayor parte de Bolivia, el 60%, es la de los **llanos** orientales. La tercera región del país es la de la Amazonia. Bolivia perdió sus salida al mar Pacífico en una guerra contra Chile, y aún la está **disputando**.

Un factor que une a estos países en una región es su pasado inca. El Imperio Inca se extendió por el territorio de todos ellos, teniendo su capital en la ciudad de Cusco (hoy en día Perú). Las **famosas** ruinas de Machu Picchu pertenecen a esta civilización. Otras civilizaciones importantes de la zona incluyen a la cultura tihuanaco y a la cultura aymará. Estos grupos son solo la punta del iceberg, pues esta región del mundo fue la cuna de numerosas civilizaciones.

Tras la Conquista, esta región quedó dividida en tres virreinatos: el Virreinato de Granada (al norte), el virreinato de Perú y el de La Plata. Sin embargo, las culturas andinas y su herencia cultural inca le dieron cohesión cultural durante la Colonia. Las culturas andinas, en general, comparten elementos como la subsistencia agrícola. Sus antepasados aprendieron a domesticar varias plantas, entre ellas la papa y la quinua. En Perú se conocen más de cuatro mil variedades de papas. Muchas de estas culturas compartían las mismas técnicas de deshidratación para conservar la comida, y también usaban técnicas similares para hacer cerámica. Se distinguen por sus textiles y por el uso de camélidos para su **subsistencia**, en particular las llamas, las alpacas y las vicuñas.

Espiritualmente, la Pachamama ha jugado un papel central en las culturas y la espiritualidad andinas por muchos siglos, aún después de la imposición del catolicismo. La Pachamama podría entenderse como la madre naturaleza. Hay un profundo respeto a la naturaleza, al Cosmos, y a vivir en equilibrio con él. Un elemento cultural fácilmente identificables como andino es la música de la región, dominada por los sonidos de las quenas y la zampoña, así como los charangos y el bombo.

Bolivia *(Pixabay Kaniri (CC)*

El Cono Sur

Casi todo el territorio que hoy ocupan Chile, Argentina, Paraguay y
Uruguay fue parte del Virreinato de La Plata durante la Colonia.
Antes de la Colonia resulta difícil de hablar de una homogeneidad
cultural en este **amplio** territorio. En lo que hoy es Paraguay
vivieron los guaraníes. Hoy en día Paraguay es un caso único debido
su carácter bilingüe: casi el 90% de la población habla español y
guaraní. En el norte de Argentina y Uruguay vivieron los charrúas.
Partes de Argentina y Chile pertenecieron al imperio Inca. Hacia el
sur había también grupos nómadas como los que encontró Charles
Darwin que hicieron famosa a la Tierra del Fuego.

a

Geográficamente esta región en tan grande como diversa. Al
norte de Argentina se siente la influencia del Amazonas. Los Andes
atraviesan Chile y Argentina de norte a sur, ofreciendo vistas
increíbles que culminan en algunos de los glaciares más famosos del mundo. Por su parte, Uruguay es una
región muy plana -el punto más alto del país, el cerro Catedral, tiene apenas 514 metros de altura.

Podemos comenzar a hablar de una región cultural a partir de la época de la colonia, cuando la
región que incluye a estos cuatro países conformó el Virreinato de la Plata. Después de que estos países se
hicieron independientes la región se caracterizó por recibir a muchos inmigrantes europeos. Hoy en día la
población indígena de Argentina es solamente el 2.3% de sus **habitantes** (Censo del 2010). En Uruguay la
población de origen europeo es casi el 90%. Aunque la inmigración de países como Italia y Alemania han
jugado un papel importante en la identidad cultural de esta región, no debemos olvidar las aportaciones
de las culturas africanas y amerindias.

Elementos culturales que caracterizan parte de esta región son el tango, la yerba mate y la
preparación de la carne -Argentina y Uruguay son dos de los países más carnívoros del mundo.

Glaciar Perito Moreno, Argentina.

España

Esta es la región donde comenzó la historia de la lengua española, en la región central de Castilla la Vieja. España se localiza en la península Ibérica, la cual comparte con Portugal. Es una tierra fértil que fue poblada por grupos diversos, entre ellos los tartessos, los iberos, los visigodos y los celtas. Los romanos llegaron en el año 219 a.C., y conquistaron el territorio. Su lengua, el latín, se mezcló con lenguas locales que posteriormente se convertirían en varias lenguas latinas, entre ellas el español (antes llamado castellano). Los romanos también **construyeron** caminos que conectaban gran parte de la península, así como acueductos y otras estructuras que se conservan todavía. En el siglo VIII otra cultura, la musulmana, se expandió por toda la región sur. Al-Ándalus fue el nombre que le dieron al territorio que conquistaron en la península. Los árabes dominaron esta parte del mundo entre los años 711 y 1492. Así, la cultura árabe se sumó a las influencias culturales que ya habían dejado tantos otros grupos en la península. Su importancia puede verse en el idioma: **se calcula** que el 8% de las palabras en español tienen un origen árabe. También dejaron su sello en la arquitectura, así como en la gastronomía de España. Otro grupo que aportó a la mezcla de culturas fueron los judíos, quienes gozaron de prosperidad en la península por siglos, hasta ser **expulsados** por la Corona en el año 1492, si rehusaban convertirse al cristianismo.

Madrid, España (*Pixabay, Julius Silver, CC*).

El territorio español también incluye las Islas Canarias y las islas Baleares, las que atraen a un gran número de turistas. El **placentero** clima mediterráneo de gran parte del país, la diversidad de culturas, el patrimonio histórico, los festivales y la gastronomía española hacen de este país el segundo país más visitado del mundo... ¿Quién no ha escuchado hablar de San Fermín, de las Fallas de Valencia o de la Tomatina? En el año 2019 España recibió casi 84 millones de visitantes, un número todavía más impresionante se considera que la población de este país es de solo unos 47 millones. Por algo es el segundo país más visitado del mundo.

Tomaría una vida viajar y familiarizarse con la gran diversidad y riquezas culturales y geográficas del mundo hispano.

Comprensión y discusión

1. ¿Qué parte de México no está incluida en la región de Mesoamérica?

2. ¿Cuáles son tres culturas asociadas con Mesoamérica?

3. ¿Por qué los EE. UU. empezaron a interferir en los asuntos de los países centroamericanos?

4. ¿Qué región tiene una gran influencia africana?

5. ¿Qué es la Pachamama?

6. ¿Cuál fue la civilización más importante de los países andinos?

7. ¿Qué elementos culturales y sociales tienen en común los países del Cono Sur?

8. ¿Cuáles son algunos ejemplos de civilizaciones que contribuyeron a crear la riqueza cultural de España?

b) Rompecabezas Observa la siguiente lista de palabras y completa la tabla listándolas bajo la región que le corresponden.

15 de septiembre
aztecas
cultura musulmana
glaciares
inglés, francés y español
maíz y cacao

mate
Pachamama
papas y quinua
quenas
romanos
tainos

tango
turismo
United Fruit Company
Virreinato de la Nueva España
volcanes
santería

Mesoamérica	Centroamérica	El Caribe	Países andinos	El Cono Sur	España

c) Latinoamérica El grupo puertorriqueño Calle 13 le dedicó a Latinoamérica una canción que tuvo mucho éxito. La siguiente es una estrofa de la letra de la canción. ¿A qué región de Latinoamérica se refiere cada una de las líneas? Explica por qué.

> Soy la fotografía de un desaparecido […]
> Soy Maradona contra Inglaterra Anotándote dos goles […]
> Un desierto embriagado con peyote […]
> La altura que sofoca, soy las muelas de mi boca, mascando coca
> El otoño con sus hojas desmayadas
> Los versos escritos bajo la noche estrellada
> Una viña repleta de uvas
> Un cañaveral bajo el Sol […]

d) Creatividad Ahora escribe una estrofa dedicada a una región hispana de tu elección. Escribe al menos cinco líneas. Después intercambia tu estrofa con un(a) compañero(a) y traten de identificar la región que describió cada uno.

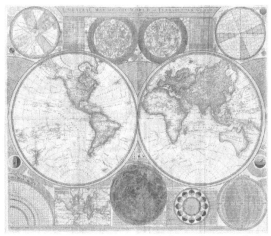

Pixabay. Wikiimages. (CC)

PALABRAS

Diversidad geográfica y cultural

a) Sinónimos En al artículo sobre las regiones hispanas hay varias palabras en negritas. Encuentra un sinónimo para cada una que funcione en ese contexto.

b) Vocabulario adicional Observa la siguiente lista de palabras relacionadas con las descripciones de América Latina y de su geografía. Asegúrate de saber el significado de cada una. Cuando estés listo, completa las oraciones que aparecen después de la lista. **¡Atención!** Si es un verbo es posible que tengas que conjugarlo.

abolir	coexistir	patrimonio
altiplano	comerciar	pirámides escalonadas
ancestral	cordillera	población
antepasados	deidad	politeísta
archipiélago	intercambio	proclive
bosque	litoral	ritual
cascada	laguna	tundra
cataratas	llano	selva
civilización	meseta	

1. Los árabes, los judíos y los cristianos _____ pacíficamente en la península ibérica durante varios siglos.

2. Una _____ de varias civilizaciones mesoamericanas fue Quetzalcóatl.

3. Los países centroamericanos _____ la esclavitud en 1821.

4. En época de sequía, los bosques son _____ a incendios.

5. El _____ Titikaka está entre Perú y Bolivia.

6. Según leyendas _____, los antepasados de los aztecas buscaron una señal para decidir dónde establecerse.

c) No es lo mismo Explica la diferencia en el significado de cada par de palabras.

1. lago – laguna

2. tribu -civilización

3. bosque – tundra – selva

4. llano – meseta

5. costa -litoral

6. isla - archipiélago

Una playa en Cuba. (*Pixabay, patrycjawolszczak, CC*).

c) Variaciones léxicas

Los latinoamericanos nos sentimos cercanos. A pesar de la gran diversidad en nuestras culturas nos unen un continente, nuestra historia y nuestra lengua… aunque esto no significa que siempre nos entendamos.
Observa las variaciones en el vocabulario que se usa en diferentes países de Latinoamérica.

	boy	*server*	*ticket (to travel by air/train*	*ticket (to enter an event)*	*tennis shoes*	*(T)-shirt*	*skirt*	*money*
Argentina	pibe, nene, niño	mozo, mesero	pasaje	entrada	zapatillas	remera	pollera	plata, guita
Bolivia	chango, chico, nene	mozo	boleto	entrada, boleto	tenis, zapatillas, deportivos	polera	falda, pollera	plata, dinero
Chile	niño, cabro, chico	mesero, garzón, camarero, mozo	pasaje	entrada, boleto	zapatillas, tenis	polera, camiseta	falda, vestido	plata, dinero, lucas, efectivo
Colombia	niño, pelao, chino	mesero	tiquete, pasaje	entrada, tiquete	zapatillas, tenis	camiseta, suéter	falda, polleras	plata, dinero
Cuba	niño, chiquito	mesero, dependiente	pasaje	entrada, boleto, ticket	tenis, zapatillas	pulóver	saya, falda	plata, dinero, baro, guano
España	niño, crío, niño, chaval, chiquillo	camarero	billete, pasaje	ticket, entrada	zapatillas, tenis, bambas	camiseta	falda	dinero, pasta
Guatemala	niño, nene, patojo, ishto	mesero, camarero	pasaje	ticket, boleto, entrada	tacos, tenis	playera, camiseta polo	falda	dinero, pisto, plata
México	niño, chavo, chamaco, escuincle, nene	mesero	boleto	boleto, entrada	tenis	playera, polo	falda, enaguas	dinero, lana, varos, feria plata
Paraguay	niño, nene, criatura	mozo	pasaje	tiquete	championes	remera, camiseta	pollera	plata, dinero
Uruguay	gurí, niño, nene, chiquilín	mozo	pasaje	boleto	championes	remera	pollera, falda	plata, dinero

d) Investigación Encuentra variantes léxicas para las siguientes completar las siguientes oraciones.

1. En México se llama mantequilla, pero en Argentina es…

2. En México son calcetas, pero en Chile son…

3. En México son agujetas, pero en Ecuador…

4. En México se llama fresa, pero en Paraguay es…

5. En España las llaman judías o habichuelas, y en México…

6. En Perú se llama palta, pero en México es…

7. En Colombia, Argentina es una torta, pero en México se llama…

8. En Chile es una gaseosa y en España es un…

Muchas maneras de decirlo: variaciones léxicas

La riqueza y diversidad de las culturas hispanas se refleja en las variaciones léxicas. En esta sección vas a investigar el significado de palabras que se usan en diferentes países a través de tres retos diferentes.

Reto # 1

En México se dice que algo "está muy padre", "padrísimo" o "chido" para indicar que nos parece bueno, que nos gustó mucho (algo así como decir "cool" en el inglés de los Estados Unidos).

¿Qué expresiones se usan para expresar lo mismo en los siguientes países?

Argentina: _____

Chile: _____

Colombia: _____

Ecuador: _____

España: _____

Perú: _____

Reto # 2

La siguiente es una lista de palabras que se usan en los países indicados. Averigua qué significa y decide si la palabra es para usarse solo entre amigos y familiares (coloquial), o si es aceptable en cualquier contexto.*

Argentina

boludo; che; pibe; boliche; laburo; quilombo

Chile

pololear, ¿cachai?, al tiro; caña; carretear

Colombia

Hacer una vaca; hacer un oso; tener un camello

Cuba

pinchar; yuma; darse lija; jeva

Ecuador

ser sapo; estar salado; pana; jamear

México

chambear; órale; apapachar; cuate; ser fresa; la neta

Venezuela

Naguará; tirar los perros; ratón;

Múltiples países

tirar/echar los perros; echar aguas; caer gordo

*Si no estás completamente seguro(a) sobre lo que es el lenguaje coloquial, lee primero la siguiente sección.

Reto # 3: España

¿Qué significan estas expresiones?

1. Ser la caña

2. Importar un pimiento

3. Ser la leche

4. Ser un(a) pijo(a)

5. Vale.

6. Montar un pollo

7. Dar morcilla.

8. Tener la mosca detrás de la oreja.

Antes de leer

1. ¿Por qué crees que en español existe el uso de "tú" y "usted", cuando en inglés se usa solamente *you*?

2. ¿Qué sabes acerca del uso de *vosotros*?

El registro y el lenguaje coloquial

La noción de registro lingüístico se refiere a la elección de una opción de entre varias que ofrece un idioma. La elección tiene que ver con factores como convenciones sociales, el medio de comunicación (¿escrito? ¿oral?), el tema del que se habla, la intención del mensaje y la relación entre las personas que hablan. Por ejemplo, un adolescente elegirá palabras diferentes para comunicarle un mensaje a un maestro que a su mejor amigo. Quizás las palabras elegidas sean diferentes si está hablando cara a cara con su amigo, o escribiéndole un texto en el teléfono. En español, la primera diferenciación que hacemos es decidir entre el uso de *usted* o el de *tú* o *vos*. Cabe mencionar que en España, a diferencia de los países hispanoamericanos, cuando se le habla a un grupo de personas se distingue entre un uso formal (ustedes) y un uso informal (vosotros). Esta decisión es la de usar un registro formal o informal, pero hay otros tipos de registros.

La palabra **coloquio** es sinónimo de conversación. Usar lenguaje coloquial significa usar un idioma informal, familiar. Sin embargo, usar lenguaje coloquial no significa necesariamente usar las formas de la segunda persona del singular (*tú*). Hay muchas otras maneras en las que se puede usar el lenguaje coloquial aunque se usen las formas de *usted*. Además del cambio en el uso de los pronombres, es posible distinguir entre la formalidad y la informalidad de un registro examinando el uso de fórmulas, palabras o convenciones específicas que sean adecuadas para esa situación. El léxico tiende a ser más específico en el ámbito de nuestra vida profesional. En contraste, los registros informales aparecen más en interacciones con personas cercanas, como familiares y amigos. Las interacciones informales se caracterizan por la falta de planeación en el uso de fórmulas, y el uso de estructuras simples.

Existe también un tercer tipo de registro, llamado *lenguaje vulgar*, el cual, por definición, es un registro equivocado en la situación en la que se emplea. Se caracteriza por usos incorrectos del idioma, pobreza lingüística y léxica. El lenguaje coloquial goza, en general, de aceptación social, mientras que el lenguaje vulgar carece de ella. Ejemplos de palabras que algunos consideran *vulgarismos* son usar *nadien* (en vez de **nadie**), *cercas* (en vez de **cerca**), *hubieron* (en vez de **hubo**), y *haiga* (en vez de **haya**). Sin embargo, la división entre lo que es un coloquialismo y lo que es un vulgarismo es cada vez más difícil de establecer, y es fácil ver que puede parecer clasista. Muchas expresiones que antes se consideraban vulgarismos, hoy se aceptan como lenguaje coloquial, como en el caso de los ejemplos citados anteriormente. Irónicamente, el lenguaje coloquial y los vulgarismos han ido cambiando la lengua más que el llamado lenguaje culto, pues si la mayoría de los hablantes usan una expresión, esta terminará siendo aceptada como una variante de la lengua.

En realidad, lo más importante no es juzgar qué forma es mejor, sino entender cuándo es conveniente usar cualquiera de estos registros para facilitar la interacción y tener la mejor comunicación posible.

Evitar coloquialismos al escribir

En el español coloquial se usan una serie de expresiones que son parte de la improvisación del momento. Cuando escribimos tenemos tiempo para pensar y, por lo mismo, las expectativas son mayores. No escribas coloquialismos en un texto escrito, a menos que se trate de un diálogo en un cuento o una novela y así hablen los personajes. Los siguientes son ejemplos de usos coloquiales que es recomendable evitar al escribir un texto formal.

Pero

"¡Pero qué difíciles son las matemáticas!"; "¡Pero cómo se atreve a cuestionarme!".

Observa que en estos ejemplos aparece al principio de la oración y es usado como interjección. Al escribir usa **pero** para relacionar dos ideas que se oponen, no como interjección. ¡Atención! No se usa al inicio de una oración. En vez de "pero" se deben emplear expresiones como *sin embargo* o *por el contrario*.

Expresiones como *sí, y, que, conque, pues*,

"Pues habrá que ver qué pasa."; "Le dije que conque sí, eh". "Sí que me gustó".

Todas estas son expresiones coloquiales. Se pueden substituir con otras frase:

pues → en consecuencia, por eso, por lo tanto

conque → así que; con tal de que

Marcadores discursivos como *bien, bueno, vamos, mira, venga, oye*

"¡Vamos, que así es esto!"; "Bueno, pues yo concluyo mi ensayo ahora".

Simplemente no son necesarios a no ser que se esté escribiendo un diálogo en un cuento o novela.

Interjecciones o muletillas (*ay, ¿eh?, ¡vaya!, este*).

"¡Ay, se me hizo difícil entender la presentación!"; "Vaya que fue una injusticia".

Son muy informales y hay otras formas de enfatizar sin ser coloquial. Por ejemplo, se pueden añadir adjetivos o adverbios: "La presentación fue muy difícil". "Fue una gran injusticia".

Otros usos coloquiales

Se considera informal el uso de ciertas estructuras gramaticales. Por ejemplo, el imperfecto para indicar intención ("*Venía a darle las gracias*"; "*Quería invitarla a una fiesta*"), o el futuro para hablar de probabilidad ("*No vino, ¿estará enfermo?*"). Cabe señalar que el léxico coloquial cambia contantemente. Aunque ha habido intentos de crear un diccionario del español coloquial, es una labor prácticamente imposible debido a la velocidad con la que aparecen nuevos términos en todos los países hispanoparlantes. Además, el léxico coloquial incluye palabras acortadas ("peli" en vez de película; "cole" en vez de colegio, etc.), así como préstamos de otras lenguas. Si te interesa el tema, consulta el diccionario de español coloquial de Victoriano Gaviño, el cual se encuentra en esta dirección del Internet: coloquial.es

La organización de un texto

Es importante organizar las ideas de manera que fluyan lógicamente porque queremos dar la impresión de haber planeado bien nuestro texto. Por eso, antes de empezar a escribir, elabora un mapa de lo que quieres decir. No cometas el error de escribir lo que vas pensando sin regresar a editarlo y organizarlo. Es fundamental revisar lo que escribiste, incluso varias veces. Así podrás asegurarte de que las oraciones estén completas, corregir errores tipográficos y cerciorarte de que las ideas fluyan de manera lógica y coherente.

Ejercicios

a) Comentarios La siguiente es una lista de ejemplos de expresiones coloquiales comunes al hablar. Escribe una alternativa que no sea coloquial para cada una. ¡Atención! No es necesario cambiar todas las palabras en negritas.

1. Vi una película **bien bonita**. _____

2. El video está **rebueno**. _____

3. Hacía **harto calor**. _____

4. Este regalo es **pa mi madre**. _____

5. Mi **apá** trabaja demasiado. _____

6. No creo que **haiga nadien**: no contestan. _____

7. **¿Quiúbole?** Hace mucho que no te veía. _____

8. ¡El vestido que **comprastes está tan bonito**! _____

9. **Vamos yendo** a la tienda. Está **muy cercas**. _____

10. ¡**Qué pancho armaron** en la fiesta! _____

11. **Ocupo** llamar a mi **abue** ya **orita**. _____

12. **Agarré tres clases bien** difíciles. _____

b) Más coloquialismos Las siguientes palabras se usan comúnmente en el español de México en contextos coloquiales o cuando se habla con niños. ¿Qué palabra usarías para substituirla en un contexto formal?

1. panza _____   5. chido _____

2. chafa _____   6. transa _____

3. gacho _____   7. choncho _____

4. agüitado _____   8. nomás _____

Una mala traducción en una oficina de correos de Oregon.

Cine latinoamericano: Así nos vemos

Es una experiencia completamente diferente ver cómo el cine de Hollywood retrata a los latinoamericanos y ver cómo nos retratamos a nosotros mismos a través del cine. Si le hacemos caso al cine de Hollywood, parecería que todos los latinoamericanos viven en la pobreza absoluta en Latinoamérica, o que son narcotraficantes. A pesar de que los hispanos son casi el 18% de la población estadounidense, solo son un 3% de los personajes en películas y series de televisión, y rara vez son profesionales exitosos. La realidad latinoamericana tiene muchas dimensiones que los estereotipos del entretenimiento no representan.

La siguiente lista de películas cuenta historias de varios países hispanos. Varios de los temas hablan de momentos históricos específicos, otras son historias inmersas en la sociedad latinoamericana. Elige una y prepara una pequeña presentación para compartir con la clase.

Las siguientes preguntas pueden ayudarte a guiar tu presentación:

1. Ficha técnica (¿Cómo se llama la película y de dónde es? ¿De qué año? ¿Quién dirigió y quiénes son los actores principales? ¿Dónde ocurren los hechos? ¿Está basada en una historia verídica?

2. Sinopsis (evitando dar demasiada información para no estropear las sorpresas, si las hay).

3. Temática (¿Qué temas se abordan?)

4. Análisis de personajes.

5. Mensaje de la película.

6. Conclusión.

Lista de películas

La historia oficial (Argentina, 1985)

Machuca (Chile, 2004)

No (Chile, 2012)

El abrazo de la Serpiente (Colombia, Venezuela y Argentina, 2015)

El secreto de sus ojos (Argentina, 2009)

Diarios de motocicleta (Argentina, Chile, Perú, Venezuela 2004)

Fresa y chocolate (Cuba, 1993)

Como agua para chocolate (México, 1992)

Ixcanul (Guatemala, 2015)

La jaula de oro (México, 2013)

Y tu mamá también (México, 2001)

El hijo de la novia (Argentina, 2004)

Nostalgia de la luz (Chile, 2010)

Golpes a mi puerta (Venezuela, Argentina, 1993)

Which way home? (Documental, EE. UU, 2009)

Historias mínimas (Argentina, 2002)

La Patagonia rebelde (1974)

Voces inocentes (México, El Salvador, 2004)

Chuquiago (Bolivia, 1977)

Panamá: Historias del canal (Panamá, 2014)

La noche de 12 años (Uruguay, 2018)

Relatos salvajes (2014)

Valentín (2002)

Mi abuelo, mi papá y yo (2005)

El modo imperativo

La siguiente es una conversación en una oficina. Léela con atención y después responde las preguntas.

Sra. López	[*por el intercomunicador*] Señorita Salas, por favor **venga** a mi oficina.
Srita. Salas	[*entrando a la oficina*]. Aquí estoy, licenciada. ¿En qué puedo servirle?
Sra. López	Por favor, **llame** a la compañía de publicidad y **cancele** la junta. Después **escríbale** un mensaje al licenciado Torres y **pídale** una copia de la factura de la que hablamos.
Srita. Salas	Sí, enseguida llamo y escribo el mensaje. ¿Se le ofrece algo más?
Sra. Salas	No, pero por favor no **pase** ninguna llamada esta tarde. Estoy muy ocupada.

¿Qué verbos están en negritas?

¿Qué función tienen? ¿Por qué crees que la conjugación sea diferente a la del presente?

¿El discurso es formal o informal? ¿Cómo lo sabes?

Los mandatos (el modo imperativo)

El modo imperativo es una conjugación usada para decirle a alguien que haga algo (ordenar). Solamente se puede dar un mandato en el presente y cuando le hablamos directamente a la persona. Por esta razón solo existen conjugaciones para las formas de tú, vos, usted, nosotros, vosotros y ustedes.

Ejemplos de como difiere la conjugación del presente indicativo con la de los mandatos

-AR			-ER			-IR	
Conjugación en presente	Mandato		Conjugación en presente	Mandato		Conjugación en presente	Mandato
yo bailo	--		yo como	--		yo vivo	-
tú bail**as**	baila		tú com**es**	come		tú viv**es**	vive
usted baila	baile		usted come	coma		usted vive	viva
él/ella baila	--		él/ella come	--		él/ella	--
nosotros bailamos	bailemos		nosotros comemos	comamos		nosotros vivimos	vivamos
ustedes bailan	bailen		ustedes comen	coman		ustedes viven	vivan
vosotros bail**áis**	bail**ad**		vosotros com**éis**	com**ed**		vosotros viv**ís**	viv**id**
ellos bailan	--		ellos comen	--		ellos viven	--

Trabaja con un compañero(a) para **identificar las reglas**. ¿Cómo se convierte un verbo regular en un mandato?

Mandatos formales y plurales (usted, nosotros, ustedes, ellos)

Las siguientes son las reglas para encontrar los mandatos.

1. Conjugar los verbos **-ar** como si fueran **-er** y viceversa. No se usan los pronombres personales (yo, tú, etc.).

> usted escrib**e** → escrib**a**
> usted escuch**a** → escuch**e**
> ustedes abr**en** → abr**an**
> nosotros firm**a**mos → firm**e**mos

2. Si el verbo es irregular en la forma de **yo** en el presente, se debe usar esa raíz para los mandatos:

> yo **teng**o → tenga, tengan, tengamos
> yo **pong**o → ponga, pongan, pongamos

3. Los verbos que acaban en **-car**, **-gar** y **-zar** requieren cambios ortográficos.

> usted busca → bus**que**
> usted llega → lle**gue**
> usted empieza → empie**ce**

4. Los siguientes verbos son irregulares:

dar	dé, den, demos
estar	esté, estén, estemos
ir	vaya, vayan, vayamos
saber	sepa, sepan, sepamos
ser	sea, sean, seamos

5. Los mandatos para la forma de ustedes pueden complicarse un poco cuando llevan un pronombre de objeto directo o indirecto porque puede ser que se necesiten dos enes.

> Tráigannos al baile.   (Le estamos pidiendo a varias personas que nos lleven a un baile)
> Tráiganos el pastel.   (Le estamos pidiendo a una persona que nos traiga un postre).

6. Los mandatos para **nosotros** requieren de las mismas reglas, excepto que no hay cambio en el radical para los verbos **-ar** y **-er**. El cambio existe solamente para los verbos **-ir**, y es igual al cambio en el pretérito.

Infinitivo	Presente	Mandato
cerrar	cerramos	cerremos
volver	volvemos	volvamos
pedir	pedimos	pidamos
dormir	dormimos	durmamos

Mandatos informales

1. Si el mandato es afirmativo se quita la "s" final de la conjugación:

tú escribes → **escribe**   tú escuchas→ **escucha**   tú abres → **abre**

2. Si el mandato es negativo, sigue las mismas reglas de los mandatos formales: cambia la vocal.

tú escribes → no escrib**as**
tú escucha→ no escuch**es**
tú abres → no abr**as**
tú firmas → no firm**es**

3. Los siguientes verbos son irregulares:

decir	**di**	salir	**sal**
hacer	**haz**	ver	**sé**
ir	**ve**	tener	**ten**
poner	**pon**	venir	**ven**

4. Cuando un verbo requiere un pronombre, como en el caso de los verbos reflexivos, el pronombre pasa a formar parte del verbo si es un mandato positivo. Si es un mandato negativo los pronombres van antes del verbo. Cuando se añade una sílaba al verbo debemos escribir el acento.

lev**á**nta<u>te</u>   /   no <u>te</u> levantes
b**á**ñe<u>se</u>   /   no <u>se</u> bañe

5. Los pronombres de objeto directo e indirecto también pasan a ser parte del verbo en un mandato positivo. Como en el caso anterior, también debes escribir el acento donde sea necesario.

Deposite el cheque → deposítelo/ no lo deposite
Lleve el cheque a la cajera → lléveselo/ no se lo lleve

Ejercicios

a) **Órdenes** Completa la tabla con los mandatos para los siguientes verbos. ¡Atención! Algunos de los verbos tienen cambios de ortografía o cambios en el radical.

	Tú (sí)	Tú (no)	Usted	nosotros
afianzar				
pagar				
pedir				
esforzarse				
transferirse				
rechazar				
mudarse				
convencerse				

b) La bitácora Imaginen que están escribiendo una bitácora para dar consejos a personas con problemas. Elijan uno de los siguientes problemas y escriban al menos seis consejos lógicos. Usen mandatos **formales** y verbos diferentes para cada mandato.

1. Odio mi trabajo pero pagan muy bien.

2. Quiero ahorrar para comprar una casa, pero no tengo un buen sueldo y apenas me alcanza para los gastos.

3. Tengo cuatro tarjetas de crédito y todas están al máximo de mi línea de crédito.

4. Me gusta un compañero de trabajo y creo que yo también le gusto, pero no están permitidas las relaciones en la oficina.

c) Buscando trabajo Imagina que tu mejor amigo está buscando trabajo. Trabaja con un compañero para darle ocho recomendaciones lógicas. Usen mandatos **informales**. Las últimas tres deben ser negativas.

1.

2.

3.

4.

5.

6. No...

7. No...

8. No...

d) Empleados bilingües Imagina que te contrataron para ayudar a traducir para varios especialistas en circunstancias diferentes. Trabaja con un compañero y túrnense para ser el traductor.

1. En la oficina de un dentista (mandatos formales)

1. take a seat	5. close your mouth
2. put on these protective glasses	6. tell me if you feel discomfort
3. open your mouth	7. rinse your mouth
4. stick your tongue out and move it around	8. brush your teeth

2. Agente de seguridad (en el aeropuerto)

1. put your suitcase on the belt	6. place your shoes in a bin
2. take out your computer	7. don't bring any knifes
3. take off your belt and your jacket	8. stand still until with your hands up
4. empty your pockets	9. hurry up, you are holding up the line
5. wait here until I tell you	10. bring your things and come with me

3. Traduciendo para la policía (prueba de sobriedad)

Pixabay (CC)

1. keep your feet together

2. stay still with your head straight

3. remove your glasses

4. follow the tip of my finger with your eyes

5. look straitght at me

6. listen to all my explanations carefully

7. put your right foot in front of left foot, with the heel touching the toes of the other foot.

8. keep your hands at your sides.

9. don't move until I tell you.

When I tell you...

10. take nine heel-to-toe steps.

11. count each step out loud, looking at your feet.

12. stand on one foot until I tell you

4. Asistente de educación en una escuela primaria (mandatos de *ustedes*).

1. sit down, take your seats and stay quiet.

2. take your books out but don't open them yet.

3. listen to your teacher and pay attention

4. write the words that you hear

5. ask if you have questions

6. ask for permission if you need to leave the classroom.

7. find out if your parents can come and speak to the class

8. read silently

9. let's start the lesson now

10. don't fight with each other

11. fill in this form

12. do not copy from the book

Openclipart. Author: Pietluk (CC)

> **Un reto: Vos**
> Como sabes, en varias regiones de Hispanoamérica se usa el **vos**, que es una conjugación informal, parecida a la de *tú*. Averigua cómo serían los mandatos en la forma de vos para los siguientes verbos.
>
> beber   buscar   hablar   hacer   venir

Calcos con _tener_ y otros verbos

El verbo _tener_ se usa en muchos contextos diferentes en inglés, y por lo mismo es común que algunos hablantes bilingües lo usen excesivamente en español, en vez de emplear otros verbos. Observa las siguientes traducciones. Es posible que las hayas escuchado muchas veces, sin embargo, no deberían construirse con el verbo _tener_. Piensa en otra manera de decirlo.

a) _I went to a restaurant and **I had** a hamburger for lunch._
    Fui a un restaurante y **tuve** una hamburguesa para el almuerzo.

b) _**Have** some food._
    Ten comida.

c) _**Have** a great time!_
    Que **tengas** un buen tiempo.

En las primeras dos traducciones el uso del verbo **_tener_** es un calco del inglés. Algunos verbos que pudieron haber sido empleados en la primera traducción (en vez de tener) son **comer**, **pedir**, y **ordenar**. En la segunda traducción pudo haberse dicho simplemente "Come" o "Prueba la comida". El verbo _tener_ no se emplea al hablar de comida. En el último ejemplo, el español cuenta con expresiones como _divertirse_ o _pasarlo bien_ que se emplean en estas situaciones.

En algunos casos, por el contrario, la expresión requiere el verbo tener en español, pero debido a que en inglés se usa el verbo to be, se deja de emplear en español, por ejemplo "estoy en prisa" (en vez de _tengo prisa_).

Los siguientes verbos también ocasionan problemas de comunicación en algunos casos, cuando se usan traducciones literales del inglés.

Verbo	Calco (uso incorrecto)	Traducción correcta
to save → _It saved me time!_	Me salvo tiempo.	Me ahorré tiempo
to break → _Break free!_	Rómpete libre.	Libérate.
to start → _I am going to start the car._	Voy a empezar el auto.	Voy a encender/echar a andar el auto.
to be → _I am out of gas._	Estoy fuera de gasolina.	Se me acabó la gasolina.
→ _They were poor_	Estaban muy pobres.	Eran muy pobres.
to move→ _They moved out to Miami._	Se movieron a Miami.	Se mudaron a Miami.

Ejercicios

a) ¿Suena bien? En las siguientes oraciones deberás decidir si es uso del verbo tener es común en español, o si se trata de un calco. Si es un calco, escribe uno o dos verbos más apropiados.

1. Mi esposo y yo tuvimos un bebé en la primavera. _____

2. Tuvimos un buen tiempo en la fiesta. _____

3. Por favor, tenga un asiento. _____

4. Creo que tuvo un ataque de nervios. _____

5. Vamos a tener a la familia Smith en casa unos días. _____

6. Para almorzar, quisiera tener sopa y ensalada. _____

7. Mi hijo está enfermo hoy y tiene fiebre. _____

8. Tiene sentimientos por ella. _____

b) Traducciones Traduce al español las siguientes oraciones. ¡Atención! Recuerda que no siempre se debe traducir literalmente.

1. I am not going to work today. I feel under the weather. _____

2. We should have a chat. _____

3. Have your son come visit me. _____

4. Have a look at these papers. _____

5. I did not have the presence of mind to tell her. _____

6. I have a bone to pick with you. _____

Lee la información en esta página, y después habla con compañeros para que den sus opiniones a las preguntas de la siguiente página.

La hispanidad

A pesar de las grandes diferencias que hay entre las distintas naciones hispanas, también es cierto que hay una gran hermandad. Ha habido también movimientos políticos, económicos y culturales que han estrechado los lazos. Quizás la primera persona en soñar con una Latinoamérica unida fue Simón Bolívar, conocido como "el Libertador". Bolívar logró la independencia de Colombia, Venezuela, Bolivia, Ecuador y Panamá. Su gran sueño fue unir a Latinoamérica en una gran nación, de alguna manera como el mismo ideal de los Estados Unidos.

Estatua de El Libertador, Simón Bolívar. Pixabay. (CC)

El modernismo

Antes de que terminara el siglo XIX, cuando ocurrieron prácticamente todas las guerras de Independencia de Hispanoamérica, surgió un movimiento literario que retomaría el sueño de una gran hermandad. Esta vez fue un movimiento de escritores: el modernismo. El líder de este movimiento literario fue el nicaragüense Rubén Darío, pero hubo muchos otros escritores de gran talento, como lo fueron José Martí (Cuba), Leopoldo Lugones (Argentina), José Asunción Silva (Colombiano), Amado Nervo (México), Julia de Burgos (Chile), Delmira Agustini (Uruguay) y Julio Herrera y Reissig (Uruguay).

El modernismo se dio aproximadamente entre 1885 y 1915, y se distingue por ser el primer movimiento literario nacido en América, extendiéndose después a Europa. Más que un estilo literario, los modernistas tenían en común el espíritu de una época, algo que los impulsó a conocerse, y a apoyarse mutuamente

El Boom

Tuvieron que pasar otros cincuenta años para que volviera a surgir un movimiento que uniera a los escritores de toda América Latina. A este período se le conoce como "el Boom latinoamericano", y fue un período en el que la literatura latinoamericana tuvo un gran auge y empezó a ser leída y reconocida en todo el mundo, pasando así a ocupar un espacio central en la literatura universal. Tal auge de la literatura comenzó, irónicamente, en España, en donde la editorial Seix Barral se interesó en publicar la obra de varios autores hispanoamericanos que se habían exiliado a Europa. Las publicaciones tuvieron tanto éxito, que se sumaron más y más autores a este fenómeno.

Aunque el Boom no fue un movimiento, hay algunas características que muchos de sus autores tienen en común, como la experimentación, el trato no linear del tiempo, y el tratamiento de temas políticos y sociales. Dentro del *Boom*, se distingue una manera de narrar que se conoció como el Realismo Mágico, un tratamiento que retrata muy de cerca el surrealismo de la vida en Latinoamérica, borrando las fronteras entre lo real y lo imaginario. El gran exponente del realismo mágico fue el colombiano Gabriel García Márquez (1927-2014), ganador del Premio Nobel de Literatura. Sin embargo, la lista de autores que crearon con elementos del realismo mágico es muy larga e incluye a genios de la literatura de muchos países, como Jorge Luis y Julio Cortázar (ambos de Argentina), Carlos Fuentes y Juan Rulfo (ambos mexicanos), Mario Vargas Llosa (Perú), José Donoso (Chile), Mario Benedetti (Uruguay) y Augusto Roa Bastos (Paraguay).

La obra literaria hispanoamericana se ve con orgullo en todos estos países. Algunos de sus escritores son héroes nacionales. A otros los vemos en los billetes que circulan. La poesía de muchos es recitada por los niños en las escuelas, y muchas de sus obras inspiran hoy en día a músicos y cineastas.

Conversemos

1. Además de la literatura, ¿qué otros aspectos unen a Latinoamérica?

2. En los Estados Unidos viven personas de todos los países hispanos. En tu opinión, ¿tienden a formar grupos de amigos más que con otras nacionalidades? ¿Por qué sí o por qué no?

3. ¿Te gusta ver canales de televisión como Telemundo y Univisión, dirigidos a todos los hispanoamericanos y con talento de toda Latinoamérica? ¿Por qué sí o no?

4. ¿Crees que el contacto con personas de otros países afecte nuestra manera de ver el mundo? Explica.

5. ¿Hay algún país hispanoamericano que quieras visitar? ¿Cuál y por qué?

6. Lee los fragmentos de poesías que aparecen abajo. ¿Los habías escuchado antes? ¿De qué temas tratan?

Dos poesías famosas de Hispanoamérica

A Margarita Debayle
(fragmento)

por Rubén Darío

Esto era un rey que tenía
un palacio de diamantes,
una tienda hecha de día
y un rebaño de elefantes,
un kiosko de malaquita,
un gran manto de tisú,
y una gentil princesita,
tan bonita,
Margarita,
tan bonita, como tú.

Una tarde, la princesa
vio una estrella aparecer;
la princesa era traviesa
y la quiso ir a coger.

La quería para hacerla
decorar un prendedor,
con un verso y una perla
y una pluma y una flor.

Las princesas primorosas
se parecen mucho a ti:
cortan lirios, cortan rosas,
cortan astros. Son así.

Pues se fue la niña bella,
bajo el cielo y sobre el mar,
a cortar la blanca estrella
que la hacía suspirar.

Nocturno III: Una noche *(fragmento)*
por José Asunción Silva

Una noche
una noche toda llena de perfumes, de murmullos y de músicas de älas,
una noche
en que ardían en la sombra nupcial y húmeda, las luciérnagas fantásticas,
a mi lado, lentamente, contra mi ceñida, toda,
muda y pálida
como si un presentimiento de amarguras infinitas,
hasta el fondo más secreto de tus fibras te agitara,
por la senda que atraviesa la llanura florecida
caminabas,
y la luna llena
por los cielos azulosos, infinitos y profundos esparcía su luz blanca,
y tu sombra
fina y lánguida,
y mi sombra
por los rayos de la luna proyectada
sobre las arenas tristes
de la senda se juntaban

y eran una
y eran una
¡y eran una sola sombra larga!
¡Y eran una sola sombra larga!
¡Y eran una sola sombra larga!

Tres maravillas de Sudamérica

Las islas Galápagos

Uno de los lugares más famosos del planeta es el archipiélago de las islas Galápagos, las que tomaron su nombre de las tortugas gigantes que habitan varias de las islas. Charles Darwin escribió su teoría de la evolución basándose en sus observaciones de las especies que habitan la isla, muchas de ellas endémicas.

Hoy en día las Islas Galápagos son el Parque nacional más famoso de Ecuador, y existen muchas reglas para visistarlas, con el fin de proteger las especies que habitan estas islas.

Iguazú

Las cataratas de Iguazú están en la frontera entre Argentina, Paraguay y Brasil, y son verdaderamente espectaculares. Las cataratas de Iguazú son casi dos veces más altas que las del Niágara, y tres veces más ancha.

Pixabay. Foto de MRublack (CC)

Rapa Nui (la Isla de Pascua)

Rapa Nui es propiedad de Chile y es el segundo lugar más remoto del mundo. La isla es famosa por las esculturas que dejaron los antiguos habitantes. Cada estatua, llamada moai, se hizo en honor de un ancestro.

ixabay (CC)

Capítulo 5

Los ídolos del pueblo

Objetivos culturales

Familiarizarse con algunas figuras importantes de la cultura popular

Objetivos lingüísticos

Familiarizarse con los modos del español y con los usos del presente del subjuntivo

Diferenciar el uso de ciertos verbos con diferencias sutiles de significado

Antes de leer

¿A quién considerarías un(a) "ídolo del pueblo"? ¿Por qué?

Ídolos del pueblo

La Real Academia de la Lengua define en su diccionario a la palabra *ídolo* como "una persona o cosa amada o admirada con exaltación" (*Drae 2001, versión 23.3 en línea*). ¿Qué hace que una persona sea amada con **exaltación** por el pueblo? Al parecer, una carrera en la actuación, o como deportista o cantante pueden ser clave.

Desde un punto de vista psicológico, es normal encontrar grupos de jóvenes que admiran a un artista y lo apoyan con pasión. Este fenómeno les permite a los adolescentes encontrar y pertenecer a un grupo con gustos similares, lo que a su vez los ayuda a crear una identidad. **Por supuesto**, los jóvenes no son los únicos admiradores que se agrupan, aunque sí son quienes más energía tienen para demostrarlo.

A pesar de que miles de personas cuentan con grandes grupos de **seguidores**, son pocas las personas cuyo nombre ha pasado a usarse junto con la expresión "ídolo de...". Este es un recuento de dos de esas leyendas.

Ídolo de México: Pedro Infante

Pedro Infante Cruz (1917-1957) fue un actor y cantante mexicano. Participó en aproximadamente 60 películas durante la época de oro del cine mexicano. En muchas de esas películas aparecía interpretando canciones que se hicieron clásicas de la música ranchera y de mariachi. En su carrera musical grabó más de 300 canciones. Infante Inició su carrera de actor a los 22 años y recibió numerosos premios por sus interpretaciones.

Pedro Infante nació en Mazatlán, Sinaloa, en el seno de una familia humilde. Sus padres tuvieron quince hijos, pero solamente nueve llegaron a ser adultos. Su padre era maestro de música, y Pedro heredó de él su **vocación**. A la edad de 16 años formó una pequeña orquesta que tocaba en los cabarets de Guamúchil, así como en fiestas y celebraciones de pueblos de alrededor.

Dentro de su carrera de actor, Infante destacó por sus caracterizaciones de Tizoc, y por el de Pepe el Toro. Sus personajes representaban generalmente a un hombre humilde pero carismático, honesto y de **valores** muy firmes, alguien con quien la clase trabajadora se identificaba plenamente.

Museo de Pedro Infante en la Cd. de México.
Foto de AlfaProveedoresyContratistas. CC BY-SA 4.0

Pedro Infante murió en la **cúspide** de su carrera, víctima de un accidente aéreo. Quizás esta muerte **prematura** haya contribuido a hacerlo un ídolo del pueblo, alguien a quien admiradores de múltiples generaciones le siguen dedicando eventos y le siguen llevando flores a su tumba a más de sesenta años de su muerte. Además, cuenta con dos museos dedicados a su carrera.

Curiosamente, en el año 2010, con motivo del bicentenario de México, un canal de televisión (*History Channel*) organizó una encuesta para preguntarles a los mexicanos quién era el(la) mexicano(a) que mejor representa a los mexicanos, la persona con quien más se identificaban. Pedro Infante quedó en segundo lugar, por encima de héroes nacionales como Emiliano Zapata, o figuras del deporte. El gran ganador del concurso fue el expresidente Benito Juárez, otra figura muy respetada en México, pero que no recibe flores y serenatas de sus admiradores todos los años.

Ídolo de Argentina: Carlos Gardel

A decir verdad, la palabra "ídolo" aparece al lado de los nombres de varios futbolistas argentinos, y encabezados por el exjugador Diego Maradona. No es de sorprender este resultado ya que Argentina es un lugar donde el fútbol es una pasión, y algunos jugadores se han convertido en héroes nacionales. Sin embargo, aquí nos centraremos en la figura legendaria de Carlos Gardel. En Argentina incluso existe la expresión "ser Gardel": se le dice a una persona "*sos Gardel*" cuando triunfa en algo. Carlos Gardel (1890-1935) es reconocido en el mundo como el máximo **exponente** del tango en el mundo. Igual que en el caso de Pedro Infante, además de ser un actor **bien parecido**, era un cantante excepcional, además de ser compositor.

El lugar de nacimiento de Gardel se la disputan Francia y Uruguay. La teoría más popular es que nació en Toulousse, Francia, pero su madre inmigró a la Argentina cuando él era todavía un infante, seguramente huyendo del estigma social de ser madre soltera. Así, Carlos se crió en Buenos Aires, en condiciones de pobreza. Durante

su adolescencia encontró algunos trabajos informales en el **ámbito** teatral, y por el contacto con diferentes artistas empezó a aprender a cantar. La primera década de su carrera se dedicó a cantar en cafés y tertulias de Buenos Aires, y fue teniendo éxito hasta ser contratado para actuar en teatros y luego internacionalmente. Su primer tango lo grabó en 1917, pero era un género que se consideraba vulgar. Sin embargo, tuvo éxito y en los siguientes años empezó a grabar cada vez más tangos.

Foto de Un Milonguero Mejicano. CC BY 2.0

En cuanto a su carrera cinematográfica, en 1930 grabó una serie de cortometrajes con su música -algo que podemos considerar como los **precursores** de los videoclips-. Posteriormente se inició como actor de largometrajes, filmando películas exitosas en Sudamérica, Francia y los Estados Unidos.

Carlos Gardel murió en 1935, en el mejor momento de su carrera, en un accidente aéreo en la ciudad de Medellín, Colombia. Aunque fue enterrado en Colombia, su cuerpo fue posteriormente trasladado a Buenos Aires. Desde el año 2005 se le rinde **tributo** a Gardel cada 24 de junio (el día de su muerte) con la celebración del Día de Carlos Gardel.

Comprensión y conversación

1. Según el texto, ¿por qué es normal y saludable pertenecer a grupos de seguidores?

2. ¿Qué tuvieron en común las carreras de Infante y de Gardel?

3. ¿Crees que ambos cantantes y actores hayan logrado el éxito fácilmente? Explica tu respuesta.

4. Hoy en día se espera que los artistas con mucho éxito sean un modelo a seguir o apoyen una fundación. ¿Crees que sea justa esta expectativa? Explica.

La farándula

a) Sinónimos Encuentra una palabra o frase que pueda substituir a cada palabra que aparece en negritas en al artículo sobre Pedro Infante y Carlos Gardel.

b) Vocabulario adicional La siguiente lista está relacionada con los conceptos de la farándula y de ser un ídolo. Asegúrate de saber el significado de cada palabra, y después completa el crucigrama con la palabra lógica.

abuchear	escenario	influente/influyente	representar
actuación	éxito	influenciar	revolucionar
admirador	exponer	legendario	silbar
aplaudir	farándula	modelo a seguir	tertulia
caridad	filantropía	ovacionar	
destacado	gira	personajes	
ensayar	homenaje	presentación	

Horizontales

1. Ayuda desinteresada
2. Aplaudir y expresar apoyo
3. Acto de conmemoración
4. reunión para conversar
5. Relacionado con los artistas del espectáculo

Verticales

1. Organización de ayuda
2. mostrar desagrado con gritos/ silbidos
3. viaje con muchas presentaciones
4. A quien representa un actor
5. Lugar donde se hace una presentación
6. Persona que ejerce influencia

Crucigrama

Ídolos contemporáneos

Hoy en día vivimos en un mundo en el que prevalece la información. Podemos sentirnos identificados con personas de cualquier parte del mundo. Así lo demuestran los resultados de una serie de encuestas que buscaban saber a quién admiran las personas de algunos países. Abajo aparecen los resultados de España y de México para el año 2019.

Trabaja con un compañero para identificar cuáles son las posibles explicaciones por las que estas personas son tan admiradas. Por ejemplo, quizás ganaron una competencia, son filántropos o cantan excepcionalmente. Después de investigar las posibles razones de su popularidad, expresen su propia opinión acerca de la persona.

¿A quién admiran los españoles?

De acuerdo con una encuesta del año 2019 (elaborada por *YouGov*), estas son cinco de las diez personas más admiradas ese año.

Meryl Streep
El Dalai Lama
El Papa Francisco
José Mujica
Doña Sofía
Michelle Obama
Manuela Carmena
Barack Obama
Rafael Nadal

El Papa Francisco. Pixabay.
Foto de Gunther Simmermacher (CC)

¿A quién admiran los mexicanos?

La misma compañía hizo la encuesta en México, pero los resultados fueron diferentes:

Michelle Obama
Barak Obama
Manual López Obrador
Dalai Lama
Carmen Aristegui
Bill Gates
Will Smith
Malala Yousafzai.
Emma Watson
Elena Poniatowska

Malala Yousafzai. Foto de Sothbank Centre, London.
CC BY 2.0, Creative Commons.

¿Cómo se explica que las dos listas sean tan diferentes?

Investiga quiénes ocupan los diez primeros lugares en popularidad en los Estados Unidos. ¿A cuál de las listas (España o México) se parece más? ¿Cómo podría explicarse?

Lenguaje conciso y preciso

"Las letras no son todas iguales entre sí, debido a que unas son diferentes de las otras y las otras son distintas de las demás... teniendo ante esta situación de símbolos, tenemos también las mayúsculas y las minúsculas... las mayúsculas son las que se acostumbran a ser las grandotas y las minúscula, por falta de vitamina, o sea de desenrrollo literario, siguen siendo chaparritas".

(Cantinflas, en *El analfabeto*, 1960)

Bosquejo de Cantinflas, por Daniel Alvarado Silvera. CC BY-SA 4.0

La anterior es una cita de un diálogo en una película del cómico mexicano Mario Moreno "Cantinflas" (1911-1993), un actor que se caracterizó por hablar mucho y decir poco, frecuentemente inventando palabras. Por supuesto, esa era gran parte de su gracia, pero no es precisamente la impresión que queremos dar como escritores en nuestros ensayos escolares y profesionales.

Aquí hay otra cita de Cantinflas, de una película de 1945 (nota que fue la época de la Segunda Guerra Mundial). En este largometraje, debido a una comedia de errores, Cantinflas es reclutado por el ejército y, por otro error, hace un discurso patriótico que se transmite por la radio:

¡Patriotas, patriotas de la patria! ¿Sabéis lo que esta palabra significa?, porque si no lo sabéis, no seré yo quien os lo explique, porque para eso están los que sí lo saben. No soy yo para que lo diga ni ustedes para que lo oigan, ni es chisme tampoco, pero estamos en guerra. ¿Y por qué estamos en guerra? ¿Nadie me contesta? ¿No? Pues lo voy a decir. Estamos en guerra porque como dije y es bueno que lo comprendáis, estamos en guerra porque ya estamos. ¿Por qué razones? ustedes me dirán. Y yo les contestaré: razones fundamentales que todo conglomerado debe entender y son tres: la primera, la segunda y la tercera. [...]

(Un día con el diablo, 1945)

Obviamente se trata de una parodia... ¿pero qué fue lo que dijo realmente? Vuelve a leer el texto y explícalo en una o dos oraciones.

Los monólogos de Cantinflas son un ejemplo de cómo <u>no</u> debemos escribir. Un enemigo de la claridad es el uso innecesario de texto que no contribuye a expresar nuestro mensaje. De hecho, podríamos frustrar a nuestros lectores si escribimos usando mucha "paja". Evita escribir oraciones innecesarias, ve al grano. Los siguientes son tres consejos para escribir oraciones concisas:

1) No escribas como hablas.

Al comunicarnos con nuestras amistades, es común expresarse con oraciones como las siguientes:

"*Ando planeando* cambiarme de universidad".

"En la película, el protagonista *viene trabajando* en una fábrica desde que era niño".

"*Llevo pensando* en las causas de la discriminación desde hace mucho".

Con el objeto de ser concisos, al escribir un mejor estilo es usar conjugaciones más directas y que suenen menos coloquiales. Observa los cambios a las mismas tres oraciones, en los que se evita el uso del gerundio.

"*Pienso* cambiarme de universidad".

"En la película, el protagonista *ha trabajado* en una fábrica desde su niñez".

"*He pensado por años* en las causas de la discriminación".

2) Usa un lenguaje sencillo pero preciso.

Aunque se prefiera usar palabras simples, esto no significa que se use un vocabulario reducido e impreciso. Observa los siguientes tres ejemplos y decide cuál es mejor. Explica por qué es mejor.

a) Tuvimos que comprar una cosa que parece que está bien para protegernos de la pandemia y sí sirve.

b) Decidimos efectuar una inversión monetaria para completar la adquisición de bienes para asegurar nuestra salud y bienestar al cubrir la epidermis de nuestra faz convenientemente.

c) Compramos una mascarilla eficiente para protegernos durante la pandemia.

Seguramente respondiste que el tercer ejemplo es mejor. En la primera oración no sabemos ni siquiera qué fue lo que se compró ("cosa" no comunica nada). El segundo ejemplo es muy rebuscado e innecesariamente largo y confuso. Otras dos palabras que no dicen mucho son "bueno" y "malo".

3) No te limites a usar unos cuantos verbos.

Algunos verbos tienden a usarse demasiado: *tener, hacer* y *poner* son tres ejemplos. Trata de usarlos con moderación. Observa la siguiente oración:

Tengo cuatro clases y no *tengo* tiempo para nada porque también *tengo* que trabajar y no *tengo* ayuda financiera.

Considerando el contexto, podemos substituir el verbo tener con verbos diferentes:

Tomo cuatro clases y *me falta* tiempo porque además *debo* trabajar y no *recibo* ayuda financiera.

Ejercicios

a) Imprecisión Observa las siguientes oraciones y substituye la palabra en itálicas por una que sea precisa.

Modelo: Correr es *algo* que me gusta. → Correr es una actividad que me gusta.

1. Las matemáticas son una *cosa* difícil. _____

2. El jardín *tiene* diez metros de ancho. _____

3. La quinua es una *comida buena*.   _____

4. Un tenedor es una *cosa* para comer. _____

5. La moral es *algo* que nos guía.   _____

Escritores admirados del idioma español

En la historia del idioma español no han faltado escritores que han sabido emplear el idioma con destreza para crear obras de arte de la literatura. Quizás la más famosa de todas sea Don Quijote de la Mancha, escrita por Miguel de Cervantes Saavedra y publicada por primera vez en el año 1605. Esta se considera la primera novela moderna de la historia y, en opinión de muchos, el mejor libro que se ha escrito en toda la historia de la humanidad. Las siguientes líneas son el comienzo de esta famosa historia.

Capítulo 1

Que trata de la condición y ejercicio del famoso hidalgo don Quijote de la Mancha

En un lugar de la Mancha, de cuyo nombre no quiero acordarme, no ha mucho tiempo que vivía un hidalgo de los de lanza en astillero, adarga antigua, rocín flaco y galgo corredor. Una olla de algo más vaca que carnero, salpicón las más noches, duelos y quebrantos los sábados, lantejas los viernes, algún palomino de añadidura los domingos, consumían las tres partes de su hacienda. El resto della concluían sayo de velarte, calzas de velludo para las fiestas, con sus pantuflos de lo mesmo, y los días de entresemana se honraba con su vellorí de lo más fino. Tenía en su casa una ama que pasaba de los cuarenta, y una sobrina que no llegaba a los veinte, y un mozo de campo y plaza, que así ensillaba el rocín como tomaba la podadera. Frisaba la edad de nuestro hidalgo con los cincuenta años; era de complexión recia, seco de carnes, enjuto de rostro, gran madrugador y amigo de la caza. Quieren decir que tenía el sobrenombre de Quijada, o Quesada, que en esto hay alguna diferencia en los autores que deste caso escriben; aunque por conjeturas verosímiles se deja entender que se llamaba Quijana. Pero esto importa poco a nuestro cuento: basta que en la narración dél no se salga un punto de la verdad.

Es, pues, de saber que este sobredicho hidalgo, los ratos que estaba ocioso, que eran los más del año, se daba a leer libros de caballerías, con tanta afición y gusto, que olvidó casi de todo punto el ejercicio de la caza, y aun la administración de su hacienda; y llegó a tanto su curiosidad y desatino en esto, que vendió muchas hanegas de tierra de sembradura para comprar libros de caballerías en que leer, y así, llevó a su casa todos cuantos pudo haber dellos; y de todos, ningunos le parecían tan bien como los que compuso el famoso Feliciano de Silva [...].

La variedad y riqueza de la producción en español es motivo de orgullo para todas las naciones hispanas. A continuación podrás leer una breve colección de poemas de autores reconocidos en la historia de la literatura hispana. Elige uno de los poemas y responde las siguientes preguntas:

¿De qué se trata? ¿Cuál es el tema principal? ¿Cuál es el tono? ¿Quién es la voz narrativa? -Recuerda dar ejemplos textuales del poema para fundamentar tus respuestas.

Gustavo Adolfo Bécquer (1836-1870)

Rima LIII *(Dominio público)*

Volverán las oscuras golondrinas
en tu balcón sus nidos a colgar,
y otra vez con el ala a sus cristales
jugando llamarán.

Pero aquellas que el vuelo refrenaban
tu hermosura y mi dicha a contemplar,
aquellas que aprendieron nuestros nombres...
¡esas... no volverán!

Volverán las tupidas madreselvas
de tu jardín las tapias a escalar,
y otra vez a la tarde aún más hermosas
sus flores se abrirán.

Pero aquellas, cuajadas de rocío
cuyas gotas mirábamos temblar
y caer como lágrimas del día...
¡esas... no volverán!

Volverán del amor en tus oídos
las palabras ardientes a sonar;
tu corazón de su profundo sueño
tal vez despertará.

Pero mudo y absorto y de rodillas
como se adora a Dios ante su altar,
como yo te he querido...; desengáñate,
¡así... no te querrán!

Retrato de Bécquer (Biblioteca Digital Hispana, Dominio público).

Amado Nervo (1870-1919)

En paz *(Dominio público)*

Muy cerca de mi ocaso, yo te bendigo, vida,
porque nunca me diste ni esperanza fallida,
ni trabajos injustos, ni pena inmerecida;

porque veo al final de mi rudo camino
que yo fui el arquitecto de mi propio destino;

que si extraje las mieles o la hiel de las cosas,
fue porque en ellas puse hiel o mieles sabrosas:
cuando planté rosales, coseché siempre rosas.

...Cierto, a mis lozanías va a seguir el invierno:
¡mas tú no me dijiste que mayo fuese eterno!

Hallé sin duda largas las noches de mis penas;
mas no me prometiste tan sólo noches buenas;
y en cambio tuve algunas santamente serenas...

Amé, fui amado, el sol acarició mi faz.
¡Vida, nada me debes! ¡Vida, estamos en paz!

Antonio Machado (1875-1939)

Caminante no hay camino
(Dominio público)

Caminante, son tus huellas
el camino y nada más;

Caminante, no hay camino,
se hace camino al andar.
Al andar se hace el camino,
y al volver la vista atrás
se ve la senda que nunca
se ha de volver a pisar.
Caminante no hay camino
sino estelas en la mar.

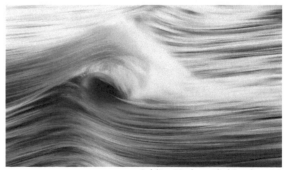

Crédito: Pixabay, Abel Escobar, CC.

Rubén Darío
Juventud, divino tesoro (dominio público)

Juventud, divino tesoro
Juventud, divino tesoro,
¡ya te vas para no volver!
Cuando quiero llorar, no lloro
y a veces lloro sin querer

Plural ha sido la celeste
historia de mi corazón.
Era una dulce niña,
en este mundo de duelo y de aflicción.

Miraba como el alba pura;
sonreía como una flor.
Era su cabellera obscura
hecha de noche y de dolor.

Yo era tímido como un niño.
Ella, naturalmente, fue,
para mi amor hecho de armiño,
Herodías y Salomé…

Juventud, divino tesoro,
¡ya te vas para no volver!
Cuando quiero llorar, no lloro…
y a veces lloro sin querer…

Y más consoladora y más
halagadora y expresiva,
la otra fue más sensitiva
cual no pensé encontrar jamás.

Pues a su continua ternura
una pasión violenta unía.
En un peplo de gasa pura
una bacante se envolvía…

En sus brazos tomó mi ensueño
y lo arrulló como a un bebé…
Y te mató, triste y pequeño,
falto de luz, falto de fe…

Juventud, divino tesoro,
¡te fuiste para no volver!
Cuando quiero llorar, no lloro…
y a veces lloro sin querer…

Otra juzgó que era mi boca
el estuche de su pasión;
y que me roería, loca,
con sus dientes el corazón.

Poniendo en un amor de exceso
la mira de su voluntad,
mientras eran abrazo y beso
síntesis de la eternidad;

y de nuestra carne ligera
imaginar siempre un Edén,
sin pensar que la Primavera
y la carne acaban también…

Juventud, divino tesoro,
¡ya te vas para no volver!
Cuando quiero llorar, no lloro…
y a veces lloro sin querer.

¡Y las demás! En tantos
climas, en tantas tierras siempre son,
si no pretextos de mis rimas
fantasmas de mi corazón.

En vano busqué a la princesa
que estaba triste de esperar.
La vida es dura. Amarga y pesa.
¡Ya no hay princesa que cantar!

Mas a pesar del tiempo
terco, mi sed de amor no tiene fin;
con el cabello gris, me acerco a los
rosales del jardín…

Juventud, divino tesoro,
¡ya te vas para no volver!
Cuando quiero llorar, no lloro…
y a veces lloro sin querer…
¡Mas es mía el Alba de oro!

Sor Juana Inés de la Cruz (1648-1695)

Hombres necios que acusáis (fragmento, dominio público)

Hombres necios que acusáis
a la mujer sin razón
sin ver que sois la ocasión
de lo mismo que culpáis:

si con ansia sin igual
solicitáis su desdén
¿por qué queréis que obren bien
si las incitáis al mal?

Combatís su resistencia
y luego, con gravedad,
decís que fue liviandad
lo que hizo la diligencia.

Parecer quiere el denuedo
de vuestro parecer loco
al niño que pone el coco
y luego le tiene miedo.

109

¿Ya lo sabías?

Observa los siguientes pares de oraciones. ¿Cómo puede explicarse que la conjugación del verbo sea diferente, o que en algunos casos sea no se conjugue?

1.   a) Es importante <u>reciclar</u> para proteger el medio ambiente.

        b) Es importante que <u>reciclemos</u> para proteger el medio ambiente.

2.   a) Ojalá <u>actualicen</u> su perfil en las redes sociales.

        b) ¿Cada cuánto <u>actualizan</u> su perfil en las redes sociales?.

3.   a) Es cierto que el gobierno <u>ofrece</u> mejores servicios de salud.

        b) Es urgente que el gobierno <u>ofrezca</u> mejores servicios de salud.

El modo subjuntivo

El sistema de verbos en español consiste en tres **modos**: el indicativo, el imperativo y el subjuntivo. Los modos indicativo y subjuntivo tienen a su vez varios **tiempos verbales**. La conjugación de los verbos depende no solo del tiempo, sino también del modo que se necesite emplear. Los modos son, básicamente el contexto alrededor de una acción: ¿es un hecho? ¿es un deseo? ¿es un mandato?

Observa la siguiente tabla y cómo la conjugación del verbo venir para la segunda persona del singular en presente cambia según el modo.

	Indicativo	Imperativo	Subjuntivo
Función	Expresar hechos	Dar mandatos	Expresar deseos, dudas o posibilidad.
Ejemplo	**Vienes** a la universidad	**Ven** a la universidad	Es posible que **vengas** a la universidad.

El modo subjuntivo se usa para hablar de posibilidades, deseos, opiniones y en algunas otras circunstancias. Este modo ocurre generalmente en la segunda cláusula de una oración, pues en la primera parte se presenta el contexto de deseo, posibilidad, negación, etc. Observa que casi siempre el pronombre relativo *__que__* une las dos cláusulas.

Ejemplos
> <u>Es posible</u> **que** las nuevas leyes **ayuden** a preservar el medio ambiente.
> <u>No creo</u> **que** al nuevo presidente le importa **que** los inmigrantes **sean** tratados con justicia.

Las siguientes expresiones impersonales requieren del uso del subjuntivo. Son solo algunas de las más comunes, pero cualquier frase con esta estructura requerirá del subjuntivo en la siguiente cláusula, excepto los casos en los que se exprese certeza.

es admirable que	es interesante que	es raro que
es bueno que	es lamentable que	es recomendable que
es curioso que	es malo que	es ridículo que
es horrible que	es mejor que	es terrible que
es imposible que	es necesario que	es una lástima que
es increíble que	es posible que	es urgente que

Para conjugar en el subjuntivo, básicamente necesitas tratar a los verbos -ar como si fueran -er, y viceversa. Observa los ejemplos de las siguientes tablas.

CANTAR

	Presente del indicativo	Presente del subjuntivo
yo	canto	(que yo) cante
tú	cantas	(que tú) cantes
él/ella/usted	canta	(que él/ella/usted) cante
nosotros	cantamos	(que nosotros) cantemos
vosotros	cantáis	(que vosotros) cantéis
ustedes/ellos	cantan	(que ustedes/ellos) canten

BEBER

	Presente del indicativo	Presente del subjuntivo
yo	bebo	(que yo) beba
tú	bebes	(que tú) bebas
él/ella/usted	bebe	(que él/ella/usted) beba
nosotros	bebemos	(que nosotros) bebamos
vosotros	bebéis	(que vosotros) bebáis
ustedes/ellos	beben	(que ustedes/ellos) beban

Si un verbo es irregular en la conjugación de la primera persona del presente del indicativo, el subjuntivo será irregular también La raíz de todas las conjugaciones del subjuntivo es la del indicativo de yo.

Verbo	Presente del indicativo de la 1era persona singular	Presente del subjuntivo
decir	**dig**o	(que...) **dig**a, **dig**as, **dig**a, **dig**amos, **dig**áis, **dig**an
hacer	**hag**o	(que...) **hag**a, **hag**as, **hag**a, **hag**amos, **hag**áis, **hag**an
ir	**voy**	(que...) **vaya**, **vaya**s, **vaya**, **vaya**mos, **vayáis**, **vaya**n
oír	**oig**o	(que...) **oig**a, **oig**as, **oig**a, **oig**amos, **oig**áis, **oig**an
poner	**pong**o	(que...) **pong**a, **pong**as, **pong**a, **pong**amos, **pong**áis, **pong**an
salir	**salg**o	(que...) **salg**a, **salg**as, **salg**a, **salg**amos, **salg**áis, **salg**an
venir	**veng**o	(que...) **veng**a, **veng**as, **veng**a, **veng**amos, **veng**áis, **veng**an

Ejercicios

a) Expresiones impersonales Las siguientes expresiones dan una opinión de forma impersonal. Todas requieren del subjuntivo. Complétalas.

encontrar   haber   juzgar   negarse   pagar   respetarse   ser   tratar

1. Es importante que _____ a todas las personas con igualdad.

2. Es urgente que el gobierno _____ soluciones a la pobreza.

3. No es justo que algunos _____ a una persona por el color de su piel.

4. Es posible que la manifestación_____ legal.

5. Es bueno que todos nosotros_____ nuestros impuestos.

6. Es triste que no _____ los derechos de las minorías.

7. Es horrible que todavía _____ discriminación.

8. Es inhumano que algunas personas _____ a ayudar a otros.

b) Tus opiniones Completa las ideas según tus opiniones. No repitas verbos.

1. Es injusto que…

2. Es malo que…

3. Es bueno que…

4. Es necesario que…

c) Conjugaciones irregulares Completa cada oración con el subjuntivo.

1. Es importante que ellos _____ (conducir) menos.

2. Tal vez _____ (haber) nuevos estudios acerca de la enfermedad.

3. No es probable que _____ (nevar) en el valle.

4. Es posible que _____ (hacer) sol toda la próxima semana.

5. Es importante que (ustedes) _____ (divertirse) un poco antes de regresar a la escuela.

6. Es interesante que (nosotros) no _____ (oír) música en español.

Ejercicios en Internet

El subjuntivo (conjugación)   http://www.quia.com/quiz/7781783.html

El subjuntivo con expresiones de certeza

¿Ya lo sabías?

Ahora vas a observar algunos ejemplos adicionales de oraciones que expresan opiniones. ¿En cuáles no se usa el subjuntivo? ¿Qué tienen en común esos casos?

a) Es interesante que haya poca gente en la manifestación.

b) Es posible que no lleguen a tiempo los estudiantes.

c) Es cierto que nuestra causa es justa.

d) Es un hecho que estas elecciones son muy importantes.

e) Es improbable que gane mi candidato.

f) Es obvio que el feminismo es una causa justa.

El indicativo con expresiones de certeza

Cuando una oración de opinión enfatiza la certeza no se usa el subjuntivo. Las siguientes expresiones son de certeza, por lo tanto les sigue un verbo en el modo indicativo.

creer que	estar seguro de que	pensar que	parecer que	ser obvio que	ser un hecho que

Si expresas negación o duda, usa el modo subjuntivo:

dudar que	no estar seguro de que	no creer que	no pensar que	no ser verdad que (etc.).

Creo que en Puerto Rico **se come** bien.

No creo que en Puerto Rico **se coma** comida picante.

Ejercicios

a) ¿Indicativo o subjuntivo? Elige el verbo que mejor complete cada oración.

1. Dudo que [**hay / haya**] muchos videojuegos educativos.

2. No dudo que Netflix [**va / vaya**] a tener más competencia en el futuro.

3. Creemos que Carlos Gardel [**es / sea**] el cantante argentino más famoso.

4. Es un hecho que en el Caribe [**ocurren / ocurran**] huracanes.

5. No dudo que los peores terremotos [**suceden / sucedan**] en Chile.

6. No es verdad que [**se puede / se pueda**] comparar a Elvis Presley con Pedro Infante.

7. Algunos piensan que Vicente Fernández [**es / sea**] también un ídolo.

8. Es obvio que Shakira [**tiene / tenga**] éxito internacional.

b) Opiniones Trabaja con un compañero y expresen sus opiniones con las expresiones de certeza o duda.

Modelo _____ el feminismo (ser) importante

→ **Pienso que** un ídolo *__debe__* ser una persona honesta y trabajadora

→ **No creo que** los cantantes de rap *__sean__* un buen ejemplo para la juventud.

creo que	no creo que
estoy seguro de que	no estoy seguro de que
pienso que	no pienso que
me parece que	no me parece que
es cierto que	no es cierto que
es evidente que	no es evidente que
es obvio que	no es obvio que
es un hecho que	no es un hecho que
(no) dudo que	

1. _____ las guerras _____ (ser) necesarias (porque...)

2. _____ la pena de muerte _____ (deber) abolirse (porque...)

3. _____ _____ (haber) que cerrar las cárceles (porque...)

4. _____ cazar animales _____ (ser) inhumano (porque...)

5. _____ el cambio climático _____ (afectar) mucho al planeta (porque...)

6. _____ la inmigración _____ (tener) más efectos positivos que negativos (porque...)

7. _____ algunos _____ (publicar) noticias falsas para engañar a la gente (porque...)

8. _____ la educación universitaria _____ (tener) que ser gratuita (porque...)

c) Creatividad Escribe cinco oraciones de certeza y de duda acerca de las ilustraciones.

Modelo: (#1) No dudo que el hombre quiera salir con la mujer./ Es evidente que se acaban de conocer.

(no) pienso que   (no) dudo que   (no) me parece que   (no) es un hecho que   (no) es evidente que

1.   2.   3.   4.   5.

Pixabay, AnnaliseArt, CC.

El subjuntivo con verbos de emoción y de influencia

Observa los siguientes ejemplos:

1. Me preocupa que el desempleo **aumente.**

2. Me alegra que **haya** diversidad en la universidad.

3. Nos molesta que **se culpe** a los inmigrantes por los problemas de la economía.

4. El gobierno ya no les ordena a las industrias que **limiten** sus emisiones.

5. Espero que la gente **recicle** más en el futuro.

6. Tú quieres **reciclar** más, pero no lo has hecho.

¿Por qué crees que se usa el subjuntivo en todos los ejemplos de la lista, excepto en el último?

1. Anteriormente aprendiste a usar el modo subjuntivo después de una cláusula que presenta una opinión a través de una expresión impersonal. Los ejemplos de arriba requieren el subjuntivo porque hablan de lo que alguien desea que otra persona haga, o sobre la emoción que le produce algo que otra persona hace. En términos gramaticales, el subjuntivo se usa con verbos de emoción y de influencia <u>cuando hay dos sujetos diferentes</u>. Si solamente hay un sujeto es suficiente con tener una cláusula, y el segundo verbo es un infinitivo, como en la última oración de los ejemplos anteriores.

2. Los siguientes son algunos verbos que hablan de reacciones emocionales y requieren el subjuntivo cuando los sujetos son diferentes en cada una de las cláusulas.

encantar	frustrar	preocupar	temer
enojar	gustar	sentir	tener miedo de
entristecer	molestar	sorprender	alegrar

3. Los siguientes verbos son de influencia o deseo y también requieren del subjuntivo si los dos sujetos son diferentes porque el primer sujeto ejerce influencia sobre el segundo.

aconsejar	dejar	esperar	exigir
importar	insistir	mandar	necesitar
oponerse	pedir	permitir	preferir
prohibir	proponer	querer	recomendar
rogar	sugerir		

Ejemplos:

> Mi familia <u>se opone</u> a que **me mude** a Canadá.
>
> Los estudiantes <u>proponen</u> que no **haya** un examen final.

¡Atención! El subjuntivo se requiere en la cláusula subordinada, no en la primera cláusula.

Ejercicios

a) **Elecciones** Completa con el subjuntivo o el indicativo, según sea necesario.

Es tiempo de elecciones y, por supuesto, los candidatos desean que la gente (1)_____ (votar) por ellos. La gente, por su parte, (2)_____ (querer) que los candidatos (3)_____ (decir) la verdad. Las personas estás hartas de que los políticos les (4)_____ (mentir). Además hay algunos candidatos que piensan que la gente (5)_____ (deber) votar por ellos solo porque son de su partido político. Yo les pido a todos los ciudadanos que (6)_____ (pensar) muy bien en las propuestas de los candidatos antes de brindarles su apoyo.

b) **Oraciones originales** Trabaja con un compañero y túrnense para completar las siguientes oraciones. ¡Atención! Las oraciones deben tener dos sujetos diferentes.

1. A los aficionados les molesta que sus ídolos...
2. A las feministas les sorprende que...
3. Los políticos temen que ...
4. A los trabajadores es preocupa que...
5. A los estudiantes de español les sorprende que...
6. Los conductores están felices de que...

c) **Creatividad** Escribe tres oraciones originales expresando lo que cada pera de la ilustración quiere que otros hagan. Usa verbos (de influencia o emoción) diferentes cada vez.

Pixabay, Cocoparisienne, CC.

Ejercicios en Internet

Subjuntivo con verbos de emoción e influencia   http://www.quia.com/quiz/7784363.html

Verbos similares con usos diferentes

VER Y MIRAR

Decide cuáles de las siguientes oraciones son aceptables según el español normativo.

1. Ahorita vengo, voy a mirar a unos amigos.

2. ¿Quieren ver una película conmigo?

3. ¡Qué bonito se mira el atardecer!

4. Se mira que es una persona muy inteligente.

5. ¡Ve rápido por la ventana! Hay un pájaro muy bonito en el jardín.

6. Mira, tienes que pensar bien tu decisión.

Las diferencias

El diccionario *María Moliner*, uno de los más importantes de la lengua, define las acciones de ver y mirar de las siguientes maneras:

MIRAR	VER
Aplicar a algo el sentido de la vista, para verlo.	Poseer el sentido de la vista. Percibir algo por el sentido de la vista.

Por su parte, el Diccionario de la Real Academia de la Lengua (actualización del 2019) explica así algunos de sus posibles significados:

MIRAR	VER
Dirigir la vista a un objeto. Observar las acciones de alguien. Pensar, juzgar. Tener en cuenta, atender.	Percibir por los ojos los objetos mediante la acción de la luz. Percibir con la inteligencia algo, comprenderlo. Examinar algo, reconocerlo con cuidado y atención.

En ambos diccionarios se usa el verbo "percibir" en el caso de **ver** para implicar que estamos haciendo algo más que registrar la existencia de un objeto con la mirada. Cuando vemos, estamos también procesando lo que observamos. De esta manera, la acción de ver puede usarse también para hablar de procesar cosas abstractas, pensamientos que el ojo no puede contemplar. Por ejemplo, *el orador vio la gravedad del asunto y prefirió retirarse*.

a) **¿Ver o mirar?** De acuerdo con la información que leíste, decide cuál es la mejor respuesta.

1. Antes de atravesar la calle debes [mirar / ver] a la izquierda y a la derecha.

2. A pesar de toda su experiencia, el profesor no [miró / vio] venir este problema.

3. ¡ Mira / Ve]!: Hay una araña en la puerta.

4. Vamos a [mirar / ver] un programa en la televisión.

5. Voy a ir a [mirar / ver] a unos amigos.

B) Oraciones originales

Ahora escribe cinco oraciones con **ver** y cinco con **mirar**.

6. Estoy [mirando / viendo] la posibilidad de viajar a Puerto Rico este verano.

7. El otro día [miré / vi] un zorrillo tratando se atravesar la autopista.

8. No [miro / veo] la hora de salir de vacaciones.

9. Por favor, [miren / vean] si las mascotas necesitan más agua.

10. Ayer [miré / vi] a Julieta entrar a un bar con sus amigas.

b) Ver / verse / mirar Traduce las oraciones prestando atención al verbo que se necesita.

| mirar | ver | verse |

1. Look at me. _____

2. Did you watch the show? _____

3. This dress looks pretty. _____

4. Look both ways before you cross. _____

5. I would like to watch some tv. _____

APARECER(SE) / PARECER(SE)

Los siguientes pares de palabras pueden ser conflictivos para los hablantes de herencia debido a la influencia del inglés. Busca el significado de cada palabra en un buen diccionario, y después traduce al español las oraciones que estén en inglés.

c) Traducciones Traduce las oraciones prestando atención al verbo que se necesita.

| aparecer | aparecerse | parecer | parecerse |

1. The deal seems good to me _____

2. The boss appeared to be confused. _____

3. The customer appeared without making a sound. _____

4. After missing for years, she appeared at the wedding of her daughter.

_____

5. They look like their father. _____

6. This homework seems very difficult. _____

HORA / MOMENTO / TIEMPO / VEZ

La confusión en el español de los Estados Unidos existe porque casi todas estas palabras se expresan con el término time del inglés. ¡Atención! Para referirnos a casos de frecuencia (cuántas veces ocurre una acción) usa *vez* o *veces*. *Tiempo* se usa para hablar del clima y *hora* para el momento del día.

d) ¿Cuál? Traduce las oraciones prestando atención a las cuatro opciones.

| hora | momento | tiempo | vez/veces |

1. What time is it? _____

2. What is the weather like today? _____

3. When is the last time that you visited them? _____

4.

5. This is the time to risk. _____

6. There are times when I feel overwhelmed. _____

7. Do you have time now? _____

8. When the time comes, we must change the time on our clocks. _____

ACORDAR / ACORDARSE / RECORDAR

Los siguientes grupos de verbos a veces crean confusión porque son semejantes en español, o porque en inglés solo hay una palabra para referirse a ambos.

acordar → Decidir algo junto con otra persona
acordarse (de) → recordar (uno mismo), cuando algo viene a la mente
recordar → Venir a la memoria, (no es pronominal: no se usa el pronombre ni la preposición).

e) **Completar** Decide cuál de los tres verbos completa las oraciones. Debes conjugar los verbos en el presente.

1. Mis amigos y yo _____ reunirnos todos los días para estudiar juntos.

2. (Yo) no _____ del nombre del presidente de Colombia, ¿y tú?

3. (Yo) _____ muy bien mi primer día de clases en esta universidad.

4. ¿(Tú) _____ de mi número de teléfono?

5. Cada vez que hay un problema, mi familia _____ reunirse para discutirlo.

COMER / TRAGAR

comer → Consumir alimentos masticándolos (nota: Recuerda que "comer comida" es redundante).
tragar → Engullir. Comer con voracidad, pasar los alimentos sin masticarlos. No es sinónimo de comer.

f) **¿Comer o tragar?** Completa con la conjugación necesaria del verbo más adecuado.

1. Tenían mucha hambre y _____ la comida en un instante.

2. Los comensales _____ lentamente, disfrutando de la conversación.

3. No _____ nada porque no tuvimos tiempo.

4. Por favor, _____ (*tú, mandato*) esta píldora.

GANAR / AHORRAR / HACER / SALVAR

g) La lógica Completa con la conjugación necesaria del verbo más adecuado de acuerdo con las siguientes definiciones.

ganar (dinero) → obtener un pago.

ahorrar (dinero) → conservar una parte del dinero que se tiene.

hacer dinero → emitir moneda, fabricar dinero.

salvar → poner a salvo a una persona, darle seguridad.

1. Es importante _____ una parte de nuestro sueldo.

2. Es importante _____ un sueldo que nos permita cubrir nuestras necesidades.

3. _____ a una persona en peligro es una cuestión moral.

4. _____ dinero es ilegal, solamente el gobierno tiene ese derecho.

5. Felicia no _____ nada en ese trabajo porque lo hace como voluntaria.

TOMAR / AGARRAR / COGER / CONSEGUIR

Mientras que los verbos tomar y coger pueden considerarse sinónimos, coger no es la mejor opción en algunos países, como se explica abajo. Por otra parte, agarrar no es sinónimo y su uso como tal es coloquial y desaconsejable en un contexto formal.

tomar → Sujetar con las manos. Hacer uso de un medio de transporte. Beber.

agarrar → asir <u>fuertemente</u>.

coger → tomar, **sujetar**. Es de uso frecuente en España, pero tiene un significado sexual en varios países de Hispanoamérica, particularmente en México. En España también tiene otros significados. Por ejemplo, coger un resfriado, coger un autobús, etc.

conseguir → obtener. Generalmente implica hacer un esfuerzo por obtener algo.

h) ¿Cuál se necesita? Completa con la conjugación necesaria del verbo más adecuado de acuerdo con las definiciones.

agarrar	coger	conseguir	tomar

1. En la película, el hombre _____ a la mujer del brazo con violencia, y ella empezó a gritar.

2. Los alumnos _____ los libros y los pusieron en el estante.

3. No pudimos _____ el metro porque lo habían cerrado.

4. Anoche no _____ un buen lugar en el cine porque llegamos muy tarde.

5. Para comer una hamburguesa, debe _____ con las dos manos.

6. Si te duele la cabeza, _____ una aspirina.

7. No pude _____ la clase este semestre porque _____ un trabajo muy bueno.

FUNCIONAR / TRABAJAR / SERVIR

Básicamente, si es una máquina, no se usa el verbo trabajar: solamente los humanos trabajan.

funcionar → Una máquina desempeña sus funciones correctamente.

trabajar → Una persona ejecuta una labor necesaria o a cambio de un pago.

servir → funcionar (un aparato) correctamente, o tener una función.

i) ¿Qué hace? Completa con la conjugación necesaria del verbo más adecuado de acuerdo con las definiciones.

1. Traté de conseguir dinero del cajero automático, pero no _____.

2. El internet no está_____ bien. Debemos llamar a un técnico.

3. Si _____ con la computadora terminarás más rápidamente.

4. ¿Para qué _____ estas herramientas?

5. Marcela _____ en una oficina muy vieja donde ninguna computadora _____ bien.

ROMPERSE / DESCOMPONERSE

romperse → un objeto se parte en dos o más partes.

descomponerse → una máquina deja de trabajar.

j) ¿Romperse o descomponerse? Completa con la conjugación del pretérito del verbo más adecuado de acuerdo con las definiciones.

1. Mi auto _____ . Voy a tener que llevarlo a un taller mecánico.

2. A Raúl se le _____ los pantalones... ¡Qué vergüenza pasó!

3. El avión _____ en dos partes tras el impacto.

4. El espejo retrovisor _____ con el impacto.

5. Creo que el lavaplatos _____... todo quedó sucio.

k) Traducciones ¿Cómo se traducen al español las siguientes oraciones? ¡Atención! Se incluyen casos de varias de las secciones.

1. We must start saving more for our retirement. _____

2. The TV is not working properly. _____

3. How much does he make per month? _____

4. Do you agree to see a doctor? _____

5. I don't recall her name. _____

6. You saved my life when you appeared at the right time. _____

Dichos y refranes

Los dichos muchas veces reflejan la cultura popular de una nación, y dicen mucho sobre sus valore. Lee los siguientes refranes.
¿Qué significan los siguientes dichos y refranes?
¿Estás de acuerdo con ellos? Explica por qué sí o por qué no.
Después de responder las preguntas, indica si hay un dicho que signifique algo similar en inglés.

HABLAR Y ACTUAR	ACTITUDES
Del dicho al hecho hay mucho trecho.	Al mal tiempo buena cara.
Perro que ladra no muerde.	A quien madruga Dios lo ayuda.
Del plato a la boca se cae la sopa.	No por mucho madrugar amanece más temprano.
	No hay peor ciego que el que no quiere ver.
	A Dios rogando y con el mazo dando.
TRABAJO	**RELACIONES SOCIALES**
No dejes para mañana lo que puedes hacer hoy.	Dime con quién andas y te diré quién eres.
A juventud ociosa, vejez trabajosa.	El que con lobos anda a aullar se enseña.
A quien mucho se apresura el trabajo más le dura.	Cría cuervos y te sacarán los ojos.
	Mejor solo que mal acompañado.
LAS APARIENCIAS	**ESCUCHAR**
El burro hablando de orejas.	Nadie es profeta en su tierra.
Aunque la mona se vista de seda, mona se queda.	A palabras necias, oídos sordos.
El hábito no hace al monje.	Cuando el río suena es que agua lleva.
Más vale malo por conocido que bueno por conocer.	
EL EJEMPLO	**CONSEJOS**
Árbol que crece torcido, jamás su rama endereza.	Agua que no has de beber, déjala correr.
De tal palo tal astilla.	A caballo regalado no se le ve colmillo.
	Ojos que no ven, corazón que no siente.

¿Conoces otros dichos o refranes en español? ¿Cuáles? ¿Qué significan?

La diversidad de Centroamérica

Costa Rica es mundialmente famosa por su respeto al medio ambiente -casi la cuarta parte del país es reserva natural-. Además hay una gran diversidad de especies. En Costa Rica se encuentran más especies de aves que en los Estados Unidos continental, a pesar de que EE. UU. es más de 192 veces más grande que Costa Rica (C.R. es aproximadamente del mismo tamaño que West Virginia). (*Pixabay, CC*)

Pensar en **Guatemala** es pensar en culturas vibrantes y en herencias ancestrales, además de paisajes hermosos y ruinas mayas. (*Pixabay, Mario Zorzetto, CC*)

La ciudad de **Panamá** sorprende por sus modernos rascacielos, pero el país ofrece otras maravillas tecnológicas impresionantes, como el Canal de Panamá, así como naturaleza prístina. (Pixabay, Kike Patiño, CC)

La Catedral de Granada, en **Nicaragua**, es una de sus iglesias más famosas. Nicaragua es tierra de lagos, volcanes y playas. La isla Ometepe es famosa por sus volcanes. (*Pixabay, CC*).

Honduras tiene algunas de las ruinas mayas más impresionantes, como las de Tikal.

El Salvador, el país más pequeño de Centroamérica, se encuentran playas perfectas para el surfeo. Al Igual que en otros países centroamericanos, hay volcanes activos y pueblos pintorescos. (*Pixabay, Fanocetti/12019/ Gerson Rodríguez, CC*).

La fauna centroamericana incluye a los famosos perezosos. (*Pixabay, Paton47, CC*).

El lago Atitlán, en Guatemala, es uno de los lugares preferidos por los visitantes. (*Pixabay, Nefilim790, CC*).

Recientemente fue completada una gran ampliación al Canal de Panamá, lo que permite que transiten por allí barcos hasta dos veces más grandes que con la infraestructura anterior. (*Pixabay, Schliff, CC*).

Capítulo 6

Arte y Sociedad

Objetivos culturales

Habla del arte en general

Explorar la obra de varios artistas hispanos

Objetivos lingüísticos

Familiarizarse con los usos del subjuntivo del imperfecto

Antes de leer
¿Qué significa "arte"?
¿Qué papel juega el arte en tu vida?
¿Te expresas artísticamente? ¿Cómo?

Arte y sociedad

Pocas palabras tienen un significado tan difícil de describir como el del término *arte*, particularmente por lo subjetivo del concepto. En su diccionario, la Real Academia de la Lengua Española lo define en su segunda acepción como una "[m]anifestación de la actividad humana mediante la cual se interpreta lo real o se **plasma** lo imaginado con recursos plásticos, lingüísticos o sonoros." (*Diccionario de la lengua española, 23.ª ed., versión 23.3 en línea, 2020*). ¿Significa esto que cuando la obra no está intentando interpretar "lo real" no es arte? ¿Y qué es "real" y qué no lo es?... Según esta definición, los animales tampoco podrían producir arte.

Muchos artistas tratan de definir el arte mediante el **efecto** que tiene en el ser humano, lo cual es todavía más subjetivo. La historia del arte está llena de individuos que no tuvieron éxito durante su vida, pero que ahora están en la lista de los mejores artistas de la historia. Quizás Van Gogh y Rembrandt sean los más famosos dentro de esta categoría, pero lo acompañan muchos otros que ahora conocemos bien, como el Greco, quien murió en la pobreza, y los escritores Edgar Alan Poe, Juan Ramón Jiménez y Miguel de Cervantes Saavedra.

Las bellas artes

A pesar de la dificultad de definir al arte, se ha inventado una manera de clasificarlo, quizás con el propósito de entenderlo mejor. En el siglo XVIII, el escritor francés Charles Batteux habló por primera vez de las "bellas artes", y al hacerlo quedó implícitamente entendido que hay otro tipo de arte, el popular, también conocido como las artesanías. La lista original de Batteaux incluía cinco categorías de las bellas artes: la **danza**, la escultura, la música, la pintura y la poesía. Con el tiempo la arquitectura entró a la lista como la sexta de las bellas artes, y en la **época moderna** se empezó a hablar de la cinematografía como "el séptimo arte". Hoy en día la fotografía también se cuela en muchos listados (tanto la cinematografía como la fotografía eran dos expresiones artísticas inexistentes cuando Batteux creó su clasificación). Recientemente algunos han incorporado al catálogo "el noveno arte", el de las historietas (también conocidas como cómics o novelas gráficas)... y hay quien considera que el décimo arte son los videojuegos.

¿Qué es arte y quién decide si lo es?
Foto de Amurca, Pixabay (CC)

Otra manera de catalogar las artes es dividiéndolas en artes plásticas, artes visuales, auditivas y escénicas. La lista **tradicional** de artes plásticas incluye la escultura, el dibujo, la pintura y técnicas de reproducción gráfica (como los grabados y la serigrafía). Es extraño que aunque esta categorización se basa en nuestra manera de percibir el arte, no hay una categoría para creaciones que percibamos a través de nuestros otros sentidos -el gusto y el olfato-. Tampoco el diseño se considera un arte. En general, es raro que una pieza se considera arte si está hecha con un objetivo **utilitario**.

Ahora bien, si se categorizan las artes a partir de la manera en la que percibimos, habría que aceptar que lo que es "arte" para algunos no lo es para otros. Abundan los ejemplos de artistas cuyas **creaciones** fueron consideradas un insulto al arte en su momento.

A pesar de las grandes dificultades para lograr una definición de arte y hasta para catalogarlo, lo que está claro es que el arte ha tenido una presencia constante a lo largo de la historia de la humanidad. Aun cuando vivían en cuevas, nuestros ancestros ya sentían la necesidad de **plasmar** sus ideas y sus emociones.

La historia también nos ha enseñado que las artes pueden mejorar la calidad de vida de personas y comunidades gracias a sus efectos psicológicos y a su capacidad para entender la naturaleza humana y a nosotros mismos: el arte nos permite comunicarnos y conectarnos. Aunque algo no se considere arte, la belleza y la estética pueden hacer mucho por mejorar nuestro **ánimo**, así como nuestros espacios y comunidades.

A pesar de la importancia de expresarnos artísticamente, las artes parecen tener un papel secundario en muchos sistemas educativos, y son las primeras clases de las que se **prescinde** cuando no hay un presupuesto adecuado. Este tipo de actitudes hace también que algunos vean al arte con recelo, como un lujo de una **élite**, ya que no todos tienen los recursos para acercarse a él y beneficiarse, ya sea admirándolo o creándolo.

Detalle de un mural de Diego Rivera. *Foto de Mónica Volpin, Pixabay (CC)*

Algunos artistas han tenido el interés de compartir su arte con **las masas**, como fue el caso de Diego Rivera y de otros muralistas que desarrollaron sus mejores obras en las paredes de edificios públicos, para que toda la gente pudiera verlas (en contraste con obras exhibidas en museos a los que se debe pagar por ser admitidos). A final de cuentas, quien necesite del arte siempre lo encontrará. ¿Lo necesitas tú?

Comprensión y discusión

1. ¿Por qué es tan difícil definir la palabra "arte"?
2. ¿Cuál fue la contribución de Charles Battaeux a nuestro entendimiento sobre el arte?
3. En tu opinión, ¿el cine, la fotografía y los cómics deben considerarse arte? Explica.
4. ¿Debería el diseño ser considerado un arte? Explica tu opinión
5. ¿Piensas que el arte sea elitista? Explica tu respuesta.
6. ¿Cuáles son las repercusiones de recortar las clases de arte de las escuelas cuando hay que recortar gastos?
7. ¿Estás de acuerdo con la conclusión del artículo? Explica por qué.
8. ¿Cuál es tu tipo de arte favorito y por qué?
9. ¿Te gustan los museos de arte? ¿Cuál conoces o cuál te gustaría conocer?
10. ¿Quiénes son tus artistas favoritos y cómo se puede describir su obra?

PALABRAS

Hablemos del arte

a) Sinónimos Encuentra un sinónimo o una frase que pueda substituir a todas las palabras que aparecen en negritas dentro del artículo sobre el arte.

b) Vocabulario adicional Estudia la siguiente lista de vocabulario y busca en el diccionario la definición de cualquier palabra con la que no estés familiarizado. Después completa las oraciones con la palabras lógica.

Literatura
argumento
connotación
cuentos cortos
lector
lenguaje figurado
narrador
personajes
punto de vista
rima
símbolo
tema
tratarse (de)
voz poética

Cine
antagonista
cortometraje
desenlace
doblaje
escultura
espectador
género
largometraje
protagonista
reparto

subtitulado
trama

Teatro
acto
caracterización
dramaturgo
escenario
escenografía
farsa
monólogo
pantomima
parodia

Pintura y escultura
abstracto
acrílico
acuarela
autorretrato
carbón
claroscuro
contemporáneo
contraste
cubista
ecuestre
formas

iconografía
imaginería
lienzo
medio
naturaleza muerta
óleo
paisaje
vanguardia

Música
álbum
apreciación
armonía
balada
canción
cantautor
canto
concierto
conservatorio
disco compacto (CD)
ensayo
estribillo
género
grabación
letra
orquesta
premio
público (sm/ adj)
sonido
voz

1. Cuando decimos algo que no tiene un significado literal, estamos usando _____.

2. Es la persona que escribe obras de teatro: _____

3. Una pintura o escultura que muestra caballos, como las de muchos héroes nacionales. _____

4. Es la parte de una canción que se repite varias veces. _____

5. Es un medio para expresarse visualmente. Deben mezclarse con agua. _____

6. Es un tipo de arte que muestra flores, frutas u otros objetos inanimados. _____

7. Es el nombre del sonido que una persona hace cuando habla o canta. _____

8. Es un cuadro que muestra un rostro. _____

9. Es un ensayo, un dibujo preliminar. _____

10. Es un material que se utiliza para pintar en él. _____

c) **Opiniones** Trabajen en parejas o grupos para responder las preguntas.

1. ¿Qué características debe tener una pintura para considerarse "obra de arte"?

2. ¿Qué hace que algunos artistas sean reconocidos mundialmente y otros no?

3. ¿Cómo sería la vida sin arte?

4. ¿Cuál es una de tus obras de arte favoritas? ¿Qué sabes sobre el(la) artista que la hizo?

d) **Pinturas** Usa el vocabulario sugerido para hablar del arte con un compañero(a). Usa el vocabulario de la lista y otras expresiones apropiadas para describir las obras. Búscalas en el Internet para apreciar los colores y los detalles.

Las siguientes preguntas pueden ayudarte:

¿Qué tipo de pintura es y qué estilo la define mejor? ¿Qué tipo de colores usa el autor? ¿Qué crees que quiere expresar? ¿Qué métodos y estilos uso en la pintura? ¿Cómo trata la luz? ¿Qué sentimientos te produce? ¿Te gusta? ¿Por qué?

Retrato de Picasso, por Juan Gris (1887-1926), Public domain. Source: Public Domain, https://commons.wikimedia.org/w/index.php?curid=1593667

Las meninas, por Diego Velázquez (1599-1660). Dominio público.

Baile al lado del Manzanares, por Francisco de Goya y Lucientes (1726-1848). Colección, Museo del Prado. Dominio público, https://commons.wikimedia.org/ w/index.php?curid=4322291

Girl in White, by Vincent Van Gogh (1853-1890). Chester Dale Collection. Courtesy National Gallery of Art,

Naturaleza muerta, por Henri Fantin-Latour (1836-1904). Chester Dale Collection, National Gallery of Art, Washington. Dominio público.

Vista de Toledo, por El Greco. (1597)
Museo Metropolitano de Arte Moderno, NY. *Dominio público.*

Artistas hispanos renombrados

La siguiente es una lista muy breve de artistas hispanos de diferentes países cuya obra es significativa. Están agrupados según el medio que usaron para expresarse. Elige a uno de estos artistas e investiga su biografía, su obra y sus características particulares. Después prepara una presentación para la clase que incluya tu opinión acerca de su obra.

Literatura*

Emilia Pardo Bazán (1852-1921), España

Antonio Machado (1875-1939), España

Pablo Neruda (1904-1973), Chile

Alfonsina Storni (1892-1938), Argentina

Julio Cortázar (1914-1984), Argentina

Augusto Monterroso

Claribel Alegría (1924-2018), Nicaragua/El Salvador

Horacio Quiroga (1878-1937), Uruguay

Gabriel García Márquez (1927-2014), Colombia

Carmen Naranjo (1928-2012), Costa Rica

*Para hacer la obra accesible, la lista incluye autores que
 escribieron cuentos cortos o poesía)

Pintura

Remedios Varo (1908-1963), España/México

Frida Kahlo (1907-1954), México

Diego Rivera (1886-1957), México

Salvador Dalí (1904-1989), España

Antonio Berni (1905-1981), Argentina

Roberto Ossaye (1927-1954), Guatemala

Fernando Botero (1932), Colombia

Oswaldo Guayasamín (1919-1999), Ecuador

Carmen Lomas Garza (1948-) Estados Unidos

Fernando de Szyszlo (1925-2017), Perú

Rufino Tamayo (1899-1991), México

Leonora Carrington (1917-2011) Inglaterra/México

Gunther Gerzso (1915-2000), México

María Izquierdo (1902-1955), México

Escultura

Gabriel Orozco (1962), México

Sergio Bustamante (1949) México

Manuel Tolsá (1757-1825), España

Lola Mora (1866-1936), Argentina

Juan Soriano (1920-2006), México

Carlos Regazzoni (1943), Argentina

Marisol Escobar (1930-2016), Venezuela

Teresa Burga (1935), Perú

Tumisu (Pixabay, CC)

Música

Joaquín Sabines (España)	José Luis Perales (España)	Paco de Lucía (España)
Charly García (Argentina)	Manuel de Falla (España)	Mocedades (España)
Gustavo Cerati (Argentina)	José José (México)	Mercedes Sosa (Argentina)
Ricardo Montaner (Venezuela)	Rocío Durcal (España)	Julieta Venegas (México)
Alberto Plaza (Chile)	José Luis Rodríguez "el puma"	Olga Guillot (Cuba)
Agustín Lara (México)	(Venezuela)	
Pablo Milanés (Cuba)	Vicente Fernández (México)	

La coherencia de un texto

Entre algunas de las estrategias para escribir mejor destacan tres: 1) Organizar tus ideas antes de empezar a escribir haciendo un "mapa" de los temas que abordarás en cada párrafo; 2) Usar oraciones claras y concisas, en vez de querer decirlo todo en una oración; 3) Leer en voz alta lo que has escrito y editarlo. Este último paso te ayudará a asegurarte de que las ideas estén organizadas lógicamente, lo cual es indispensable para lograr que un texto sea coherente. Si no hay una conexión evidente entre dos oraciones, se debe establecer. Veamos el siguiente ejemplo:

En la película, los estudiantes hicieron una marcha. Los maestros se oponían a negociar con ellos.

En el fragmento no está clara cuál es la relación entre las dos oraciones. Esto puede solucionarse con una palabra que las conecte. Observa cómo cambia el significado según la expresión que se use.

*Los estudiantes hicieron una marcha **porque** los maestros se oponían a negociar con ellos.*
*Los estudiantes hicieron una marcha **aunque** los maestros se oponían a negociar con ellos.*
*Los estudiantes hicieron una marcha **a pesar de que** los maestros se oponían a negociar.*
*Los estudiantes hicieron una marcha **después de que** los maestros se opusieron a negociar con ellos.*

El uso de este tipo de conjunciones ayuda a darle cohesión y coherencia a un texto. Las siguientes son expresiones adverbiales útiles para explicar la relación entre ideas. Observa que algunas de estas expresiones establecen una relación temporal, y que su uso afecta la conjugación del verbo (o de los verbos) que aparecen después.

a fin de (que)	cuando	puesto que
a menos (de) que	en caso de (que)	siempre y cuando
aunque	en cuanto	tan pronto como
de manera que	hasta que	ya que
con tal de (que)	para (que)	

El conector adecuado en el momento de iniciar una oración indicará si estamos añadiendo información a la idea anterior, dando información que se opone, o si vamos a hablar de algo diferente. Por lo mismo, estos conectores son muy importantes para dar coherencia a un texto.

Lista de conectores

Añadir información (conectores aditivos)	Contrastar (conectores adversativos)	Dar seguimiento (conectores ilativos)	Dar ejemplos
Además	Ahora bien	Así pues	Así
Así mismo	Al contrario	En consecuencia	Por ejemplo
De hecho	En cambio	De esta manera	Como prueba
Por si fuera poco	No obstante	De este modo	
Sobre todo	Sin embargo	Por consiguiente	
	A pesar de	Por ende	
		Por esta razón	

Recapitular (conectores recapitulativos)	Ordenar (conectores de ordenación)	Digresión (conectores de digresión)	Otros conectores
A fin de cuentas	En primer/segundo lugar	A propósito	En otras palabras
En conclusión	Antes que nada	Entre paréntesis	Aun así
En definitiva	Para empezar	Dicho sea de paso	De todos modos
En resumen	A continuación	Cabe mencionar	De cualquier manera
En suma	Actualmente	Por cierto	Con todo
	Finalmente		
	Para terminar		

Recuerda que se debe colocar una coma inmediatamente después de estos conectores.

Dos reglas adicionales para escribir mejor: no comiences una oración con las palabras **pero** ni **también**. Utiliza palabras como **sin embargo** (en vez de *pero*), y **además** (en vez de *también*). En general, es preferible evitar empezar una oración con una conjunción, aunque la excepción hace la regla. Por último, escribir una serie de oraciones muy cortas y usa comas según sea necesario.

¿Listo para aplicar las reglas? En esta ocasión vas a escribir acerca del papel del arte en tu vida.

Foto de Picjumbo (Pixabay, CC)

Ejercicios

a) **Relaciones lógicas** Elige la palabra más lógica para establecer una relación coherente entre las dos ideas.

1. Vamos a hacer una donación (a menos de que/ antes de que/ cuando) tengamos suficiente dinero.

2. El activista se fue (cuando / hasta que / en cuanto) consiguió suficientes firmas.

3. Necesito investigar más (a menos de que / con tal de / a fin de saber por quién debo votar.

4. Necesitamos escribir cartas al editor del periódico (para / hasta que / en cuanto) protestar.

5. Voy a ver a un abogado (tan pronto como/ a fin de que / en caso de que) nos ayude en el juicio.

6. No viajaré a Chile (con tal de que / hasta que / a menos de) tenga suficiente dinero.

b) Relaciones lógicas Relaciona las columnas para hacer oraciones lógicas. Puedes crear tus propios finales.

	tan pronto como	(ser) las dos de la tarde
	cuando	(apoyar) sus derechos
Los activistas protestan	hasta que	(ser) un día feriado
La enfermera trabaja	a fin de	(estar) en buena forma.
Los dueños del negocio cerraron	antes de	(decir) su opinión
Los periodistas hablarán	en caso de	(sentirse) bien
El hombre donará dinero	para	(aprobar) una nueva ley
(Yo) firmo muchas peticiones	para que	(ayudar) a los niños huérfanos
	a menos (de) que	(tener) tiempo
	aunque	no (tener) otra opción
		¿? (tu elección)

1. _____

2. _____

3. _____

4. _____

5. _____

6. _____

c) Conectores Escribe las palabras que faltan para hacer coherente el siguiente fragmento.

(1)_____de que todos los países del mundo tuvieron tiempo para prepararse ante la posibilidad de una pandemia, la verdad es que el covid-19 tomó por sorpresa a la humanidad.
(2)_____ ha habido algunas sorpresas positivas, como la velocidad a la que se han desarrollado estudios y vacunas para controlar la pandemia. (3) _____ también que los esfuerzos han sido internacionales. (4) _____, esperemos que la humanidad esté mejor preparada para la próxima pandemia.

Diego Rivera y Frida Kahlo

Probablemente la pareja de artistas más famosa de la historia sea la conformada por Frida Kahlo y Diego Rivera, una pareja rodeada de controversias y con una historia de amor tumultuosa.

Diego Rivera

Diego Rivera nació en 1886 en la ciudad de Guanajuato. Estudió artes en la afamada Academia de San Carlos, de la Ciudad de México. Gracias a varias becas, Rivera viajó a Europa, donde vivió varios años estudiando el trabajo de los clásicos. Vivió en España, Italia y Francia. Además de su entrenamiento clásico, Rivera ser acercó a otras corrientes artísticas europeas, en particular al cubismo.

A su regreso a México, José Vasconcelos (el Secretario de Educación) invitó a Rivera a participar en una campaña patrocinada por el gobierno para impulsar las artes y la cultura en México. Así, Rivera empezó a pintar sus grandiosos murales en varios edificios de la Ciudad de México. Antes de comenzar los murales, Rivera se embarcó en un viaje por diversas partes de México, para así redescubrir a su gente, su historia y su cultura. Los murales de Rivera se enfocaron precisamente en estos temas, y a Rivera se le acredita con haber contribuido a lograr que los mexicanos sintieran orgullo por su pasado indígena, el que aparecía glorioso en muchos de los murales de Rivera. Diego comenzó su primer gran mural en 1922, *La Creación*, cuyo tema central era la formación de los mexicanos. Posteriormente, influenciado por sus ideas izquierdistas, incorporó también el tema de los trabajadores. Diego Rivera fue invitado a pintar varios murales en los Estados Unidos, país en donde su obra inspiró el programa del presidente Roosevelt, el *Federal Art Project*. En los Estados Unidos destacan sus murales del Instituto de Arte de San Francisco y del Instituto de Arte de Detroit. Sin embargo, es más famoso por el mural que no pudo completar en el Centro Rockefeller, ya que Rivera se negó a eliminar la figura de Lenin de su mural, por lo que se le obligó a abandonar su trabajo. El mural, que casi se había completado, fue destruido.

Además del importante papel que tuvo su obra para que los mexicanos se revaloraran a sí mismos, Rivera también encabezó el movimiento muralista latinoamericano, y sigue influenciando a muchos artistas hoy en día.

Frida Kahlo

Frida Kahlo (1907-1954) fue hija de una madre mexicana y un fotógrafo alemán que emigró a México en su juventud. La vida de Frida estuvo llena de dificultades. Siendo una niña, sufrió de poliomielitis, la cual le dejó secuelas negativas que la acompañaron toda su vida. Debido a su enfermedad pasó mucho tiempo en cama, recluida.

En 1922 Frida ingresó a la Escuela Nacional Preparatoria, donde se unió a un grupo de jóvenes que después de destacarían entre los intelectuales y artistas mexicanos de la época. Sin embargo, en 1925 Frida sufrió un horrendo accidente cuando viajaba en un tranvía en la Ciudad de México. A consecuencia de este accidente, su columna vertical quedó fracturada en tres partes, sufrió múltiples fracturas y un pasamanos la perforó, lesión debido a la cual nunca pudo tener hijos. Kahlo sufrió más de treinta operaciones quirúrgicas a lo largo de su vida y como consecuencia de este accidente.

Kahlo tuvo que pasar mucho tiempo en cama. Es por ello por lo que empezó a pintar, como una distracción, hasta que la pintura llegó a ocupar un puesto central en su vida. Usando un espejo, Frida pintó numerosos autorretratos durante su convalecencia.

Alrededor de 1928 ocurrió lo que ella llamó "el otro gran accidente" de su vida: conocer a Diego Rivera. Aunque lo había visto en persona en 1922, mientras Diego pintaba, en 1928 comenzaron a interactuar y se casaron en 1929. Aunque se divorciaron en 1939, volvieron a casarse posteriormente. Su relación fue extremadamente complicada, pero cada uno de ellos ejerció una gran influencia sobre el otro/la otra. Frida adoptó una moda muy mexicana a base de rebozos para complacer los gustos por lo mexicano de Rivera. La pareja también ocupó un lugar central entre los intelectuales del mundo en esa época.

Foto de Frida Kahlo (Library of Congress, no known

La obra de Kahlo no fue creada con objetivos sociales como la de Rivera, sino como un instrumento terapéutico. Prácticamente toda su obra consiste en autorretratos e indudablemente muchos de ellos revelan un gran sufrimiento.

Conversación

1. En tu opinión, ¿qué elementos de la biografía de Rivera y Kahlo sobresalen?
2. Busca en Internet varias de las obras de estos artistas. ¿Cómo se pueden describir sus estilos?
3. ¿Qué obra te gusta más: la de Rivera o la de Kahlo? ¿Por qué?

Frida Kahlo de Rivera, Diego Rivera y Malú Block, por Carl Van Vechten, 1932. CC BY 2.0

El Imperfecto del Subjuntivo

¿Ya lo sabes?

¿Cómo completarías las siguientes ideas?

Espero que me llames por teléfono hoy.

Ayer también **esperaba** que (tú) _____, pero no lo hiciste.

Es importante que estudiemos mucho para los exámenes.

En la preparatoria también **era** importante que _____.

¡**Sugiero** que tengamos una fiesta en clase!

El año pasado también **sugerí** que nosotros _____.

¿Todos en la clase respondieron de la misma manera?

Es posible que haya habido variaciones, pero las tres respuestas requieren del uso del imperfecto del subjuntivo: *Ayer (yo) esperaba que tú me llamaras hoy. / En la preparatoria era importante que estudiáramos mucho para los exámenes./ El año pasado yo también quería que nosotros tuviéramos una fiesta en clase./ El semestre pasado no era probable que un artista famoso enseñara la clase de arte.*

El imperfecto del subjuntivo es necesario en estos ejemplos porque la primera cláusula presenta una situación que está en el pasado y que requiere del subjuntivo, de acuerdo con las reglas con las que te familiarizaste en el capítulo anterior. Basándote en lo que has aprendido sobre el subjuntivo en unidades anteriores, ¿cuál es la condición que se presenta en cada uno de los ejemplos que requiere de este modo?

El imperfecto del subjuntivo

La forma

Ejemplo *-ar*	
	cantar
yo	cantara
tú	cantaras
él/ella/usted	cantara
nosotros	cantáramos
vosotros	cantarais
ustedes/ ellos	cantaran

Ejemplo *-er*	
	beber
yo	bebiera
tú	bebieras
él/ella/usted	bebiera
nosotros	bebiéramos
vosotros	bebierais
ustedes/ ellos	bebieran

Ejemplo *-ir*	
	vivir
yo	viviera
tú	vivieras
él/ella/usted	viviera
nosotros	viviéramos
vosotros	vivierais
ustedes/ellos	vivieran

Algo muy interesante acerca del imperfecto del subjuntivo es que es el único tiempo en español con una conjugación alternativa, como puedes ver en la siguiente página.

	cantar
yo	cantase
tú	cantases
él/ella/usted	cantase
nosotros	cantásemos
vosotros	cantaseis
ustedes/ellos	cantasen

	beber
yo	bebiese
tú	bebieses
él/ella/usted	bebiese
nosotros	bebiésemos
vosotros	bebieseis
ustedes/ellos	bebiesen

	vivir
yo	viviese
tú	vivieses
él/ella/usted	viviese
nosotros	viviésemos
vosotros	vivieseis
ustedes/ellos	viviesen

El significado de ambas conjugaciones es idéntico, pero es mucho más común el uso de las conjugaciones terminadas en -ara/ -era. Las conjugaciones con *-ese* pueden verse sobre todo en la literatura y la poesía, particularmente la de siglos anteriores.

Los verbos irregulares

Los verbos irregulares en el subjuntivo del imperfecto son exactamente los mismos que en el pretérito. Por lo tanto, para obtener la forma correcta de este tiempo. encuentra la raíz de la tercera persona plural del pretérito, elimina el "-ron", y substitúyelo con la conjugación final del subjuntivo del imperfecto.

Ejemplos

Ustedes perdie**ron** → que yo perdie**ra**, que tú perdie**ras**, que perdié**ramos**, que perdie**ran**

Ustedes vinie**ron** → que yo vinie**ra**, que vinie**ras**, que vinie**ra**, que vinié**ramos**, que vinie**ran**.

El imperfecto del subjuntivo del verbo **haber** es **hubiera.** Como en todos los otros tiempos, solamente hay una conjugación para este verbo (excepto si funciona como auxiliar).

No creía que **hubiera** tantas personas.

Algunos ejemplos de verbos irregulares son los siguientes. Escribe la conjugación del imperfecto del subjuntivo para cada uno en la primera persona del singular (yo).

conducir _____

dormir _____

estar _____

ir _____

poder _____

poner _____

saber _____

tener _____

traducir _____

venir _____

El uso

1. Si la primera cláusula presenta uno de los siguientes contextos en el pasado, la cláusula dependiente va a requerir del imperfecto del subjuntivo. Lee los ejemplos y escribe una oración adicional para cada caso.

Verbos de deseo

*Queríamos que la exhibición **viniera** a nuestra ciudad.*

*Picasso no deseaba que su obra Guernica **volviera** a España mientras Franco **estuviera** en el poder.*

→_____

Verbos de influencia

*Los dueños del edificio le pidieron al artista que **diseñara** un mural.*

*Sus amigos le sugirieron que **estudiara** arte.*

→_____

Duda o negación

*El artista dudaba que los críticos **entendieran** su obra.*

No creíamos que la escultura que heredó de su abuela valiera tanto dinero.

→_____

Expresiones impersonales

*Fue sorprendente que nadie **fuera** al concierto.*

*Era interesante que no **hubiera** nadie que hablara español.*

→_____

Reacciones emocionales

*Me **encantó** que al final el cantautor **regresara** a interpretar otra canción.*

Nos molestaba que los cantantes del coro llegaran tarde a todos los ensayos.

→_____

2. **Situaciones hipotéticas (imaginarias)** Se requiere del imperfecto del subjuntivo cuando hacemos afirmaciones hipotéticas que se oponen a la realidad (lo que en inglés se llama *contrary-to-fact*). Los siguientes son algunos ejemplos:

Si cantara mejor, participaría en un concurso.

Si mi amigo pintara bien, le pediría un retrato.

Observa que en los ejemplos anteriores se usa el imperfecto del subjuntivo la cláusula que contiene el _si_, pero en la cláusula dependiente se necesita el condicional. El condicional se forma usando el verbo completo más la terminación -_ía_. Aprenderás más sobre el condicional en el siguiente capítulo.

3. El imperfecto del subjuntivo también puede usarse para hablar de deseos a través de las palabras *ojalá* y el verbo *querer*:

Ojalá yo **fuera** presidente.
Quisiera volar.

Ejercicios

a) **Las conjugaciones** Completa con el imperfecto del subjuntivo. ¡Atención! Muchos de los verbos son irregulares o tienen cambio en el radical.

1. Cuando vi a mi cantante favorito, le pedí que _____ (darme) un autógrafo.

2. Me sorprendió que el concierto _____ (empezar) tan tarde.

3. Cuando era niño mis padres querían que yo _____ (aprender) a tocar la guitarra.

4. Ojalá _____ (tener, yo) todos los álbumes de mi grupo favorito.

5. Queríamos que ustedes _____ (venir) con nosotros al evento musical.

6. Era importante que nosotros _____ (entender) la letra de las canciones para el recital.

7. Les enojó que el ensayo de la orquesta _____ (ser) cancelado.

8. Nos pareció interesante que _____ (haber) tantos aficionados a la música rap.

b) **Antes y ahora** Completa las oraciones lógicamente según tus experiencias.

1. Cuando era niña mi madre quería que yo _____

   Ahora soy yo quien insiste en que mi hijo _____

2. De niño me obligaban a _____

   Ahora nadie me obliga a que_____

3. En la primaria mis maestras esperaban que yo _____

   Ahora mis profesores quieren que yo _____

4. Antes los maestros ordenaban que sus estudiantes no _____,

   pero hoy en día desean que los alumnos _____

5. En general los padres ahora prohíben que sus hijos _____

   Antes los padres prohibían que sus hijos _____

c) **A los ocho años** Trabajen en parejas para responder las preguntas y hablar de sus experiencias de niños.

1. ¿Qué querían tus padres/abuelos que hicieras?

2. ¿Qué comida preferías que prepararan en tu casa?

3. ¿Qué esperaban tus amigos de ti?

4. ¿Qué esperabas tú de tus amigos?

5. ¿Hacías algo que les molestara a tus hermanos?

6. ¿Qué querías que tu familia hiciera los fines de semana/en las vacaciones/ en Navidad?

Ejercicios en Internet

Subjuntivo del imperfecto   http://www.quia.com/quiz/7784338.html

Calcos, anglicismos y cognados falsos III

En los capítulos 1 y 3 te familiarizaste con muchos casos de anglicismos, calcos y cognados falsos. Ahora vamos a recordar y a practicar algunos de los presentados anteriormente, así como añadir algunos nuevos a la lista.

Para comenzar, lee las siguientes oraciones en inglés e indica cómo las traducirías al español.

> a) *That person is vicious.*
> b) *That was an abysmal mistake.*
> c) *This yogurt is quite bland.*
> d) *These are actual bitcoins.*
> e) *I bought some balloons to decorate.*
> f) *The athlete had a bad injury.*
> g) *Please, remove me from your list of subscribers.*
> h) *The recipients of the letter must respond within ten days.*

Ahora vas a traducir al inglés las siguientes oraciones.

> 1. El banco contrató una empresa que se encarga de llamar a los morosos.
> 2. Me suscribí a un periódico en línea.
> 3. Para garantizar la sanidad, siga las instrucciones.
> 4. Al hacer caramelo, se debe remover el azúcar lentamente.
> 5. Hay que recordar las celebraciones más importantes.
> 6. Vamos a resumir la sesión.
> 7. Juan tiene una voz suave.
> 8. Aquí es costumbre llevar un regalo a los anfitriones.

Si tu idioma dominante es el español, probablemente te pareció un poco más fácil traducir del inglés al español. Si tu idioma dominante es el inglés, probablemente te pareció más fácil el segundo ejercicio de traducción. En cualquiera de los dos casos, observa que todas las siguientes palabras son cognados falsos y, por ende, **no** debieron haber aparecido en la traducción. Observa la lista y corrige las traducciones.

inglés → español	español → inglés
vicious ≠ vicioso	moroso ≠ *morose*
abysmal ≠ abismal	periódico ≠ *periodical*
bland ≠ blando	sanidad ≠ *sanity*
actual ≠ actual	remover ≠ *remove*
balloon ≠ balón	recordar ≠ *record*
injury ≠ injuria	resumir ≠ *resume*
remove ≠ remover	suave ≠ *suave*
letter ≠ letra	costumbre ≠ *costume*
recipient ≠ recipiente	

CITAS SOBRE EL ARTE

Lee las siguientes citas sobre la música o el arte y habla con un compañero sobre lo que significan. ¿Están ustedes de acuerdo?

El arte es la expresión de los más profundos pensamientos por el camino más sencillo».

Albert Einstein

«El arte me parece, sobre todo, un estado del alma».

Marc Chagall

«El arte no reproduce aquello que es visible sino que hace visible aquello que no siempre lo es».

«Lo ideal, sentido con profundidad y expresado con belleza: he ahí el arte».

Emilio Castelar

«Los espejos se emplean para verse la cara; el arte para verse el alma».

George Bernard Shaw

«El arte es la mentira que nos acerca a la verdad.»

Pablo Picasso

«El hombre a quien no conmueve el acorde de los sonidos armoniosos, es capaz de toda clase de traiciones, estratagemas y depravaciones.»

William Shakespeare

« Sin arte la vida sería un error. »

Friedrich Nietzsche

MENSAJES VISUALES

Observa las siguientes imágenes. ¿Qué comunican? ¿Qué símbolos usan? ¿Estás de acuerdo con los mensajes? Argumenta tu opinión.

Clker-Free-Vector-Images / 29580 (CC) images

Needpix , Openclipart vectors (CC)

Pixabay (CC)

WildOne. Pixabay (CC)

Diseño de Geralt. Pixabay (CC)

Perú, Bolivia y Ecuador

Machu Picchu es la ciudad Inca más reconocida del Perú, (Foto: Pixabay, Mailan Maik, CC)

Montañas Arcoiris (Pixabay, CC)

Mujer inca de Cusco (Pixabay, DeMarion, CC)   Mujeres del grupo Uro, Titicaca (Pixabay, Begreen, CC)   Hombre con sus llama (Pixabay, CC)

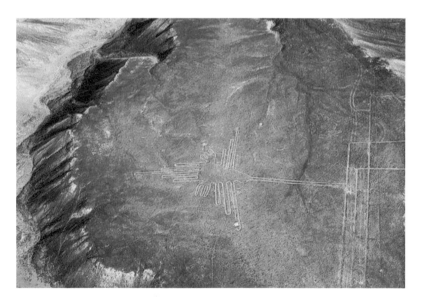

Las figuras hechas por la cultura Nazca son uno de los misterios de las civilizaciones del Perú. Esta foto es la representación de un colibrí. (Pixabay, Monikawl999, CC)

144

Bolivia es famosa por sus festivales y el sincretismo de varias culturas. (Pixabay, CC)

El salar de Uyuni (en Bolivia) es el más grande del mundo. (Pixabay, Oscar W Castillo, CC)

Muchas especies animales de las Islas Galápagos (Ecuador) son endémicas. (*Pixabay, CC*)

El volcán Cotopaxi, en Ecuador, es uno de los más altos del mundo. El volcán está activo y está dentro de un parque nacional. (*Pixabay, 8moments, CC*)

Investiga un aspecto económico, geográfico y cultural de uno de estos tres países, y preséntaselo a la clase.

145

Capítulo 7

El dinero y la felicidad

Objetivos culturales

Hablar acerca de factores sociales y económicos que afectan el bienestar.

Reflexionar acerca del papel del dinero en la felicidad de diferentes grupos culturales

Objetivos lingüísticos

Familiarizarse con el lenguaje impersonal

Reconocer los usos del condicional

Usar cláusulas hipotéticas

Antes de leer

¿Crees que haya relación entre el dinero y la felicidad? Explica tu respuesta.

¿Qué significa ser de la clase media?

El dinero, la felicidad y la clase media

Se ha escrito mucho acerca de la posible relación entre el dinero y la felicidad. De hecho, varias organizaciones estudian cada año este tema a través de **encuestas** en muchos países del mundo. Los resultados de estos estudios no siempre son los mismos, aunque hay dos tendencias importantes: Varias investigaciones señalan que los países latinoamericanos se encuentran entre los más felices, en tanto que un número similar de estudios indica que en los países nórdicos vive la gente más feliz. Por supuesto, el tipo de variables que se usan para tiene una gran influencia en las conclusiones de estos estudios, y al cambiar la metodología se obtienen resultados diferentes.

Reporte de Felicidad de las Naciones Unidas (2020)
1. Finlandia
2. Dinamarca
3. Suiza
4. Islandia
5. Noruega
6. Holanda
7. Suecia
8. Nueva Zelandia
9. Austria
10. Luxemburgo

En el año 2016 Costa Rica resultó ser el país más feliz del mundo, seguido por México (*Happy Planet Index* 2016). Desafortunadamente el *Happy Planet Index* no ha publicado estudios más recientes, pero los resultados del 2016 hacen hincapié en que el éxito económico de un país no resulta automáticamente en que los ciudadanos sean los más felices, como lo prueba el caso de Latinoamérica, una región líder en el índice de felicidad. En el caso de Costa Rica podemos encontrar varias características que seguramente ayudan a explicar el bienestar de sus ciudadanos: es un país donde las diferencias sociales son pocas en comparación con muchos países, y se enfatiza el **ambientalismo**. Además, toda la población **goza** de acceso a la educación y a servicios de salud. Por otra parte, al ser parte de la cultura latinoamericana, la cultura costarricense **enfatiza** las conexiones personales, un factor importante para sentirse feliz.

Los países hispanos en este reporte*
15. Costa Rica
24. México
26. Uruguay
28. España
29. Guatemala
34. El Salvador
36. Panamá
39. Chile
44. Colombia
46. Nicaragua
55. Argentina
56. Honduras
58. Ecuador
65. Bolivia
67. Paraguay
68. República Dominicana
99. Venezuela

Llama la atención que los Estados Unidos no ha aparecido entre los países más felices en ninguno de los estudios. En la investigación citada de *Happy Planet Index*, los Estados Unidos aparecía en el lugar 108. En el estudio de las Naciones Unidas del 2020 que se puede ver en las listas a la derecha, EE. UU. aparece en el sitio 18 (Rusia está en el 73, y Afganistán queda en el último lugar).

*Solamente participaron 153 países, por lo que no aparecen todos los países hispanos.

Algo que se ha establecido **a través de** muchos estudios es que el dinero afecta el nivel de felicidad solamente hasta el punto en el que se **cubren** las necesidades básicas y un poco más. A partir de ese punto, tener más dinero no ayuda a ser más feliz. Al comparar la lista de países más ricos del mundo con los más felices, puede verse que los resultados no son intercambiables (entre los diez países más ricos por su PIB están Suiza, Irlanda, Islandia, Qatar, los Estados Unidos, Dinamarca, Singapur y Australia, según datos del 2020). El dinero contribuye a la felicidad en la medida que aporta a la calidad de vida de una persona, pero hay otros cinco factores que afectan el nivel de felicidad: en primer lugar está el sentimiento de comunidad; sentir que se pertenece a una comunidad y tener conexiones profundas con otras personas de un grupo es quizás el factor más importante. Otros **factores** correlacionados positivamente con la felicidad son la libertad de tomar decisiones vitales, la confianza en las **instituciones** sociales y políticas, la esperanza de vida y el contacto con la naturaleza. En ese sentido, los países que respetan y valoran el medio ambiente parecen tener una ventaja, como en el caso de Costa Rica.

La clase media

Como se ha visto, el dinero es una variable que les permite a las personas tener una mejor calidad de vida. En ese sentido, tener una clase media bien establecida debe contribuir a los índices de bienestar. Sin embargo, el concepto de clase media es subjetivo y hace difícil su estudio. Algunos lo entienden como una jerarquía social determinada por factores como nivel de educación, ingresos, **ocupación** y estatus social. En los Estados Unidos se define a la clase media como el grupo que está entre el 20% que más gana y el 20% que menos gana (por definición, la clase media siempre sería el 60% de la población). Según el *Pew Research Center* (2017), una persona es de clase media si sus ingresos anuales son de entre $41 000 y $132 000 anuales. Un hogar con cuatro personas deberá tener ingresos de entre $46,960 y $140,900 para considerarse de la clase media, pero el costo de la vida es muy diferente de una ciudad a otra, por lo que una cifra estática no es suficiente para entender el nivel de vida.

Un artículo reciente del New York Times acerca de la clase media en México la definía como aquellos hogares donde los ingresos son de al menos $800 dólares mensuales por persona. Este parámetro dejó a muchos mexicanos rascándose la cabeza, ya que se consideran de clase media a pesar de no tener necesariamente ese ingreso mensual. A final de cuentas, ¿qué pasa con las otras variables como la educación, el estatus social y los bienes materiales que ya se poseen? Los mexicanos no están solos: en los países de la OECD (Organización para la Cooperación Económica y el Desarrollo, por sus siglas en inglés) en promedio 2/3 partes de la población se consideran de la clase media, independientemente de su situación **económica**. A este fenómenos se le conoce como "sesgo de la clase media", y es particularmente alto en países como Italia, México y la India (OECD, 2019, *Under Pressure: The Squeezed Middle Class*). Este parece ser el caso también en los Estados Unidos, donde un estudio de *Northwestern Planning & Progress Study* del 2018 encontró que el 68% de los estadounidenses considera pertenecer a la clase media (cnbc.com), aunque solo el 50% lo sea de acuerdo a sus ingresos (*Pew Research Center*).

A pesar de las dificultades para entender lo que significa "ser de la clase media" y de los sesgos, es **innegable** que los países europeos están entre los que tienen un mayor porcentaje de la población en este segmento. En particular, Noruega, Dinamarca, Finlandia y Holanda tienen al menos 75% de su población en este estatus, y los cuatro aparecen en la lista de los países más felices.

Otros estudios

Aunque se necesitaría un libro para mencionar los resultados de tantos estudios acerca de la felicidad, vale la pena mencionar algunas conclusiones de investigaciones diversas. En una de ellas se descubrió que alejarse de las redes sociales contribuyó a que las personas sintieran más felicidad. En un estudio con un **enfoque** diferente se encontró que la felicidad entre los inmigrantes a los

Absolute Vision (Pixabay, CC)

Estados Unidos tiende a ser similar a la de la cultura de la que provienen. En ese sentido, los inmigrantes de origen hispano tienden a ser más felices en EE. UU. que el promedio de la población, aunque sean menos privilegiados económicamente. Parece que el viejo adagio es cierto después de todo: el dinero no hace la felicidad.

Comprensión y conversación

1. ¿Cómo pueden explicarse los altos índices de felicidad para Costa Rica?

2. ¿Qué factores contribuyen a la felicidad, según el artículo?

3. ¿Hay relación entre la felicidad y pertenecer a la clase media? Explica

4. ¿En qué consiste el sesgo de la clase media?

5. ¿Cómo se puede explicar que alejarse de las redes sociales ayude a sentirse más feliz?

6. ¿Cómo se explica que en general los inmigrantes hispanos sean más felices que el promedio de los habitantes en Estados Unidos aunque su situación económica sea peor en muchos casos?

7. ¿Por qué crees que la libertad figure entre los factores que afectan la felicidad y qué tipo de libertad es?

8. ¿Qué se puede concluir de toda la información del artículo?

9. ¿Qué necesitas tú para ser feliz?

10. ¿Es importante para tu bienestar el desarrollo sostenible? Explica.

11. El mantra de Costa Rica es "pura vida". ¿Qué crees que significa exactamente?

Para reflexionar

1. ¿Se puede ser feliz, o es un estado y solo podemos aspirar a sentirnos felices de vez en cuando?
2. ¿Qué papel juega la salud en la felicidad?
3. ¿Cuáles son los cinco elementos que más aprecias en tu vida?
4. ¿Crees que inmigrar aumente la felicidad o la disminuya? Explica tu respuesta.
5. ¿Prefieres las películas alegres o los dramas? ¿Por qué?

Frases sobre la felicidad

¿Estás de acuerdo con las siguientes citas? Explica tu opinión.

La felicidad está hecha para ser compartida.	La felicidad está dentro de uno, no al lado de alguien.
El propósito de nuestras vidas es ser felices.	La felicidad es algo que se practica, como el violín. *John Lubbock*
Amar es encontrar en la felicidad ajena tu propia felicidad. **Gottfreid Leibniz**	Felicidad no es hacer lo que uno quiere sino querer lo que uno hace. **Jean Paul Sartre**
No hay medicina que cure lo que no cura la felicidad. Gabriel García Márquez	Buscamos la felicidad, pero sin saber dónde, como los borrachos buscan su casa, sabiendo que tienen una. *Voltaire*

Hablar del bienestar de una sociedad

a) **Sinónimos** Encuentra un sinónimo o frase que pueda substituir cada una de las palabras que aparecen en negritas en el artículo.

b) **Vocabulario adicional** Examina la siguiente lista de palabras y asegúrate de conocer el significado de todas. Después completa las oraciones de abajo.

agradecimiento	correlacionado	ingresos
aliviar la tensión	desarrollo sostenible	jerarquía
ambientalismo	empatía	negatividad
amistar	entorno	Producto Interno Bruto (PIB)
bienestar	esperanza de vida	positividad
bondad	estatus social	pura vida
calidad de vida	gasto discrecional	resiliencia
carcajada	generosidad	sesgo
clase trabajadora	imprescindible	sondeo
compasión	indagar	vital
contrarrestar	infelicidad	vulnerable

1. Para _____ la negatividad, hay que esforzarse por pensar positivamente.

2. Si queremos saber la opinión de los ciudadanos, se debe hacer un _____.

3. Se sabe que la _____ hacia otras personas produce un sentimiento de felicidad.

4. Para _____ las tensiones de la vida diaria, se recomienda meditar.

5. La _____ es la inclinación de los seres humanos a hacer actos buenos.

c) **Diferencias** Explica las diferencias en el significado de los siguientes pares o grupos de palabras.

1. felicidad   bienestar   alegría

2. por ciento   porcentaje

3. clase trabajadora   clase media   clase alta

4. gasto discrecional   gasto obligatorio   gasto variable

5. infelicidad   tristeza

d) **¿De acuerdo?** Habla con un(a) compañero sobre las siguientes afirmaciones. ¿Están de acuerdo? ¿Por qué?

1. Es imposible sentirse siempre feliz, La felicidad solo existe porque también existe la tristeza.

2. La justicia social es un factor imprescindible en el bienestar social de un país.

3. El bombardeo de mensajes positivos puede hacernos sentir infelices.

4. Ser de la clase media es un estado mental.

Razones para sentirse orgulloso de la patria

Cada país tiene razones para sentir orgullo por su país. Las siguientes son varios hechos por los que algunos españoles sienten orgullo, no porque estos sean un logro personal, sino porque se trata de hechos con los que identifican los valores de su país. Antes de leer la lista… ¿Cuáles son algunas razones para sentir orgullo por tu país?

Diez razones para sentirse orgulloso de ser español (lista publicada por el diario español La Razón)

1. España es líder en sanidad (3er sistema de salud más eficiente del mundo, y también 3er lugar en cuanto a esperanza de vida).

2. El idioma español: Es la segunda lengua más hablada del mundo.

3. Solidaridad: Casi el 40% de los españoles colabora con una ONG (Organización no gubernamental).

4. Seguridad: Es uno de los países más seguros del mundo (ocupa la posición 23).

5. Patrimonio de la Humanidad: Es el tercer país con más lugares designados como Patrimonio de la Humanidad.

6. Turismo: Es el segundo lugar más visitado del mundo (casi 84 millones en 2019, antes de la pandemia del covid).

7. Biosfera: España es primer lugar en el mundo por el número de espacios declarados reservas de la biosfera.

8. Empresas, Innovación y Ciencia: España cuenta con numerosos empresas multinacionales líderes en infraestructura, tecnología y comunicaciones.

9. Deportes: El país cuenta con un gran número de deportistas y clubes ganadores a nivel internacional.

10. Influencia cultural: De acuerdo con *The Wharton School* (Universidad de Pensilvania), España es el cuarto país más influyente del mundo culturalmente.

Fuente: larazon.espana

Valencia, España (foto de Papagnoc, Pixabay, CC)

Investiga cuáles son razones para sentirse orgulloso por parte de los ciudadanos de otros países. Considera logros de las instituciones del país en educación, salud o bienestar social, logros en cuanto al medio ambiente, tecnología, leyes, bienestar social, etcétera.

Recapitulación de consejos

A lo largo de este curso has leído múltiples consejos para escribir mejor. Esta es una recopilación de algunos de los puntos más importantes. Cuando escribas tu siguiente ensayo, regresa a leer esta lista cuando hagas tus revisiones.

1. **Planear** Antes de empezar a escribir, haz un plan: ¿Qué quieres decir? ¿Qué información debes incluir para demostrarlo? Escribe sobre los temas que conoces y, si se trata de una investigación, lee todos los documentos antes de empezar a escribir, para que tengas una idea clara de a dónde quieres llegar.

2. **Puntuar** ¡Usa la puntuación! Las oraciones largas confunden y tienden a incluir ideas que no son fundamentales, o que deberían mencionarse en una oración separada.

3. **Ir al grano** Es importante ser conciso, así que evita llenar tus oraciones de adjetivos, a menos que estés escribiendo literatura. Aunque hay que evitar "la paja" al escribir, también es importante no asumir que tu público es experto en el tema, así que mantén a tu audiencia en mente mientras escribes.

4. **No ser redundante** Evita repetir información o usar frases redundantes como "en mi opinión personal". También trata de no usar las mismas palabras una y otra vez. Puedes aprovechar la riqueza de nuestro idioma y emplear sinónimos.

5. **Editar** Siempre lee nuevamente tu texto al terminar de escribir. Esto te ayudará a detectar repeticiones o ideas expresadas ambiguamente. Si lees en voz alta, también te probarás la eficacia de tu puntuación.

6. **Usar lenguaje impersonal** No te dirijas a tus lectores en la forma de *tú*. Es más apropiado usar expresiones impersonales que no se refieran a una persona en particular. Por ejemplo, en vez de decir "Para tener éxito en la universidad *tienes* que esforzarte", se puede decir "uno tiene que esforzarse", o "es necesario esforzarse".

Además de estos consejos básicos, recuerda que Roma no se construyó en un día. Si quieres ser un buen escritor tienes que practicar. Escribe frecuentemente. Otra actividad importante para quienes desean escribir bien es leer mucho. Al leer podemos ampliar nuestro vocabulario, observar el orden en el que se exponen las ideas y darnos cuenta de cuáles son estrategias que ayudan a comunicarnos, y cuáles son usos que interfieren negativamente.

A escribir: El dinero y la felicidad

En esta ocasión vas a escribir un texto para reflexionar sobre algunos de los temas de este capítulo. Elige uno de los siguientes temas y desarróllalo dando ejemplos, opiniones y reflexiones basadas en tu experiencia.

Temas sugeridos

1. ¿En qué consiste el "sueño americano"? ¿Te interesa conseguirlo? ¿Es todo lo que necesitas para ser feliz?

2. Escribe acerca de un acto de bondad que haya llamado tu atención y reflexiona sobre su impacto.

3. ¿Hay relación entre el amor y la felicidad? ¿aman de diferente manera los niños, los adultos y los animales?

4. Escribe sobre una o dos personas que te inspiran. ¿Quiénes son y por qué te inspiran? ¿Cómo reflejas o implementas su inspiración en tu vida?

5. Escribe un manual para un niño para encontrar la felicidad, o imagina que eres un niño y escribe el manual para los adultos.

6. Escribe un cuento en el que el dinero ayude a encontrar la felicidad.

7. Escribe una cuento en el que el dinero no ayude a encontrar la felicidad.

Poesía sobre la felicidad

Vas a leer un poema de Manuel Acuña y a analizarlo (o uno de los otros poemas sugeridos). además de encontrar el tema del poema, la voz poética, el tono y el significado, trata de analizar el ritmo y las imágenes que produce. ¿Te gusta? ¿Por qué?

Manuel Acuña

Manuel Acuña (1849-1873) fue un poeta y novelista mexicano. Estudió medicina en la Universidad Nacional Autónoma de México. Su carrera como escritor fue exitosa, aunque breve debido a su muerte prematura en 1873, a causa de suicidio (presuntamente por un amor no correspondido).

La felicidad

Un cielo azul de estrellas
brillando en la inmensidad;
un pájaro enamorado
cantando en el florestal;
por ambiente los aromas
del jardín y el azahar;
junto a nosotros el agua
brotando del manantial
nuestros corazones cerca,
nuestros labios mucho más,
tú levantándote al cielo
y yo siguiéndote allá,
ese es el amor mi vida,

¡esa es la felicidad!...
Cruza con las mismas alas
los mundos de lo ideal;
apurar todos los goces,
y todo el bien apurar;
de lo sueños y la dicha
volver a la realidad,
despertando entre las flores
de un césped primaveral;
los dos mirándonos mucho,
los dos besándonos más,
ese es el amor, mi vida,
¡esa es la felicidad…!

Otros poemas que hablan sobre la felicidad
Aquí hay otras opciones para analizar, o simplemente para leer en caso de que te guste la poesía. Puedes encontrar todos estos poemas en el Internet (son del dominio público).

Pedro Salinas y Serrano: *Posesión de tu nombre*

Francisco Villaespesa: *Lo que pasa*

Jorge Isaacs: *Sólo amistad*

Salvador Novo: *Gracias, señor*

Idea Vilariño, *Pasar*

Francisco Sosa Escalante: *A la felicidad*

¿Cómo representarías tú la felicidad?
Pixabay, StockSnap (CC).

Habla con un compañero sobre sus respuestas a las preguntas.

1. ¿Cómo <u>sería</u> un día perfecto en tu vida?

2. ¿Qué <u>cambiarías</u> del mundo si pudieras?

3. ¿Adónde <u>irías</u> si te fuera viajar a cualquier lugar del mundo? ¿Por qué?

El condicional

Para hacer y responder las preguntas, en su conversación tuvieron que usar el tiempo verbal llamado *condicional*. En español este tiempo nos permite hablar sobre situaciones hipotéticas. El condicional se utiliza en combinación con el subjuntivo del imperfecto, el cual presenta una realidad que no existe, mientras que el condicional presenta el resultado, lo que ocurriría. El condicional, entonces, solamente se usa en la cláusula dependiente, aunque se puede iniciar la oración con cualquiera de las dos cláusulas.

*Si tuviera talento **estudiaría** artes.*

***Cantaría** en la televisión si consiguiera un contrato.*

La forma

1. Todos los grupos de verbos (-**ar**, -**er** e -**ir**) tienen las mismas conjugaciones. Para encontrarlas, usa el infinitivo del verbo y agrega el nuevo final (-**ía**).

Ejemplo -ar

	hablar
yo	hablaría
tú	hablarías
él/ella/usted	hablaría
nosotros	hablaríamos
vosotros	hablaríais
ustedes/ellos	hablarían

Ejemplo -er

	comer
yo	comería
tú	comerías
él/ella/usted	comería
nosotros	comeríamos
vosotros	comeríais
ustedes/ellos	comerían

Ejemplo -ir

	vivir
yo	viviría
tú	vivirías
él/ella/usted	viviría
nosotros	viviríamos
vosotros	viviríais
ustedes/ellos	vivirían

2. Los siguientes son verbos irregulares.

ejemplo de conjugación

decir	**dir-**	yo diría
hacer	**har-**	tú harías
poder	**podr-**	él podría
poner	**pondr-**	ella pondría
salir	**saldr-**	usted saldría
tener	**tendr-**	nosotros tendríamos
venir	**vendr-**	vosotros vendríais
querer	**querr-**	ellos querrían
saber	**sabr-**	ellas sabrían

3. Aunque el condicional se traduce como *would*, observa que en español solo se usa para especulaciones y nunca para hablar del pasado.

> *Every weekend, **he would read** the paper in his kitchen.*

> Cada fin de semana, (él) <u>leía</u> el periódico en su cocina. (En español se debe usar el imperfecto.)

4. El condicional de **haber** es **habría.** Como en otros tiempos, es la única conjugación que existe (a menos que se use como auxiliar).

> Pensé que **habría** más gente en el concierto.

5. El condicional puede usarse para especular acerca del <u>pasado</u>.

> ¿Por qué **no firmaría** el contrato?

6. El condicional se usa también para hacer peticiones cortésmente.

> ¿**Irías** al recital conmigo?

Ejercicios

a) **¿Qué harían?** Trabajen en parejas para preguntarse lo que harían en las siguientes circunstancias. Luego repórtenle a la clase sus respuestas.

Modelo   <u>Cantas</u> muy bien, pero eres tímido.
     Si cantara *muy bien grabaría un disco aunque fuera tímido.*
     Si fuera *tímida no cantaría más que en la ducha.*

1. Tienes un trabajo que no te gusta, pero te pagan muy bien.

2. Tus amigos van a salir a bailar el sábado, pero tú tienes que trabajar por la noche ese día.

3. Por tu cumpleaños recibes un retrato horrible que pintó tu tío, quien es un artista aficionado.

4. Te encuentras un billete de cien dólares en la calle.

5. Nadie comenta nada sobre tus fotos en Instagram.

6. Vas a tener un examen importante, pero te sientes desmotivado para estudiar.

b) **Situaciones hipotéticas** ¿Qué harías en las siguientes situaciones?

1. Estás comiendo en un restaurante y ves a uno de tus cantantes favoritos cenando allí.

2. Tus vecinos traen una máquina de karaoke para celebrar un cumpleaños y no te dejan dormir.

3. Tu hermanito te pide que poses para un cuadro que va a exhibir en su clase de arte de la secundaria.

4. Tus amigos te retan a que hagas algo loco.

5. Te invitan a una fiesta, pero están prohibidas las reuniones de más de 10 personas por una pandemia.

6. Encuentras a un perrito perdido en la calle.

Cláusulas hipotéticas y el condicional perfecto

Observa la siguiente conversación y trata de completar el espacio en blanco. Después de responder, lee la explicación que aparece después de la conversación.

- ¿Te gustó la exhibición?

- Pues… habría preferido ir al cine porque no me gusta el arte moderno.

- Si hubiera sabido que no te gusta el arte moderno, (yo)no _____

(invitarte) a la exhibición.

Hay dos maneras diferentes de completar el espacio en la conversación anterior: la primera es "no te hubiera invitado" (pluscuamperfecto del subjuntivo) o *"no te habría invitado"* (condicional perfecto). En el español latinoamericano es más común la primera respuesta, en el de España es más común la segunda respuesta. Al hablar de situaciones hipotéticas <u>sobre una situación del pasado</u> estos dos tiempos son intercambiables solamente en la cláusula que **no** contiene el *si*:

> *Si hubieras venido <u>te habrías divertido</u> = Si hubieras venido <u>te hubieras divertido</u>.* (ambas son correctas).
>
> *Si habrías venido te hubieras divertido.* (incorrecta).

Estos dos tiempos sirven para hablar de ideas hipotéticas (contrarias a la realidad) en el pasado. Si la idea se presenta usando la palabra «**si**», el subjuntivo es necesario en la cláusula principal (la que contiene el *"si"*). La cláusula subordinada puede estar en el condicional o el condicional perfecto, dependiendo de si la situación se percibe como modificable o inmodificable.

Cláusula principal	Cláusula subordinada (consecuencia)

*Si no **hubiera ocurrido** la Guerra Civil española, mis abuelos no **habrían inmigrado** .*
*Si no **hubiera ocurrido** la Guerra Civil española, mis abuelos no **hubieran inmigrado**.*

El ejemplo anterior requiere de tiempos perfectos porque todas las acciones han concluido, pero si las consecuencias afectaran todavía en el presente, se usaría el condicional:

Cláusula principal	Cláusula subordinada (consecuencia)

*Si no **hubiera ocurrido** la Guerra Civil española, mis abuelos no **vivirían** (ahora) en Argentina.*
*Si se **hubiera declarado** al alemán como el idioma oficial de los Estados Unidos, **hablaríamos** alemán ahora.*

En todos estos casos es posible invertir el orden de las cláusulas. Es decir, se puede empezar con cualquiera de las dos.

La forma

Se debe conjugar el auxiliar ___haber___ en el condicional, y usar el verbo principal en participio, como se ve en el siguiente ejemplo de la conjugación del verbo caminar en el condicional perfecto.

	auxiliar	participio
yo	habría	caminado
tú	habrías	caminado
él/ ella/ usted	habría	caminado
nosotros	habríamos	caminado
vosotros	habríais	caminado
ustedes	habrían	caminado
ellos/ ellas	habrían	caminado

Los usos del condicional perfecto

1) Se usa para expresar probabilidad o conjeturas sobre el pasado.

> *¿No fuiste a la exhibición? Creo que te habría gustado.*

> *Creo que no les gustó la película. Quizás habrían preferido quedarse en casa.*

2) Se usa para expresar una acción *contraria a la realidad* (hipotética) acerca del pasado. En otras palabras, expresa lo que fue una posibilidad en su momento, pero no sucedió.

> *Sin ustedes, la obra habría sido un fracaso.*
> *Yo, en tu lugar, les habría pedido ayuda a los vecinos.*

Ejercicios

a) ¿Cuál suena mejor? Elige la idea que te parezca mejor en cada caso.

1.   a) Si Cristóbal Colón no hubiera descubierto América, no habría chocolate en Europa.

     b) Si Cristóbal Colón no hubiera descubierto América, no hubiera chocolate en Europa .

2.   a) Yo te habría invitado si hubiera sabido que te gustaban las películas históricas.

     b) Yo te hubiera invitado si habría sabido que te gustaban las películas históricas.

3.   a) La historia de Argentina habría sido diferente si Eva Perón no hubiera sido tan popular.

     b) La historia de Argentina hubiera sido diferente si Eva Perón no habría sido tan popular.

b) **Todo está mal** Imagínate que eres una persona muy crítica y siempre crees que tú habrías hecho algo mejor. Explica cómo habrías hecho diferentes las siguientes actividades. Usa el condicional perfecto.

Modelo El final de la película es demasiado triste. *Yo...* ____*habría producido un final con más esperanza*____ .

1. El gobierno ayudó a los indígenas con víveres. Yo _____

2. La comunidad abrió una cooperativa para vender sus artesanías. Yo _____

3. Los jóvenes no querían hablar su lengua materna. Yo _____

4. La película mostró a los indígenas desde el punto de vista occidental. Yo _____

5. El libro de historia no publicó toda la verdad. Yo _____

c) Fiesta para los jóvenes Unos jóvenes decidieron hacer una fiesta para recaudar fondos para su comunidad. Sin embargo, todo les salió mal. Conversa con un(a) compañero(a): ¿Qué habrían hecho ustedes diferente?

Modelo   Cobraron solo cinco pesos por la entrada → *Yo habría cobrado cincuenta pesos.*

1)   Solamente había papas fritas y cacahuates para comer.

2)   Se les acabó la comida muy pronto.

3)   Se les descompuso el equipo de estéreo y se acabó la música.

4)   No había lugares para sentarse.

5)   Los invitados empezaron a irse temprano.

6)   Había mucha gente aburrida.

7)   Llegó la policía porque los vecinos se quejaron del ruido.

8)   La abuelita del anfitrión estaba vigilando que nadie se besara ni se tomara de la mano.

d) Acontecimientos históricos Piensen en cómo sería diferente nuestro mundo si no hubieran ocurrido los siguientes eventos históricos. Usen el subjuntivo del pluscuamperfecto, como en el modelo.

Modelo   Estudiante 1:   ¿Qué habría pasado si los aztecas **hubieran conquistado** a los españoles?
Estudiante 2:   Probablemente en España se **hablaría** náhuatl./ Los españoles **no hubieran construido** iglesias en Latinoamérica.

1. Cristóbal Colón / llegar directamente a Nueva York.

2. Los franceses/ no regalar la estatua de la libertad a N.Y.

3. Declararse el alemán como la lengua oficial de Estados Unidos.

4. México/ perder la Batalla del Cinco de Mayo

5. La electricidad/ no descubrirse

6. Colón/ no encontrar América.

7. El covid-19/ no existir.

8. ¿? (menciona otro evento histórico)

e) **¿Cómo habría sido tu vida diferente si...?** Piensa en dos consecuencias para cada una y coméntalas con un(a) compañero(a).

1. no hablar español
2. no tener hermanos
3. (tú) nacer en Finlandia
4. no aprender a leer ni escribir

5. nacer en 1800
6. medir dos metros
7. conocer a Hernán Cortés o a Francisco Pizarro
8. ¿? (menciona otra idea hipotética)

f) **Un día fatal** En parejas, túrnense para imaginar que les sucedieron los eventos de la lista. Su compañero(a) va a reaccionar usando el subjuntivo del pluscuamperfecto, como en el modelo.

Modelo   Ayer/ ir de compras... la tienda cerrar
                    Estudiante 1 → Ayer fui de compras, pero cuando llegué a la tienda, **ya había cerrado**.
                    Estudiante 2: →¡**Qué lástima** que la tienda ya hubiera cerrado!

Expresiones útiles: Qué lástima   qué horror   qué interesante qué bueno/malo   qué mala suerte

1. José/querer abrir una cuenta de ahorros con el dinero de los impuestos... su esposa gastar el dinero

2. Mis amigos querer hacer un pastel... acabarse los huevos

3. Yo/ invitar a mi novia al cine.... ella/ ver la película

4. Nosotros planear/ ver una película en el cine... las entradas agotarse

5. Yo/ ir al veterinario... mi mascota morir

Otras cláusulas hipotéticas

¿Ya lo sabías?

Decide cuál de las siguientes oraciones suena mejor. *¡Atención!* En los ejemplos hay dos posibilidades correctas y una incorrecta.

1.   a) Si ustedes no entienden la explicación le preguntaran al profesor

        b) Si ustedes no entienden la explicación le preguntan al profesor

        c) Si ustedes no entienden la explicación pregúntenle al profesor

2.   a) Si estoy enfermo me quedo en casa

        b) Si estoy enfermo me quedaba en casa

        c) Si estoy enfermo me quedaré en casa

3.   a) Si te operan este fin de semana te visitaré

        b) Si te operan este fin de semana te visitara

        c) Si me operan este fin de semana visítame

Observa que en todos los ejemplos anteriores estamos hablando de situaciones hipotéticas <u>posibles</u>. Algo que también tienen en común todos los ejemplos es que el verbo en la cláusula que contiene el "si" está en el presente. Cuando el verbo de la cláusula con el "si" (cláusula principal) está en presente, hay tres posibilidades lógicas para el verbo en la cláusula dependiente: presente (rutina), mandato, o futuro. **El uso del condicional en la cláusula dependiente no se considera correcto.**

Ejemplos

Si **tienes dudas** sobre el examen **hablas** con tu profesor.   (rutina, siempre hago esto).

Si **tienes dudas** sobre el examen **habla** con tu profesor.   (mandato/recomendación)

Si **tienes dudas** sobre el examen **hablarás/vas a hablar** con tu profesor. (futuro, consecuencia)

Ejercicios

a) Situaciones comunes ¿Cómo reaccionas tú generalmente a las siguientes situaciones? Las sugerencias en la lista son para darte ideas, pero puedes responder con cualquier verbo.

Modelo   Si estoy cansado

                    → Si estoy cansado, me pongo de mal humor o encuentro la manera de tomar una siesta.

dormir   comer chocolates   hacer dieta   fumar   hacer ejercicio   comprar algo   ver tele

1. Si estoy muy feliz…

2. Si estoy aburrido(a)…

3. Si estoy agobiado(a) por mis clases…

4. Si me falta tiempo…

5. Si me sobra tiempo…

6. Si no me queda mi ropa…

b) Los favores Trabaja con un(a) compañero(a) y túrnense para completar las oraciones con un mandato.

1. Si encuentras mis llaves…   4. Si vas al supermercado…

2. Si te pido ayuda para estudiar…   5. Si tienes tiempo libre esta tarde…

3. Si ganas la lotería…   6. Si horneas un postre delicioso…

c) El tiempo lógico Elige el tiempo/modo más lógico para completar las oraciones (presente, futuro o mandatos).

1. Si Elisa me visita esta tarde, _____ (ir, nosotros) al cine.

2. Si tienes suficiente dinero, _____ (pagar, tú) la cena en el restaurante.

3. Cada fin de semana _____ (hacer, yo) ejercicio si me levanto temprano.

4. La epidemia _____ (terminar) si todos tomamos muchas precauciones.

5. La próxima semana _____ (haber) varios exámenes si terminamos el capítulo 5.

6. Si estás a dieta, no _____ (traer, tú) comida chatarra.

7. Mi familia _____ (viajar) a la playa si mañana hace mucho calor.

8. Los domingos _____ (ir, ustedes) al parque si no llueve.

Situaciones hipotéticas posibles y contrarias a la realidad

En los siguientes ejercicios vas a practicar todas las situaciones hipotéticas mezcladas. Si es necesario, regresa a las páginas con ejemplos del subjuntivo del pluscuamperfecto y del condicional perfecto para leer las explicaciones.

d) Combinaciones Combina la primera columna con la segunda para crear oraciones lógicas y gramaticales.

1. Si te veo en la fiesta...   a) te hubiera saludado

2. Si te viera en la fiesta...   b) te saludaría

3. Si te hubiera visto en la fiesta...   c) te saludo

                                                d) te saludaré

                                                e) Salúdame

                                                f) te saludara

                                                g) te habría saludado

e) El error Encuentra el error (o los errores) en cada una de las siguientes oraciones y corrígelo(s).

1. Si tendríamos más tiempo, nuestra presentación fuera mejor. _____

2. Te habría invitado a mi fiesta si encontrara tu número de teléfono. _____

3. Yo fuera de viaje si pudiera ahorrar un poco más. _____

4. Por favor, enciendan las luces si no llegaríamos a las ocho de la noche. _____

5. Si yo sería tú, no volviera a hablarle a esa persona. _____

f) El tiempo lógico Lee con atención las siguientes ideas y complétalas con el tiempo más lógico del verbo entre paréntesis.

1. Viajaría por todo el mundo si _____ (ser, yo) piloto de avión.

2. Mis hermanos _____ (tener) más interés en la escuela si _____ (leer) más.

3. Habríamos estudiado más si _____ (tener) un maestro exigente el semestre pasado.

4. Si _____ (sentirte) mal, siéntate.

5. Gritaríamos de felicidad si _____ (conseguir) excelentes calificaciones en todas nuestras

clases.

6. Si el presidente _____ (querer) mi opinión, _____ (dársela).

7. Te habría llamado si tú_____ (necesitar) ayuda.

8. Si hubiéramos escuchado antes sobre la emergencia, _____ (ayudar).

9. Los historiadores escribirían más libros si _____ (tener) más tiempo.

10. Tendríamos un mejor sistema de educación si el gobierno _____ (invertir) en más

recursos.

g) La historia ¿Cómo habría sido diferente la historia si las condiciones hubieran sido las que se describen abajo?

1. Si Cristóbal Colón no hubiera encontrado América...

2. Si los Estados Unidos no hubiera comprado gran parte del territorio mexicano...

3. Si no hubiera habido ataques terroristas el 11 de septiembre

4. Si no se hubieran inventado los aviones

5. Si España no hubiera expulsado a los árabes ni a los judíos

6. Si los Estados Unidos se hubiera dividido en dos después de la Guerra Civil

7. Si el idioma oficial de los Estados Unidos fuera el español...

8. Si los aztecas hubieran derrotado a los conquistadores...

Las preposiciones usadas con verbos

El idioma inglés se distingue por el uso frecuente de preposiciones que acompañan a los verbos y que muchas veces cambian su significado. Un producto de la interferencia del inglés sobre los hispanohablantes es querer añadir una preposición donde no es necesaria, como puede verse en los siguientes casos. Observa también que en español no es posible terminar una oración con una preposición.

Ejemplo en inglés	Traducción al español
I am **looking for** someone to **study with**.	**Busco** a alguien **con quien estudiar**.
Look after your sister!	**¡Cuida** a tu hermana!
Don't **talk back** to me.	No me **contestes**.
Please, **come in**.	Por favor, **entre**.

Ejercicios

a) **Traducciones** Prueba tus conocimientos traduciendo las siguientes oraciones.

1. I am looking for a paper about education. _____

2. Laura is looking after my siblings. _____

3. I enjoy visiting with friends. _____

4. My ex-boyfriend married my cousin. _____

5. I came by to talk with you. _____

6. We paid for the groceries with a credit card. _____

7. I am fed up with their excuses. _____

8. My cat is waiting for me. _____

b) **Prueba tu conocimiento** Escribe las preposiciones que hacen falta. ¡Atención! Es posible que no se necesite ninguna.

1. Todos los días estudio _____ las dos _____ la tarde _____ las cinco _____ la mañana.

2. Estudio _____ conseguir un buen trabajo.

3. En clase, el profesor de álgebra nos enseña _____ resolver ecuaciones.

4. Trabajo _____ en edificio histórico.

5. Los zapatistas han luchado _____ los derechos indígenas.

6. "Don Quijote" es el libro más famoso _____ España.

7. Me casé _____ un hombre muy bueno.

8. Habrá una celebración _____ conmemorar el bicentenario de la Independencia. Será _____ el zócalo _____ la noche del 15 de septiembre.

9. Lorena se despidió _____ su esposo y caminó _____ la puerta.

c) **Más traducciones** Traduce las siguientes expresiones. **¡Atención!** Algunos verbos requieren de una preposición en español, pero otros no.

1. Ask them for advice.

2. Yesterday I hanged out with my friends.

3. She turned down the offer.

4. He didn't bring up their break off.

5. They cut through a road he was not aware of.

6. They are looking for their niece.

d) **Otro reto** Indica cuál es el verbo necesario en español para comunicar el significado de la expresión en inglés.

Inglés	español	ejemplo en español (usando una oración completa)
1. a) to take away	_____	_____
b) to take back	_____	_____
2. a) to give up	_____	_____
b) to give in	_____	_____
3. a) to get up	_____	_____
b) to get back	_____	_____
4. a) to go away	_____	_____
b) to go out	_____	_____
5. a) to step in	_____	_____
b) to step up	_____	_____
6. a) to look for	_____	_____
b) to look after	_____	_____

PARA CONVERSAR

El dinero reflejado en el idioma

El inglés cuenta con muchas expresiones idiomáticas que usan el concepto del dinero. A continuación puedes ver una lista de estas expresiones. Trabaja con un(a) compañero(a) e imaginen que deben explicarle lo que significan las expresiones a un(a) amigo(a) que no habla inglés. Altérnense para explicar el significado de cada una y traten de encontrar una expresión equivalente en español. Si viene al caso, expliquen si les parece cierta la expresión o si están de acuerdo con la idea.

1. A day late and a dollar short

2. A fool and his money are soon parted

3. A light purse is a heavy curse

4. All that glitters is not gold

5. Almighty dollar

6. As phony as a $3 bill

7. As sound as a dollar

8. At the drop of a dime

9. Bang for your buck

10. Too look like a million dollars.

11. Big bucks

12. Blank check

13. Born with a silver spoon in your mouth

14. To burn a hole in your pocket

15. To cash in on something

15. To cost an arm and a leg

16. to cost a dime a dozen

17. Dirt cheap

18. Dollars for doughnuts

19. Not to take any wooden nickels

20. Early to bed, early to rise, makes a man healthy, wealthy, and wise

Colombia y Venezuela

Esta foto muestra el castillo San Felipe de Barajas, una fortaleza de Cartagena de Indias para proteger a la ciudad de los piratas. *(Pixabay, Herney, CC).*

El Museo del Oro tiene fama internacional por la colección de objetos que exhibe. La leyenda de El Dorado proviene de las tierras que hoy son Colombia.

Diversidad es una palabra que define a Colombia: Diversidad de culturas, de etnias, zonas geográficas y fauna. Colombia es el segundo exportador de flores en el mundo y el primer exportador de esmeraldas.

Bogotá, la capital, es la ciudad más grande de Colombia. (Pixabay, Alejo Turola, CC)

Venezuela es una nación famosa por su riqueza petrolera, y también es rica en gas natural y oro. Además, este país cuenta con varias regiones climáticas y es conocida por sus hermosas playas. Una curiosidad de Venezuela es que se trata del país que más títulos de "Miss Universo" ha conseguido.

El nombre de Venezuela significa algo así como "pequeña Venecia", ya que el explorador Américo Vespucio pensó en Venecia al ver las casas indígenas, construidas como palafitos. (Pixabay, 12019, CC).

Capítulo 8

Tecnología y sociedad

Objetivos culturales

Hablar del impacto de la tecnología en la sociedad

Discutir el impacto de la información falsa

Objetivos lingüísticos

Perfeccionar el uso de los pronombres relativos

Antes de leer

¿Cómo ayuda la tecnología a mejorar nuestras vidas?

¿Puede la tecnología empeorar la vida de los seres humanos? Explica

Diseño de Geralt, Pixabay, (CC)

Tecnología y los nuevos retos de la sociedad

La tecnología ha tenido un gran impacto en la vida de los seres humanos desde los inicios de la civilización, de hecho, varias etapas de la historia fueron **bautizadas** a partir de la tecnología usada por los grupos humanos en ese tiempo: la edad de piedra, la edad de bronce y la edad de hierro son los ejemplos más comunes, pero hoy en día hablamos también de la "edad digital". El uso de herramientas, sostienen algunos, es lo que nos distingue de otros animales, y las herramientas humanas se han hecho cada vez más sofisticadas. Además, La velocidad a la que se han desarrollado nuevas tecnologías es cada vez mayor. La edad de bronce duró casi siete mil años, pero la del hierro duró tan solo mil. Gracias a la tecnología nos hemos hecho más **eficientes** en todo: sembrar y cosechar, cazar, construir viviendas y defenderse de grupos **hostiles** son solo algunos ejemplos. En esta edad moderna damos por sentados todos estos avances tecnológicos y nos preguntamos si podríamos sobrevivir sin ellos.

En la edad antigua la vida fue revolucionada por el uso extendido de la escritura: A partir de la invención de la imprenta, en 1440, se genera un gran cambio social y cada vez más personas aprenden a leer y a escribir. Antes de este invento, según los cálculos de algunos autores, el alfabetismo en la Edad Media en Italia podría haber sido de solo un 6%. De acuerdo con datos de *Our World in Data*, ningún país europeo tenía una tasa de alfabetismo mayor al 20% en 1475. En Inglaterra se pasó de un alfabetismo del 11% en 1500, al 60% en 1750, lo cual habla de la importancia que cobró el saber leer y escribir. Hoy en día la gran mayoría de los países reporta índices de alfabetismo mayores al 95%, aunque queda un **puñado** de lugares en los que la tasa de alfabetismo apenas llega al 30%, de acuerdo con *Ourworldindata.org/literacy*.

Evidentemente ha habido una gran cantidad de inventos o descubrimientos que han alterado nuestra vida entre la Edad Media y la actualidad. Algunos ejemplos obvios son el descubrimiento de la electricidad, la penicilina y la fabricación de automóviles. Estos tres ejemplos cambiaron la vida humana en pocas generaciones… pero ahora, dentro de una misma generación se han vivido cambios radicales. La llamada *Generación X*, por ejemplo, pasó de comunicarse por teléfonos de cable a teléfonos celulares, de cartas escritas en papel y telegramas a mensajes electrónicos y textos; de televisiones en blanco y negro a televisiones en tercera dimensión; de buscar información en enciclopedias impresas a usar exclusivamente el Internet; de usar máquinas de escribir a crear documentos en procesadores de palabras; de revelar rollos de fotografías a usar cámaras digitales. Ni los *Millennials* ni la Generación Z (iGen) sabría usar objetos como teléfonos de disco de marcar… probablemente tampoco puedan identificar un CD.

Uno de los avances tecnológicos que más ha alterado nuestra sociedad es la aparición de las computadoras, seguidas por el Internet y, más recientemente, por los teléfonos inteligentes (los cuales no serían tan populares si la gente no supiera leer y escribir, dicho sea de paso). En el 2020, casi el 68% de la población mundial contaba con un teléfono celular, en la mayoría de los casos un teléfono inteligente. El uso de este tipo de teléfonos **se incrementó** un 40% en solo cuatro años (2016-2020). Ahora bien, ¿cómo le cambia la vida a una persona tener este tipo de acceso? ¿Cómo altera nuestro acceso a servicios, a la educación, al trabajo y al entretenimiento? ¿Cuáles son las consecuencias de carecer de acceso a la tecnología? ¿A quién se marginaliza?

Más allá de impactar nuestro acceso a la educación y a la información, la tecnología ha transformado la manera en la que nos entretenemos y en la que **nos relacionamos** unos con otros. Hace veinte años era extraño conocer parejas que se hubiesen conocido en el Internet. Las redes sociales también son un invento reciente: Facebook apareció en 2004. Sin embargo, los adolescentes hoy en día pasan la mayor parte de su tiempo libre entreteniéndose en redes sociales y conectándose con otros a través de ellas. En esta edad digital esos mismos instrumentos **han exacerbado** el acoso (cada vez más conocido como *bullying*) y la presión social por aparentar ser exitosos y populares. Además, empezamos a entender ahora las consecuencias para la salud: estrés, problemas de la vista, obesidad (producto de la falta de actividad física), problemas mentales como infelicidad -un resultado de estar comparándose con otros- y, un aspecto muy novedoso: la acentuación de sesgos ideológicos. Aunque casi el 70% de los adolescentes encuestados cree que las redes sociales los ayudan a interactuar con un grupo más diverso, la realidad es que el efecto es el **opuesto**. En el caso de ideologías políticas, los algoritmos de las redes identifican aquello que nos gusta e interesa, eliminando **progresivamente** todo aquello con lo que no estemos de acuerdo. En un escenario más equilibrado, una persona leerá puntos de vista contrarios, argumentos diferentes y creará una opinión a partir de varios puntos de vista. En cambio, el diseño de algunas redes sociales nos muestra solamente lo que nos gusta. A alguien que crea en las teorías de conspiración le mostrará más y más de este tipo de información,

Ventajas y desventajas de las redes sociales (entre adolescentes de los EE. UU.)

aspectos positivos	aspectos negativos
81% se siente más conectado a sus amigos.	45% se siente agobiado por el drama de las redes.
69% Piensa que ayuda a interactuar con un grupo más diverso	43% se siente presionado a compartir solamente contenidos que lo/la hagan verse bien.
68% Siente que sus amigos en línea lo apoyarán en los tiempos difíciles.	37% se siente presionado a compartir solamente contenidos que vayan a recibir votos positivos.

Fuente: Pew Research Center

eliminando argumentos contrarios y creando así un sesgo importante en las ideologías y haciéndonos menos tolerantes a personas que piensen de manera diferente… ¿Quién no conoce a alguien que haya desamistado a un conocido por pensar de manera diferente sobre política o sobre **cubrebocas**? Por si el problema del sesgo no fuera suficiente, la tecnología también permite ahora alterar fácilmente videos y fotografías. Es una paradoja que en la edad de la información resulte tan difícil distinguir lo verdadero de lo falso. Ante esta situación, es de vital importancia cuestionarnos toda la información que recibamos y hacer un esfuerzo por escuchar voces que piensen de manera diferente a nosotros. Se trata de dos retos inesperados que la tecnología le ha traído a nuestra sociedad.

Comprensión y discusión

1. ¿Cuáles son las tres o cuatro ideas más importantes de este artículo?

2. ¿Cómo se demuestra en el artículo que la alfabetización ha sido uno de los cambios más importantes?

3. ¿Alguna vez has estado en una situación en la que no contabas con la tecnología necesaria para hacer algo? ¿Cómo lo resolviste?

4. ¿Cómo sería tu vida sin teléfonos inteligentes y sin redes sociales?

5. ¿Estás de acuerdo con todo lo que se dice en el artículo?

6. ¿Cuál crees que sea una buena conclusión para este artículo?

Conversación

1. ¿Qué tecnología es la más importante en tu vida diaria? ¿Por qué?

2. ¿Tus padres usaban esa tecnología? Si no la usaban, ¿qué hacían para resolver la misma necesidad?

3. ¿Cómo se puede explicar el éxito que han tenido las redes sociales?

Opiniones

Habla con un compañero sobre las siguientes afirmaciones. Expliquen si están de acuerdo o no y por qué.

1. Conozco a personas que tienen una adicción a las redes sociales y a su teléfono celular.

2. Yo no dejaría de usar las redes sociales.

3. Las redes sociales son la mejor manera de estar informado.

4. El acoso es un problema grave en las redes sociales.

5. Me siento mal si no recibo muchos "Me gusta" a mis actualizaciones.

Etiqueta en el internet

Habla con un compañero(a) para decir lo que harían ustedes en las siguientes situaciones.

1. Un amigo publica una noticia evidentemente falsa en su muro. ¿Le dices algo? ¿Qué y por qué?

2. Un amigo publica una opinión contra un grupo minoritario que va contra tus ideas. ¿Qué haces?

3. Un amigo no ha respondido tus mensajes por varios días, pero ves que sigue publicando. ¿Qué haces?

4. ¿Has excluido a un amigo de tus contactos porque tiene una opinión diferente?

5. ¿Hay algún tema sobre el que no publicarías en las redes sociales?

6. ¿Sabes algún caso de ciberacoso? ¿Qué fue lo que ocurrió?

Hablemos más del tema Trabajen en grupos para responder las preguntas.

1. ¿Cuánto tiempo pasan al día usando la tecnología? ¿Cuánto tiempo la usan para trabajar o estudiar? ¿Cuánto tiempo la usan como entretenimiento y qué tipo de entretenimiento es?

2. ¿Cómo se sabe si una persona es adicta a la tecnología? ¿Cuáles son algunas consecuencias de una adicción al teléfono celular o a la tecnología en general?

3. ¿Qué significa para ti cuando alguien le da un "me gusta" a algo que publicas en las redes sociales?

Hablar de tecnología

a) **Sinónimos** Encuentra un sinónimo o una frase equivalente para cada una de las palabras que aparece en negritas en el artículo.

b) **Vocabulario adicional** Estudia la siguiente lista de vocabulario y asegúrate de conocer el significado de cada palabra. Después completa las oraciones de abajo

La sociedad	voluntario (s) (adj)	comprometerse
acoso	**La tecnología**	conseguir
campaña	archivo	descargar
causa	aplicación	donar
comercio justo	bitácora	encuestar
compromiso	ciberacoso	ejercer
distribución	computadora portátil	empeorar
feminismo	clave	evolucionar
globalización	contraseña	firmar
machismo	correo electrónico	grabar
manifestación	estafa	hacer clic (en)
modernidad	mensaje de texto	innovar
movimiento social	lector electrónico	involucrarse (en)
mayoría	redes sociales	mejorar
minoría	**Verbos**	modernizar
muchedumbre	adjuntar	progresar
opinión pública	bajar archivos	subir archivos
petición	borrar	valorar
utopía	chatear	

> Túrnate con un compañero(a) para explicar palabras de la lista sin decirlas. Su compañero escuchará la explicación y dirá la palabra que se explica.

1. En este mensaje electrónico (yo) _____ un archivo con la información que me pidió usted.

2. Hablar con una persona cara a cara es conversar, hablar con una persona en la computadora es _____.

3. Un _____ importante de la actualidad es "*Black Lives Matter*".

4. En una democracia es importante _____ nuestro derecho al voto.

5. No recuerdo la _____ de mi cuenta del banco, y no logro entrar a la página.

6. Ten cuidado con los mensajes que recibas porque ocurren muchas _____. Por ejemplo, a mi tía le robaron su número de seguridad social.

Distinguir entre noticias falsas y verdaderas

Hoy en día la persona promedio se enfrenta a una lluvia de información a través de medios electrónicos y tradicionales. Desafortunadamente, esta información muchas veces no es verdadera. Por esto, es crítico saber distinguir entre la información en la que podemos confiar y aquella de la que debemos desconfiar.

¿Por qué hay gente que inventa, publica y difunde información falsa? La primera razón es económica: muchas personas reciben dinero por crear tráfico hacia ciertas páginas del Internet, y publican mentiras y encabezados sensacionalistas con el propósito mercadotécnico de hacer que muchas personas se interesen y vayan a un portal donde se venda algo. Otro tipo de mentira que abunda es el de las reseñas de productos. Hay comerciantes que le pagan a terceros por generar reseñas positivas de lo que venden, o por dañar a la competencia publicando reseñas negativas. En otras ocasiones las noticias falsas o la promesa de una descarga gratuita de un video o un programa pueden tener otro tipo de consecuencia, como descargar un virus en nuestro equipo de computación.

Hay otro tipo de noticias falsas que tienen el propósito de crear y fomentar opiniones a favor o en contra de algo o alguien. Son numerosos los ejemplos de este tipo de información que aparecen y se expanden viralmente en las redes sociales. Estas "noticias" frecuentemente tergiversan hechos, inventan datos y hasta manipulan imágenes para convencer a su público y manipular la opinión pública, particularmente en épocas de elecciones.

Aprender a distinguir la información confiable de aquella que ha sido manipulada es imprescindible en el mundo de hoy, no solo para saber por quién votar, sino también para entender cómo algo podría afectarnos posteriormente y para tratar de ser justos. Además, aprender a distinguir la información falsa de la verdadera te ayudará a no difundir mentiras, y a ayudar a tus amistades a ser más críticas con lo que comparten. La siguiente es una lista de consejos para no caer en las mentiras que se difunden.

Pixabay, ijmaki, CC.

1) Si una noticia que lees en las redes sociales te genera una emoción fuerte, como repulsión, es probable que sea falsa o que haya sido manipulada para crear esa emoción. Desconfía e investiga más.

2) ¿La noticia incluye el nombre de su autor y datos exactos sobre dónde, cuándo y cómo ocurrió? El nombre del autor tampoco es una garantía. ¿Quién es, dónde trabaja y qué lo autoriza como experto(a) en el tema?

3) Lee la noticia entera antes de compartirla, no solo el encabezado, ya que muchos titulares son engañosos y podrías estar diseminando información falsa.

4) Usa un buscador con el encabezado para encontrar otras fuentes que citen la misma noticia. Desconfía si no reconoces fuentes confiables, como agencias noticiosas.

5) Si la información se basa en una imagen, recuerda que hoy en día es fácil falsificarlas, o simplemente sacarlas de contexto. Guarda la imagen en tu computadora y haz una búsqueda inversa de imagen usando https://images.google.com, o https://reverse.photos/

   Un ejemplo de esto ocurrió cuando en las redes sociales de México circuló una fotografía de contenedores repletos de ropa, diciendo que una caravana de migrantes centroamericanos había despreciado la ayuda que los mexicanos les habían dado, y que habían tirado la ropa a la basura porque no era de marca. La realidad es que se trataba de una fotografía tomada en España de unos contenedores donde la gente dona ropa usada. En los Estados Unidos se usó un video de un numeroso grupo de inmigrantes brincando una barda en la frontera. El video implicaba que las imágenes eran de la frontera entre México y Estados Unidos, cuando en realidad era un video muy viejo de migrantes africanos entrando a España. El objetivo, por supuesto, era despertar el miedo y la indignación para promover la construcción de un muro. El problema no reside en tener un punto de vista, sino en apoyarlo con información falsa.

6) Verifica la fecha de la información. Usar noticias viejas como si fueran de actualidad es otra manera de desinformar y manipular opiniones.

7) Tus conocimientos de la lengua pueden ayudarte: Muchas noticias falsas contienen errores ortográficos o gramaticales. ¿Usan signos de exclamación en el titular? Desconfía inmediatamente.

8) Asegúrate de que el artículo cite fuentes reconocidas en las que se pueda verificar la información.

9) ¿Estás seguro de que la "noticia" es una noticia? En el Internet circulan artículos de sátira, y no son pocos los internautas que las comparten pensando que son verdad.

De acuerdo con un estudio del Instituto Tecnológico de Massachusetts sobre la red social Twitter, las noticias falsas tuvieron más difusión que las verdaderas, y además se esparcieron más rápidamente. Un estudio de la Universidad Complutense de Madrid encontró que el 86% de los usuarios de Facebook se creía las noticias falsas de esta plataforma. Estos resultados son alarmantes. Aunque algunas redes sociales están implementando herramientas para que los usuarios identifiquen información falsa, falta mucho por hacer. Es responsabilidad de todos difundir información verdadera, ya que se requiere de la verdad para tener una sociedad justa y democrática.

sam_uy (dominio público). Openclipart.com

Fuentes: BBC Mundo: Guía básica para identificar noticias falsas
Cómo distinguir las noticias falsas en redes sociales, Alana Moceri, www.entrepeneur.com

Comprensión y análisis

a) **¿Es cierto?** Lee las siguientes afirmaciones y decide si son ciertas o falsas de acuerdo con la información del artículo. Corrige las falsas.

1. Una de las razones por las que la gente inventa noticias es para hacerse famosos.

2. Compartir noticias viejas como si fueran nuevas es una táctica de desinformación.

3. Las noticias falsas siempre se escriben para propagar ideologías.

4. Los errores ortográficos son una de las claves que se usan para identificar noticias falsas.

5. Algunas personas confunden artículos de sátira con noticias verdaderas.

6. Las redes sociales están implementando herramientas para combatir la desinformación.

b) **Opiniones** Habla con un compañero sobre sus respuestas a las siguientes preguntas.

1. ¿Qué noticias falsas recuerdan haber visto últimamente?

2. ¿Han compartido recientemente noticias? ¿Por qué las compartieron? ¿Las verificaron?

3. ¿Alguna vez han leído noticias que inmediatamente les parecieron falsas? ¿Qué noticias y cómo lo supieron?

4. ¿Cuáles pueden ser consecuencias para las personas sobre las cuáles se dicen mentiras?

publicdomainvectors

El plagio

Plagio… esa palabra que pone a temblar a los editores de un libro, que preocupa tanto a los profesores como a los estudiantes. ¿Qué es exactamente un plagio? En general, el plagio se define en los diccionarios como el acto de tomar las palabras o la obra de otra persona, y presentarlas como si fueran las de uno. En esta definición parecería que el plagio es una acción completamente intencional, pero la realidad es que puede ocurrir por accidente. Por lo mismo, es importante aclarar cómo se puede evitar. La clave está en dar crédito a los autores de la idea original. Aquí resumimos cuatro maneras de dar ese crédito.

Citas textuales

Es cuando usas parte de un texto escrito por alguien más, palabra por palabra. Cuando uses una cita textual, usa comillas. Si la cita es de más de un par de renglones, probablemente tendrás que cambiar el formato (reducir márgenes y el espacio entre líneas), según el formato que decidas usar.

Las citas textuales no son para hacer un resumen, sino para apoyar lo que has dicho en tu texto, como una prueba que apoya lo que has escrito.

¡Atención! Cambiar una o dos palabras no lo hace tu texto, así que es mejor dejar el original y darle crédito a su autor.

Para indicar que estás usando una cita textual breve, debes mencionarlo antes de la cita. Por ejemplo: Como dice Julio Cortázar, "Andábamos sin buscarnos pero sabiendo que andábamos para encontrarnos". (*Rayuela*, 1963)

Parafrasear

Muchas veces es más conveniente explicar lo que dicen otros autores en nuestras propias palabras. Este formato da más flexibilidad y además nos permite usar un registro apropiado a nuestro público, independientemente del registro de la fuente original. Parafrasear también nos permite apoyar nuestras ideas usando evidencia de otros autores.

Parafrasear también nos permite hacer un resumen de un texto, explicando las ideas principales. Cuando uses este método, también debes mencionar al autor original antes de la cita. Por ejemplo, en un ensayo en el que se está discutiendo el sentido de la vida: Pienso que cada ser humano debe decidir sus propias metas, pero, como decía el gran escritor argentino Julio Cortázar, es posible que vayamos por el mundo sin darnos cuenta de que nuestra gran meta es encontrarnos.

El plagio no está limitado a la palabra escrita, puede darse en fotografías, logotipos, videos, música, videojuegos, etcétera. Recuerda siempre darles crédito a los autores cuyas ideas uses. Además de que es lo justo, e dará fuerza a tus propias palabras y te evitará muchos problemas.

El impacto de la tecnología

En esta ocasión escribirás una reflexión acerca del impacto que tiene la tecnología en nuestras vidas. Asegúrate de investigar y de reportar la información dándole crédito a los autores. La lista que aparece a continuación es para inspirarte sobre el tipo de temas que puedes explorar. Procura dar ejemplos específicos para apoyar tus opiniones. Antes de empezar a escribir, pregúntate cuál es el mensaje o la opinión que quieres comunicar, y asegúrate de dar información que apoye ese mensaje.

Ideas

- o Cómo la tecnología ha cambiado la manera de comunicamos, y consecuencias de los cambios.

- o Comparar la vida de alguien que no usa las redes sociales con alguien que es adicto(a) a ellas.

- o Los sesgos de la tecnología

- o El uso de la tecnología en la educación: pros y contras.

- o No debería permitirse el anonimato al expresar opiniones en las redes, para evitar los abusos.

- o La mitad de las páginas en Internet están escritas en inglés, y la otra mitad se divide entre español, ruso, francés, alemán y un puñado de otras lenguas. ¿Cómo afecta esto a los millones de personas que hablan otras lenguas?

- o La tecnología más importante del mundo es...

- o Los inventos que no se han hecho, pero que son necesarios para el bienestar de la sociedad.

- o Los niños pequeños no deberían tener acceso a redes sociales.

- o Es necesario censurar algunos videojuegos, por el bienestar mental de los jóvenes.

Pixabay (CC)

17

La tecnología en la literatura (y en video)

La tecnología es un tema recurrente en la literatura, no solo en la ciencia ficción. Varios escritores latinoamericanos han escrito cuentos cortos sobre el tema, y muchos de estos cuentos se encuentran fácilmente en la red. Aquí te proponemos tres de estas historias. Elige uno, búscalo en la red y, después de leerlo, responde las preguntas asociadas con el cuento.

Cuentos Cortos

a) *Apocalipsis*, por Marcos Denevi

Preguntas sugeridas: ¿Qué pasa en este cuento? ¿Quién es la voz narrativa? ¿Se presenta una visión optimista o pesimista de la tecnología?

b) Nosotros no, por José B. Adolph.

Preguntas sugeridas: ¿Qué pasa en este cuento? ¿Quién es la voz narrativa? ¿Cómo cambia su opinión sobre la tecnología al principio en medio y al final del cuento? ¿Te gustaría que existiera este invento? Explica tu respuesta.

c) Robot masa, por Sebastián Szabo

Preguntas sugeridas: ¿Qué pasa en esta historia? ¿Quién es la voz poética? ¿Por qué se resistía a cambiar? ¿Qué le hizo cambiar de opinión? ¿Cuál es el problema filosófico que plantea esta historia? ¿Qué harías tú y por qué?

En video

Estos cortometrajes también mandan un mensaje profundo sobre la visión de sus autores acerca del efecto que la tecnología puede llegar a tener. Búscalos en Internet. ¿Cuál es el mensaje que envían y cómo logran transmitirlo? ¿Qué imágenes o acciones te parecieron más significativas?

Infancia y Tecnología, 1: Ventanas (Una aventura real en un mundo virtual)

Infancia y Tecnología, 2: Con mucho tacto (Cuando las tecnologías son una gran ayuda)

¿Estás perdido en el mundo como yo?, por Steve Cutts (YouTube).

La tecnología y la familia (YouTube)

Campaña publicitaria: Tecnología vs. familia (YouTube)

Tecnología, innovación, ¿desarrollo humano?

Los riesgos y ventajas de la tecnología y redes sociales para la familia. (YouTube)

Pixabay, Geralt, CC.

Niñas, niños y adolescentes en el uso de nuevas tecnologías

¿Ya lo sabías?

Observa las siguientes oraciones y después decide cuál es la correcta.

1.   a) Vega y Amanda son las amigas que voy a viajar a México.

        b) Vega y Amanda son las amigas con quienes voy a viajar a México.

2.   a) Estás tomando las mismas clases las cuales tomé el curso pasado.

        b) Estás tomando las mismas clases que yo tomé el curso pasado.

3.   a) Tengo algunos amigos que han aprendido español.

        b) Tengo algunos amigos quienes han aprendido español.

Los pronombres relativos

Si respondiste que las versiones correctas son b, b y a, tienes razón. Seguramente notaste que la diferencia entre cada par de oraciones es la parte en las que se añade información sobre un sujeto: cuáles son las amigas con quienes voy a viajar, qué clases estás tomando y que distingue a los amigos de los que estoy hablando.
Las palabras que nos permiten añadir esta información se llaman pronombres relativos y presentan lo que conocemos como una cláusula subordinada. Siempre se refieren a un antecedente que se acaba de mencionar. Hay dos tipos de pronombres relativos: explicativos (no restrictivos) y especificativos (restrictivos). Observa los dos siguientes ejemplos.

Marcela, **quien** va a cumplir años pronto, piensa invitarnos a festejar.
Los amigos con **quienes** voy a ir a su fiesta son de Puerto Rico.

En el primer ejemplo, el pronombre relativo presenta una cláusula explicativa, da información adicional. Observa que esta información aparece entre comas. En la segunda oración se trata de un uso restrictivo: explica cuáles (de entre todos mis amigos) son aquellos de los que estoy hablando.

Las reglas

1. Los pronombres relativos más comunes son *que*, *quien*, y su plural *quienes*. Observa que nunca llevan acento. Posteriormente hablaremos de las formas largas de estos pronombres y del pronombre *cuyo*.

2. El pronombre que puede usarse prácticamente con todo, en tanto que que/quienes solamente es correcto cuando se cumple con dos condiciones simultaneas: se está hablando de una persona y hay una coma o una preposición antes del pronombre relativo.

    Los maestros quienes vinieron son nuevos. Incorrecto.

    Los maestros, quienes no vinieron a la reunión, son nuevos. **Correcto.**

Uno de los usos más importantes de los pronombres es que nos permite evitar repeticiones al conectar con un referente ya mencionado:

Leí los <u>libros</u>. Los <u>libros</u> son sobre la Edad Media.

Leí los libros que son sobre la Edad Media.

3. En inglés muchas veces el pronombre relativo <u>que</u> es opcional, pero en español es indispensable.

Pienso <u>que</u> hay pocas becas disponibles.

I think (that) there are few available scholarships.

Ejercicios

a) Que o quien/quienes Escribe el pronombre relativo que se necesita.

1. Las personas _____ completan un título universitario ganan más.

2. Las carreras _____ ofrece la universidad tienen mucha demanda.

3. Los profesores, _____ tienen un doctorado, están bien capacitados.

4. Los docentes _____ asistieron al curso trabajan en tecnológicos.

5. Las becas _____ se otorgaron pagarán la matrícula entera por un año.

6. Los estudiantes con _____ hablé están interesados en estudiar en el extranjero.

b) Más oraciones Completa las ideas con el pronombre relativo **que**, **quien** o **quienes**, según sea necesario.

1. El libro _____ estoy leyendo es sobre la educación en los Estados Unidos.

2. El autor del ensayo, _____ enseña en la universidad, es un periodista muy conocido.

3. Los estudiantes _____ aprueben el curso podrían solicitar una beca _____ está disponible para alumnos _____ tengan un promedio de más de 8,5.

4. El profesor a _____ le pedí una carta de referencia no me ha respondido.

5. En la película *Stand and Deliver* los alumnos, a _____ se discrimina, son acusados de hacer trampa toman el examen una segunda vez.

6. Ese profesor enseña las materias _____ me parecen más difíciles.

7. La UNAM es la universidad en _____ quiero estudiar, pero mi hermana dice que solo un pequeño porcentaje de _____ solicitan ingreso es admitido cada año.

8. Un instituto tecnológico es una escuela de educación superior en la _____ se enseñan carreras técnicas.

c) Combinar oraciones Reescribe las oraciones combinándolas en una sola y usando un pronombre relativo.

Modelo: Tengo una prima. Mi prima estudia periodismo. → Tengo una prima que estudia periodismo.

1. Mi padre es profesor de Historia. Mi padre trabaja en la Universidad de Oregon.

2. Mis libros son viejos. Compré mis libros hace más de veinte años

3. Hablé con la maestra. La maestra me dijo que va a jubilarse.

4. El tren viene retrasado. El tren hace escala En Veracruz.

Las formas largas de los pronombres relativos

Como acabamos de ver, los pronombres relativos se usan para referirse a un sujeto que se acaba de mencionar en una cláusula anterior, y unen dos cláusulas. La primera cláusula se identifica como la **cláusula principal**, y la segunda se denomina **cláusula subordinada**. Los pronombres relativos remiten a un antecedente (un sustantivo mencionado previamente).

Al escribir es común usar los pronombres relativos junto con artículos:

el que / la que/ los que/ las que   el cual/ la cual/los/ las cuales

Estas formas largas solamente se pueden usar después de una preposición o de una coma. A veces su uso puede servir para clarificar cuando puede haber más de un referente.

El análisis de los cuentos, **los que** no leíste, es muy acertado.

En el ejemplo anterior sabemos que lo que no se leyó fueron los cuentos, no el análisis.

Lo que
Tiene la misma función que los otros pronombres, pero se refiere a una idea abstracta, como una acción. No se refiere a un objeto o persona concreta.

Lo que me gusta de mis clases es que aprendo mucho.
El profesor llegó tarde, **lo que** preocupó a los estudiantes.

Observa que es posible substituir lo que con **lo cual** cuando aparece entre dos cláusulas, pero es imposible cuando es el sujeto de la primera cláusula que se presenta.

Cuyo
Igual que los pronombres relativos que y quien, cuyo se refiere a un antecedente, pero aparece entre dos sustantivos y la relación que indica es que el segundo pertenece al primero.

Los estudiantes **cuyas notas** sean superiores a 90 puntos, podrán exentar el examen.
Los cursos **cuyos libros** no han sido aprobados deberán posponerse.

¡Atención! Observa que cuyo tiene que concordar con el género y número del sustantivo que precede.

Ejercicios

a) **El pronombre faltante** Completa con una forma larga de un pronombre relativo.

1. La película, _____ protagonista es un hombre que mide dos metros, fue un éxito de taquilla.

2. Mi hermano y mi cuñada, _____ es de Ecuador, hacen una bonita pareja.

3. Los libros de _____ te hablé están en oferta.

4. Compré dos computadoras, una de_____ tiene un procesador muy rápido.

5. El autor _____ novela publicaron esta semana antes era actor.

b) Repetitivo Lee las siguientes oraciones sobre la educación y reescríbelas eliminando la repetición. Usa pronombres relativos.

1) En los países desarrollados hay un presupuesto muy importante para la educación. La educación se considera un derecho de toda la gente.

2) En la mayoría de los países la gente piensa en la educación. La educación debe ser laica en su opinión.

3) Hablé con varios estudiantes sobre su opinión. Los estudiantes viven en California.

4) Las universidades a las que solicité admisión están en Colorado. Pienso mudarme a Colorado.

1. _____
   _____.

2. _____
   _____.

3. _____
   _____.

4. _____
   _____.

Pronombres relativos: ejercicios para hablar en clase

a) Me gustaría Trabaja con un compañero y usen los elementos de la lista para hablar de lo que les gustaría hacer. Sigan el modelo.

Modelo   persona/ hablar con
                  → *La persona **con quien** me gustaría hablar es el presidente de México*

1. persona / hablar con	7. persona / conocer a
2. lugar / hacer un viaje a	8. amigo / recibir un mensaje de
3. problema / resolver	9. ciudad / vivir en
4. película / ver	10. ciudad / no vivir en
5. compañía / trabajar para	11. invento / no vivir sin
6. libro / leer	12. mascota / adoptar

b) Explicaciones Toma turnos con un compañero para explicarse palabras de la lista SIN DECIRLA. Usa pronombres relativos, **cuyo** o **lo que**.

Modelo (libro) Es un objeto **del que** aprendemos mucho y **el cual** podemos leer.
(leer) Es **lo que** hacemos con un libro.

acoso	comercio justo	manifestación
adjuntar	compromiso	modernidad
archivo	contraseña	movimiento social
aplicación	donar	mayoría
bajar archivos	distribución	minoría
borrar	encuestar	muchedumbre
campaña	estafa	opinión pública
causa	feminismo	petición
chatear	globalización	utopía
ciberacoso	machismo	valorar

c) Busca a alguien Completa las oraciones con la forma necesaria de **cuyo** o un pronombre relativo (y una preposición, si es necesaria). Después hazles preguntas a tus compañeros para encontrar estudiantes que responda afirmativamente. Al final repórtale la información a la clase.

1. Alguien _____ pareja no es de Estados Unidos [¿de dónde es?] _____

2. Alguien _____ viajó al extranjero recientemente. [¿a dónde?] _____

3. Alguien _____ le gusta correr. [¿con qué frecuencia?]. _____

4. Alguien _____ pasatiempo favorito es leer. [¿qué tipo de libros?] _____

5. Alguien _____ le encanta ver películas extranjeras. [¿Por qué?] _____

6. Alguien _____ va a continuar estudiando español. [¿dónde?] _____

7. Alguien _____ clases son muy difíciles este trimestre. [¿Qué clases?] _____

8. Alguien _____ familia es pequeña. [¿cuántas personas?] _____

Ejercicios en Internet

Pronombres relativos (combinar oraciones)   http://www.quia.com/quiz/7784348.html

Pronombres relativos y cuyo(a)(s)   http://www.quia.com/pop/760448.html

Expresiones idiomáticas

Una expresión idiomática comunica algo diferente a lo que se dice textualmente. De alguna manera, tienen un mensaje metafórico que solo entendemos claramente cuando estamos muy familiarizados con un idioma. Sin embargo, si traducimos literalmente estas expresiones a otra lengua, lo más probable es que no nos entiendan y que ese idioma cuente con sus propias expresiones idiomáticas para comunicar la misma idea. También es posible que no haya una traducción ideal. Por ejemplo, la expresión *"to push the envelope"* tiene significado para quienes hablan inglés, pero si le hablas a alguien de "empujar el sobre", no nos van a entender. Esta es una de las razones por las que los traductores electrónicos no son tan efectivos como un ser humano, ya que no pueden distinguir un mensaje literal de una expresión idiomática (los peores traductores electrónicos tampoco pueden hacer otras distinciones mucho más básicas).

A continuación verás una lista de expresiones idiomáticas en inglés y en español. Tradúcelas usando expresiones idiomáticas (si existen), o explicando lo que significan.

a) Del inglés al español

1. The elephant in the room
2. See eye to eye
3. Piece of cake
4. To feel under the weather
5. To break a leg
6. When pigs fly
7. To have a cow
8. To cry wolf
9. To chase rainbows
10. Out of the blue
11. Learn by heart
12. A month of Sundays
13. A whale of a time
14. To beat around the bush

b) Del español al inglés

1. Tirar la casa por la ventana
2. No tener pelos en la lengua.
3. De tal palo tal astilla.
4. La práctica hace al maestro.
5. Buscarle tres pies al gato sabiendo que tiene cuatro.
6. Dormir a pierna suelta
7. Empinar el codo
8. Estar hasta la coronilla
9. Ir por lana y salir trasquilado
10. Más vale pájaro en mano que ciento volando
11. No dar pie con bola
12. No dar el brazo a torcer
13. Hablando del rey de Roma
14. El león cree que todos son de su condición

c) ¿Qué expresión es? Observa las siguientes imágenes. ¿Qué expresión idiomática se asocia con ellas en inglés? ¿Cómo lo dirías en español?

1.   3.   4.

d) Creatividad Haz un pequeño diálogo o historia usando al menos ocho expresiones idiomáticas listadas.

PARA CONVERSAR

Teléfonos y tecnología

Vas a leer una serie de estadísticas sobre teléfonos y tecnología. ¿Cómo se compara tu experiencia personal a la de cada estadística? Conversa con otros estudiantes y repórtenle sus conclusiones a la clase.

Problemas de comunicación
Entre adultos que tienen una relación formal con otra persona (como estar casados), más de la mitad dicen que es difícil conversar con su pareja porque está siempre distraído(a) con su teléfono, y al 40% le molesta que su pareja pase tanto

Censura
La mayoría de los estadounidenses piensa que las redes sociales censuran ciertos puntos de vista políticos. (*Pew Research Center*).

¿Será cierto?
Aunque la generación conocida como *Millennials* se conoce como la generación del "*selfie*", el 50% de estos jóvenes dice que casi nunca comparte *selfies* en sus redes sociales.

¿Se refresca la mente?
Tomar descansos del trabajo aumenta la habilidad de enfocarse y la creatividad, excepto cuando se usa un teléfono celular como el "descanso". (*Harvard Bussiness Review*).

El internet y la brecha generacional
En todos los países hay una gran diferencia en el porcentaje de usuarios de teléfonos celulares o internet. Por ejemplo, en México el 71% de la población es usuaria, pero este número asciende a 86% para jóvenes de 18-29 años.
El nivel de educación tiene el mismo efecto: En México el 94% de usuarios con educación superior lo usa, en contraste un 56% sin educación. En Argentina la diferencia es de 97%, en comparación con 80%. En los Estados Unidos la proporción es similar: 98% tiene educación superior, contra un 87%.

Nomofobia
Nomofobia es el nombre oficial de la adicción a los teléfonos móviles. El 41% de los usuarios nunca apaga su teléfono celular. El 26% de los accidentes automovilísticos es causado por teléfonos celulares. 71% de los usuarios duerme con el teléfono a su alcance.
Un 45% de los adolescentes con teléfono celular se dicen adictos a su celular y 52% quiere usarlo menos.

¿Peligroso?
El 45% de los niños de 10-12 años en Estados Unidos tiene un teléfono celular inteligente.

Países con más usuarios en el mundo en millones de usuarios (2019)
1. China (782+)
2. India (386+)
3. EE. UU. (235+)
4. Brasil (91+)
5. Rusia (84+)
6. Indonesia (67+)
7. Japón (65+)
8. México (60+)
9. Alemania (57+)
10. Reino Unido (46+)

¿En qué país tienen el mayor porcentaje de usuarios de todos los países listados?
Fuente: New Zoo

En busca de la media naranja
El 50% de los estadounidenses que nunca se ha casado ha usado servicios en Internet para buscar pareja.

¿Adicción?
Tres de cada diez adolescentes en los Estados Unidos dicen estar en línea "casi siempre".
47% de los usuarios de teléfonos inteligentes en los Estados Unidos dicen que no podrían vivir sin sus teléfonos. El 35% revisa su teléfono al menos 50 veces al día.
Fuente: Review42

Argentina

Argentina es el país de habla hispana más grande del mundo, pero su población es de tan solo unos 44 millones de habitantes. Su territorio incluye regiones geográficas muy diversas que van desde la selva amazónica hasta glaciares. En esta foto puedes ver un paisaje de los Andes argentinos (*Pixabay, Sebadelval, CC*).

Panorámica de Puerto Madero, un sector de Buenos Aires que se ha gentrificado en los últimos años. Buenos Aires es la capital y la ciudad más grande de Argentina.
(Pixabay, Mampu, CC).

La Boca es un barrio de inmigrantes italiano, visita obligada para los turistas que llegan a Buenos Aires. (Pixabay, ArtTower,CC).

Los gauchos son los vaqueros argentinos. La industria del ganado es muy importante en este país, que es también un gran productor de carne y artículos de cuero. (Pixabay, ArtTower, CC).

Proyecto de investigación

En esta sección del libro has visto fotografías de lugares importantes de países hispanos, y has leído algunos datos acerca de la cultura y la economía. Sin embargo, en este texto hemos presentado apenas un esbozo de algunos países. Queda mucho por decir, y tú vas a seleccionar la información.

Ahora vas a preparar una presentación para la clase acerca de otros países hispanos.

1) Elige uno de los países sugeridos.

2) Lee mucha información sobre la historia, geografía, economía, política, gastronomía y personas importantes de ese país.

3) Si es posible, entrevista a alguien de ese país sobre los rasgos más representativos de la cultura del país.

4) Prepara una presentación visual en la que resumas para la clase lo que aprendiste. Elige también fotografías que ilustren el tema del que hablas (no olvides darles crédito a tus fuentes).

Países sugeridos para investigar
Cuba
El Salvador
Guatemala
Guinea Ecuatorial
Honduras
Paraguay
Puerto Rico
República Dominicana
Uruguay

Imagen de Pixabay, GDJ, CC.

Cuaderno de Ortografía

Contenido

Antes de empezar

Es importante tener expectativas realistas acerca de tu progreso: nadie consigue tener una ortografía perfecta en un día. La información y los ejercicios que aparecen a continuación te ayudarán a mejorar gradualmente, pero lo mejor que puedes hacer para pulir tu ortografía (y tu dominio del español) es leer todos los días. Encuentra un libro que te interese, o lee las noticias diariamente en algún diario prestigioso. ¡Ojalá que te parezca muy interesante seguir aprendiendo español!

El alfabeto del español es ligeramente diferente al abecedario del inglés:

A	B	C	D	E	F
G	H	I	J	K	L
M	N	Ñ	O	P	Q
R	S	T	U	V	W
X	Y	Z			

Antiguamente este abecedario tenía dos letras adicionales: la *ch* y la *ll*. Ahora estas combinaciones no se consideran letras, se les llama dígrafos. Por su parte, la doble ere (*rr*) nunca se ha considerado una letra en español.

El abecedario español fue diseñado para facilitar la escritura. Es una escritura fonética, es decir, básicamente lo que se escribe es lo que se lee, con muy pocas excepciones. Observa las siguientes consideraciones:

o   La letra **h** es una excepción ya que no tiene ningún sonido, pero se debe escribir para respetar el origen etimológico de las palabras que la necesitan.

o   Aunque las letras dobles (**ch**, **ll** y **rr**) hayan desaparecido del alfabeto, al ocurrir dentro de las palabras mantienen un sonido original. Por ejemplo, el sonido de la *ll* no es igual al de dos eles. Estas letras no se pueden separar cuando se divide una palabra en sílabas.

o   La letra **q** siempre va seguida de la letra **u**, pero en este caso la **u** no suena.

o   La letra **g** tiene un sonido suave si la siguen las vocales **a**, **o** y **u** (por ejemplo, *ganas, gorila, gusto*). Su sonido es fuerte si va seguida de la **e** o la **i** (por ejemplo, *gelatina, gitano*).

o   Al principio de una palabra la letra **r** siempre tiene el sonido de la doble erre: radio, ratón.

o   La **ñ** es una letra única de nuestro idioma. No es una simple *n*, y escribir *n* en vez de *ñ* cambia el significado de las palabras. ¿Cuál es la diferencia entre ***una*** y ***uña***? ¿ Y entre ***año*** y ***ano***?

o   Muchas palabras del español requieren de un acento (también llamado *tilde*).

A lo largo de este curso practicarás estos y otros principios en esta sección de **Ortografía.**

Patrones ortográficos diferentes en inglés y en español

Si te has educado en los Estados Unidos, es probable que lleves toda tu vida escribiendo en inglés y que hayaa aprendido reglas que no se aplican al español, o que estés acostumbrado a representar ciertos sonidos de una forma que no corresponde al español. La ortografía del español se basa en escribir cada palabra tal como se pronuncia, y este no es siempre el caso en inglés. Por ejemplo, observa el caso de la palabra ***telephone***. El sonido de la "ph" se representa simplemente con una *f* en español: teléfono. En español este sonido siempre se representa con la **f**. En cambio, en inglés a veces se escribe ***ph***, y a veces solamente *f* (*for*) o a veces *ff* (*afford*). Nota que en español nunca aparecen dos efes (**ff**) seguidas.

Las siguientes generalizaciones te van a servir solamente cuando las palabras son semejantes en inglés y en español, es decir, cuando son **cognados**. Practicar con las actividades propuestas también te ayudará a recordar que en español hay ciertas combinaciones que no ocurren.

Ejercicios

ph → f

`PAT-1` Como explicamos anteriormente, en inglés este sonido se representa de tres maneras diferentes, pero en español se usa solamente una **f** (con la excepción de unas cuantas palabras de origen extranjero, como *affair*).

Escribe las siguientes palabras en español prestando atención a cambiar ***ph*** por ***f***.

1. philosophy _____

2. photograph _____

3. aphonic _____

4. biographical _____

5. microphone _____

6. graphic _____

7. autograph _____

8. claustrophobic _____

9. physical _____

10. morphology _____

> **Un reto**
> Altérnate con un compañero para explicarse en español el significado de las palabras.

ff → f

`PAT-2` Escribe la traducción al español prestando atención a la ortografía.

1. difficult _____

2. ineffective _____

3. indifferent _____

4. sufficient _____

5. affirmative _____

6. affiche _____

7. affinity _____

8. (to) affect _____

> **Reto adicional**
> Altérnate con un compañero para decir una oración lógica en español usando cada una de las palabras.

-tion → -ción

PAT-3 Vas a practicar más este concepto posteriormente. Por ahora, solo recuerda que si una palabra termina en *-tion* en inglés, en español el cognado va a terminar en *-ción* .

1. indemnification _____

2. experimentation _____

3. rationalization _____

4. communication _____

5. redemption _____

6. preservation _____

7. affliction _____

8. addiction _____

Primer reto

Trabaja con un compañero para encontrar ocho ejemplos adicionales de palabras que cambian de -tion en inglés a -ción.

Segundo reto

No todas las palabras que terminan en *-tion* en inglés terminan en *-ción* en español. La siguiente lista te ofrece varios ejemplos de esto. Escribe cuál es la verdadera palabra en español.

affection	allegation	arbitration
calculation	competition	connection
consumption	destination	examination
recognition	resignation	transportation

-ction → cción

PAT-4 Nota que si la letra c precede a la terminación *-tion* en inglés, en español vas a necesitar la doble **c**. Por ejemplo, *action* → *acción*. ¡Atención! Hay algunas excepciones que cambian a la letra x, como es el caso de *reflexión* y *conexión*.

1. selection _____

2. subtraction _____

3. reproduction _____

4. reaction _____

5. protection _____

6. production _____

Reto adicional

Encuentra otros cuatro ejemplos de palabras que cambien del inglés **-ction** al español *-cción*. Después encuentra tres palabras que cambien a *-xión*.

mm → m

PAT-5 No existe la doble **m** en español, así que escribe los cognados con una sola **m**. En algunos casos la doble m se transforma en -**nm**. Escribir la palabra en español te ayudará a recordar su ortografía. ¿En qué palabras pasó de **mm** a -**nm**?

1. Communication	_____	5. commercial	_____
2. Ammoniac	_____	6. grammatical	_____
3. Immune	_____	7. commemorative	_____
4. immortalization	_____	8. immunotherapy	_____

che → que

PAT-6 Si el sonido de estas dos letras en inglés es /K/, en español lo vas a escribir con **_que_**. ¡**Atención!** Como en todos los ejemplos de esta sección, estas reglas funcionan solamente si la palabra es un cognado y si en inglés se pronuncia como la letra /k/. Si la **ch** va seguida de una consonante, en español solo se usa la letra **c**: Chrome → cromo; te<u>ch</u>nology → te<u>c</u>nología.

1. architect _____

2. archetype _____

3. orchestra _____

4. chemical _____

5. technical _____

6. chronology _____

> **Reto**
>
> Encuentra otros tres ejemplos de palabras que se escriben con -**_che_** en inglés (con sonido de /k/) y que se escriben con **_que_** en español.

-age→ aje; -gist→ logo

PAT-7 La terminación -**age** del inglés resulta en la terminación -**aje** (con jota) en español. Por su parte, el afijo -**gist** se convierte en -**logo** en español. Este segundo caso no es, en realidad, un problema ortográfico, pero nos sirve para recordar que hay muy pocas palabras que terminan en -**gista** en español, y casi todas tienen un sinónimo que acaba en -logo : etimologista = etimólogo.

Escribe el cognado en español para cada una de las siguientes palabras.

1. language	_____	5. geologist	_____
2. espionage	_____	6. message	_____
3. sabotage	_____	7. anthropologist	_____
4. zoologist	_____	8. psychologist	_____

Consonantes dobles

En español son pocas las consonantes que pueden duplicarse: **cc**, **ll**, **nn** y **rr**.

o **La doble bb y la dd** no ocurren en español.

o **La ss y la tt** aparecen en tan solo un puñado de palabras, la mayoría originarias de otros idiomas. Ejemplos de **ss**: delicatessen, dossier, o palabras basadas en nombres propios, como picassiano. Ejemplos de **tt** son vendetta y baguette.

o Según el diccionario de la Real Academia de la Lengua (RAE), **las secuencias gg y pp** existen solo en un par de palabras para cada caso, todas de origen extranjero: *reggae* y *jogging*. Palabras con **pp**: *Cappa*, *kappa* y *sexappeal*.

Ejercicios

PAT-8 **Errores** Encuentra los diez errores en el siguiente correo electrónico que Irma le envió a su primo en México.

Hola Memo:

¿Cómo estás? Le mandé un mensage a mi tía el otro día, pero nunca me respondió...creo que la communicación no es lo suyo, o a lo mejor le tiene miedo a la tecnología, no como yo -creo que tengo una addiction a mi telephono. Mi mamá les manda saludos a todos por allá. Vamos a ir a visitarlos en julio. Ahorita estoy muy occupada porque estoy tomando classes de chemica, de español, mathematicas y de psicología. Tengo mucha tarea y todas las materias son muy difíciles... creo que me estoy volviendo loca. Para bajar el estress hago jogging cuando puedo, pero la verdad es que me encanta la universidad. ¡Escríbeme pronto!

1. _____

2. _____

3. _____

4. _____

5. _____

6. _____

7. _____

8. _____

9. _____

10. _____

PAT-9 Ya no se escribe así Una vez que la Real Academia de la lengua acepta vocablos de otras lenguas como palabras aceptadas en el español, tiende a establecer una nueva orografía que siga las reglas del español. Busca las siguientes palabras en el diccionario de la RAE para saber cómo se escriben.

1. graffitti   2. bluejeans   3. Cocktail   4. Whiskey   5. Sweater   6. Shampoo

_____   _____   _____   _____   _____   _____

PAT-10 Creatividad Trabajen en parejas o en grupos de tres para escribir una breve historia en la que utilicen al menos doce de las palabras que aparecen en la imagen de abajo.

Actividades mecanizadas en Internet

Ortografía: Patrones diferentes: http://www.quia.com/quiz/7781742.html

Ortografía: Patrones diferentes 2   http://www.quia.com/quiz/7781800.html

Ortografía: Patrones diferentes 3   http://www.quia.com/quiz/7781737.html

Ortografía: Patrones diferentes 4   http://www.quia.com/quiz/7781743.html

En español deben usarse letras mayúsculas para escribir todos los nombres propios. Por ejemplo, los nombres de personas, países y ciudades. También se consideran nombres propios aquellos dados a las mascotas y a los puntos cardinales si se usan como nombres propios. Por ejemplo:

Las diferencias culturales entre el Oriente y el Occidente son considerables

Se requiere usar mayúsculas al iniciar una oración y después de un punto. Si la palabra requiere un acento, se debe escribir ya se trate de mayúsculas o de minúsculas. Los siguientes son otros tres casos en los que se usan mayúsculas:

- ✓ Con nombres de divinidades, profetas o referencias a ellas, incluyendo los pronombres: Dios, Alá, Inmaculada

- ✓ Con sobrenombres: Isabel la Católica, Iván el Terrible. **Nota**: Igual que con los apellidos, el artículo se escribe con mayúsculas si inicia la denominación. Por ejemplo, Leí acerca de *El Destripador*.

- ✓ Los nombres de festividades o fechas de acontecimientos históricos: Año Nuevo, Ramadán, Día del Niño.

A diferencia del inglés, **no** se usan letras mayúsculas en los siguientes casos:

- ☐ nacionalidades y otros gentilicios

- ☐ idiomas

- ☐ días de la semana

- ☐ meses

Si se trata del nombre de un libro o de una película, observa que solamente la primera palabra lleva mayúsculas, excepto si hay nombres propios también.

Ejercicios

MM-1 **¿Es correcto?** Basándote en las reglas anteriores. decide si es correcto es uso de mayúsculas y minúsculas en cada uno de los siguientes casos. Corrige los casos en los que el uso sea equivocado.

1. El libro se llama *Alicia En El País de las Maravillas*. _____

2. *Don Quijote* es el libro más conocido que se ha escrito en Español. _____

3. Tengo varios amigos Cubanos y Mexicanos. _____

4. Todos mis hermanitos nacieron en Los estados unidos. _____

5. este año quiero viajar a Nicaragua y a otro país de Centroamérica. _____

6. Los Lunes y Miércoles no tengo clases por la tarde. _____

7. El cumpleaños de mi Madre es en junio, pero el mío es en agosto. _____

8. Mi tía habla muy bien el italiano porque vivió en italia. _____

MM-2 Mayúsculas y minúsculas Félix le escribió un mensaje a una compañera de clase que no pudo asistir. En el mensaje le cuenta lo que se dijo en clase. Sin embargo, el mensaje está escrito solamente con minúsculas. Corrígelo y cambia a mayúsculas cuando sea necesario.

hola anita:

lástima que no viniste a clase porque hablamos de la novela que tenemos que leer para el proyecto final. la autora se llama ángeles mastretta y el libro es arráncame la vida. la profesora nos dio una breve biografía. además comentó que mastretta es una escritora mexicana y que hicieron una película de este libro. la profesora nos dio una serie de preguntas que debemos considerar al escribir nuestro análisis. la fecha de entrega es el viernes 15 de mayo. ¿nos vemos mañana en la biblioteca benito juárez para estudiar juntas? espero que te sientas mejor pronto.

Actividades mecanizadas en Internet:

Ortografía: Mayúsculas y minúsculas: http://www.quia.com/quiz/7781739.html

Pixabay, CC.

196

Las sílabas

Entender la división de las sílabas en español te ayudará a separar palabras, a analizar poesías y a entender mejor los acentos.

Una sílaba se entiende como la división fonológica de una palabra. Muchas palabras en español empiezan con una consonante. Si empiezan con una vocal, casi siempre esta vocal constituye una sílaba. Una vocal sola puede ser una sílaba, pero una sola consonante nunca constituye una sílaba.

li-bro   co-mi-da   a-co-ge-dor

Generalmente las consonantes contiguas se dividen en sílabas diferentes, con la excepción de las dobles consonantes que tienen un sonido particular, como **rr**, **ll** y **ch**.

Observa en estos ejemplos cómo no se separan estos pares de consonantes.

a-ma-rrar   a-ma-ri-llo   a-rroz

Las dobles consonantes **cc** y **nn** siempre se dividen, quedando en sílabas separadas.

ac-ci-den-te   in-na-to

¡Atención! la **r** y la **l** deben aparecer como parte de la sílaba de la consonante que las precede.

cla-si-fi-ca-ción   mi-cro-bio-lo-gía   es-truc-tu-ra

Los siguientes pares de consonantes son inseparables y forman una sílaba con la vocal que las sigue: **br, cr, dr, gr, fr, kr, tr, bl, cl, gl, fl, kl,** y **pl.**

fre-no   la-drón   go-gle   pla-to   fran-co   crio-llo

Un reto

Encuentra un ejemplo para cada par de consonantes de la lista, y separa tus ejemplos en sílabas.

Diptongos y hiatos

Un diptongo se define como la combinación de una vocal fuerte (a, e, o) y una débil (i, u). Los diptongos y triptongos (una vocal fuerte entre dos débiles) no se pueden separar.

mien-tes   re-si-duo   coin-ci-den-cia   mur-cié-la-go

Dos vocales fuertes requieren que se separen las sílabas. Este fenómeno se conoce como *hiato*.

a-é-reo   le-al-tad   te-a-tral

Singular y plural

Si una palabra termina en vocal, se pluraliza con **s**. Si termina en consonante, el plural es **-es**. Si termina en **z**, el plural es **-ces**. Si termina en **í**, o en **ú** también se pluraliza **-es**, con pocas excepciones (como champús y menús). Observa que en algunos casos esto significa que la palabra adquiere una sílaba adicional

a-mi-go → a-mi-gos   ca-mión → ca-mio-nes   lá-piz → lá-pi-ces   ru-bí → ru-bíes

Consideraciones adicionales:

o   Las siguientes palabras no tienen plural: *caos, génesis, salud, sed, tez*

o   El singular y el plural es igual para los días de la semana (excepto sábado y domingo), y para las siguientes palabras (entre otras): *cactus, caries, cosmos, crisis, dosis, hipótesis, virus.*

Ejercicios

SIL-1 **División en sílabas** Divide en sílabas las siguientes palabras.

1. murciélago _____	5. béisbol _____
2. automóvil _____	6. hidráulico _____
3. augurio _____	7. veintiséis _____
4. heroico _____	8. aguerrido _____

SIL-2 **¿Hiatos o diptongos?** Indica cuántos hiatos, diptongos o triptongos tiene cada palabra.

Modelo: precaución   pre-cau-ción_____   ___dos diptongos_____

1. paraguas   _____   _____
2. estudiáis   _____   _____
3. abofetear   _____   _____
4. coexistir   _____   _____
5. averiguáis   _____   _____
6. laureles   _____   _____
7. viudez   _____   _____
8. peón   _____   _____
9. desafío   _____   _____
10. aéreos   _____   _____
11. alcohol   _____   _____
12. zoológico   _____   _____

Actividades mecanizadas

Ortografía: División en sílabas 1   http://www.quia.com/quiz/7781741.html

Ortografía: División en sílabas 2   http://www.quia.com/quiz/7781733.html

Los acentos

Para entender los acentos, también llamados tildes, primero debemos tener claro que cuando pronunciamos una palabra hay una sílaba que suena más fuerte que las otras. Esta sílaba se conoce como la sílaba tónica. En el español casi siempre se trata de la penúltima sílaba de una palabra. Pronuncia las siguientes palabras en voz alta para que notes cómo le das más énfasis a la sílaba tónica. Después de pronunciarles, subraya la sílaba que suene más fuerte.

escritorio   alumnado   cuaderno   enemigo   entrevista   chocolate   gatitos

Ahora observa las palabras de abajo. Como la sílaba tónica no recae sobre la penúltima sílaba, debemos escribir una tilde para indicar cuál es la sílaba que suena más fuerte. Lee las siguientes palabras en voz alta, observando cómo pronuncias con un mayor énfasis la sílaba acentuada.

espectáculo   animación   pájaro   próximamente   librería   ánimo

Pronunciemos

Los siguientes pares o tríos de palabras son idénticas. Lo único que las diferencia es la tilde. Túrnate con otro(a) estudiante de la clase para entender mejor la relación entre el acento ortográfico y la pronunciación. Después de pronunciar cada grupo, expliquen cuál es la diferencia en el significado de los vocablos.

público	publico	publicó
médico	medico	medicó
ejercito	ejercitó	ejército
náufrago	naufragó	naufrago
catálogo	catalogo	catalogó
habitó	hábito	habito
ánimo	animo	animó
celebre	celebré	célebre

Los acentos diacríticos

Hay ocasiones en las que un acento no cambia la manera en la que pronunciamos una palabra. Esto ocurre con algunos monosílabos (palabras con una sola sílaba). Sin embargo, el acento sirve para diferenciar el significado de la palabra al escribirla o leerla. Por ejemplo, la palabra **tú** se refiere a una persona, un sujeto. En contraste, la palabra **tu** es un adjetivo posesivo, es decir, indica que un objeto le pertenece a la persona con quien uno habla.

Las palabras interrogativas

Las palabras *dónde, cuándo, cuál cómo, quién* y *qué* requieren de un acento siempre que sean parte de una pregunta o de una exclamación. Nota: Recuerda que en español es necesario escribir un signo de exclamación o de interrogación en el lugar en el que empieza una pregunta o una exclamación. A veces es necesario escribir el acento ortográfico aunque no haya signos interrogativos si la entonación es la de una pregunta.

Se cuestionaron **cuándo** podrían volver a la escuela.

Las reglas generales para la acentuación ortográfica

Dependiendo de donde recaiga la sílaba tónica de una palabra, se dividen en cuatro grupos: Palabras agudas, graves (también llamadas llanas), esdrújulas y sobreesdrújulas.

	Definición	Ejemplos
Palabras agudas:	La sílaba fuerte es la última.	*azul* *avión* *misión* *autor*
Palabras graves (llanas):	La sílaba fuerte es la penúltima.	*árbol* *pluma* *tijeras* *coche*
Palabras esdrújulas:	La sílaba tónica es la antepenúltima.	*cómico* *páramo* *pícaro*
Palabras sobreesdrújulas:	La sílaba fuerte es anterior a la antepenúltima.	*débilmente* *asegúraselos*

Las cuatro reglas de la acentuación

1. Palabras agudas: Se acentúan si terminan **en vocal**, o en las consonantes **n** o **s**.

Ejemplos con tilde:	balón	acción	patín	colibrí
Ejemplos sin tilde:	pincel	pared	tenaz	añil

2. Palabras llanas o graves: Se acentúan si terminan **en consonante**, exceptuando la **n** y la **s**.

Ejemplos con tilde:	ágil	álbum	Cádiz	Pérez
Ejemplos sin tilde:	perla	lealtad	moda	lugar

3. Palabras esdrújulas: Siempre se acentúan.

	antílope	Mérida	pretérito	pérdida básico

4. Palabras sobreesdrújulas: Siempre se acentúan.

	permítemelo	escóndeselo	termínatelo

Ejercicios para los acentos diacríticos

ACE-1 **Oraciones** Explica la diferencia en el significado de cada par de palabras, o escribe una oración con ellas.

1. el _____

   él _____

2. de _____

   dé _____

3. mas _____

   más _____

4. si _____

   sí _____

5. te _____

   té _____

6. se _____

   sé _____

7. mi _____

   mí _____

8. aun _____

   aún _____

ACE-2 **¿Cuál se necesita?** Basándote en tus respuestas a la actividad anterior, decide cuál es la ortografía necesaria en las siguientes oraciones.

1. No es muy cariñosa, [**más** / **mas**] la quiero [**más** / **mas**] cada día.

2. No [**sé** / **se**] mucho acerca de la historia de la guerra civil, pero [**si** / **sí**] estudio aprenderé.

3. Por favor, no le [**de** / **dé**] mucha importancia a los resultados [**de** / **de**] la primera evaluación.

4. Ana, [**te** / **té**] voy a preparar un poco de [**te** / **té**] porque [**se** / **sé**] nota que [**te** / **té**] sientes mal.

5. [**Mi** / **Mí**] tía Rosita [**aun** / **aún**] no viene a visitarnos ni a [**mi** / **mí**] ni a mis hermanos.

6. Díganme por favor [**si** / **sí**] piensan) acompañarnos en [**el** / **él**] bautizo de [**mi** / **mí**] sobrino.

7. Amira me dijo que [**si** / **sí**] van a asistir a los quinceaños de [**tu** / **tú**] hija.

8. ¿ [**De** / **Dé**] dónde es usted? Su acento me recuerda al [**de** / **dé**] un amigo español, pero no [**se** / **sé**].

ACE-3 Clasificación Anteriormente aprendiste que las palabras se dividen en **agudas**, **graves**, **esdrújulas o sobreesdrújulas,** según donde se encuentre la sílaba tónica. Clasifica las siguientes palabras y escribe los acentos ortográficos si son necesarios.

agujeta	esparrago	Jimenez	renglon	supermercado
arbol	escribid	Mexico	romanticamente	zoologico
cafe	examen	perdida	simpatia	
conferencia	examenes	permitame	simpatico	
escondiendolos	leccion	redaccion	super	

agudas	graves	esdrújulas	sobreesdrújulas

ACE-4 ¿Se necesita el acento? Observa las palabras de la lista, identifica la sílaba tónica y escribe el acento **solamente** si es necesario, de acuerdo con las reglas de acentuación.

algebra	casa	elemental	ladron
autobus	comezon	esparrago	matematicas
avion	comico	familia	quimica
bilingüe	contaminacion	gorila	zulu
bonito	educacion	heredero	antediluviano

agudas	graves	esdrújulas	sobre-esdrújulas

Ejercicios de mecanización en Internet

Los acentos y la clasificación de palabras	http://www.quia.com/quiz/7781734.html
Los acentos y la clasificación de palabras 2	http://www.quia.com/quiz/7781745.html
Los acentos: Palabras agudas	http://www.quia.com/quiz/7781746.html
Los acentos (3)	http://www.quia.com/quiz/7781747.html
Repaso de los acentos	http://www.quia.com/quiz/7781754.html

La _b_ y la _v_

Casi todos los hispanohablantes pronuncian la **_b_** (be) y la **_v_** (uve) igual, por lo que se dificulta distinguir la ortografía. Aunque estas dos letras tuvieron una pronunciación distinta, con el paso del tiempo la distinción fue desapareciendo en la mayor parte del mundo hispanohablante.

Reglas básicas para el uso de la _b_

1) Antes de cualquier <u>consonante</u> se usa la **b**. También se usa antes de la m.

> Ejemplos: cable, mueble, brisa, brillo, obvio, cambios

Participa
Escribe uno o dos ejemplos adicionales para cada regla.

---

2) Las terminaciones del <u>imperfecto</u> de los verbos acabados en -ar y del verbo **ir** necesitan la **b**.

> Ejemplos: iba, jugábamos, hablaban,

3) Los verbos que terminan en **-bir**, **-buir**, así como todas sus formas conjugadas requieren la **b**.

> Ejemplos: prohibir, recibir, caber, saber.

> **Excepciones comunes: hervir, servir, vivir y sus compuestos.**

4) Los infinitivos y las formas conjugadas de los verbos beber, caber, deber, haber y saber.

> Ejemplos: beberá, cabían, había, sabíamos.

5) Las palabras que empiezan con los prefijos **bi, bis, biz**, (que significan dos o dos veces).

> Ejemplos: bimotor, bicolor, bilingüe, bizcocho.

6) Las palabras que comienzan con los prefijos **bene, bien, bon**, (cuyo significado es bien).

> Ejemplos: benefactor, bienvenido, bondadoso

7) Las palabras que comienzan con **al-, ar-. ur-**.

> Ejemplos: albaricoque, arbusto, árbitro, urbano

8) Después de las sílabas ca-, ce-, co-, cu-, se requiere la **b**.

> Ejemplos: caballo, cebada, cebolla, cubierta, cubilete.

> **Excepciones comunes: cavar, caverna, cavilar, caviar, cavidad, ceviche.**

9) Las palabras que empiezan por sa-, si-, so-, su-.

> Ejemplos: sábana, sabio, soborno, subasta, súbdito.

> **Excepciones comunes: savia, soviético**

Reglas básicas para el uso de la v

Se escribe **v**:

1) Siempre después de la **b**, **n** y de la sílaba **ol-**.

Ejemplos: obvio, subversión, envidia, invitado, inválido, olvidar, desenvolver

2) En las palabras que inician con la sílaba **ad-**.

Ejemplos: adverbio, advertencia, adjetivo.

3) Se necesita con conjugaciones irregulares del pretérito que contienen el verbo tener.

Ejemplos: tuvo, estuvo, contuvo

4) Los prefijos **vice-** y **villa-**

Ejemplos: vicepresidente, villanesco

Excepción: billar

5) Se escriben con **v** las palabras que inician con **prev-**, **priv-** o con **prov-**, así como **div-** y **eva-**.

Ejemplos: prevenir, privatización, provincia, diva, evaluación

> **Un reto**
>
> Para recordar mejor las palabras que se escriben con uve, escribe una pequeña historia que use al menos dos palabras para cada una de las reglas.
>
> *Modelo*:
>
> En una pequeña villa (1) vivía un villano (5) que le tenía mucha envidia (1) a su vecino. Un día...

Homófonos

Algunas palabras se pueden escribir con **b** o con **v**, pero el significado es diferente, como puede verse en el gráfico de la siguiente página.

Homófonos de la B y la V

Hierba	*Sustantivo*: Una hierba es una planta.	**IMPERFECTO**
Hierva	*Hervir: Llevar el agua al punto de ebullición.*	Si es un verbo –**ar** en el imperfecto, se escribe con b:
	Espera a que hierva el agua.	**hablaba** **cantaba**
		Jugaba **votaba**

Sabia / savia

Sabia   Adjetivo. *Que sabe.*

Savia   *Sustantivo. Substancia en una planta.*

Bello/vello

Bello   *Adjetivo*

      ¡Qué bello atardecer!

Vello   *Sustantivo*

      Tiene poco vello en los brazos.

Bote/vote

Bote   *Sustantivo*

Una embarcación es un bote.

Vote   *Verbo: Mandato*

No vote por ese partido.

baca/ vaca

baca   *Parte de un auto*

vaca   *Animal*

Balido/ válido

balido   sustantivo

      El sonido de las ovejas

válido   adjetivo

      Que vale, que es bueno.

Bacilo/vacilo

bacilo   *bacteria*

El yogurt se hace con bacilos.

vacilo   Verbo

Barón	*título nobiliario*
	El barón asistió a la cena de gala.
Varón	*hombre:*
	Mi hermana tuvo su bebé: un varón

Baya	*Sustantivo: mora, fruta.*
	Recolectamos unas bayas..
Vaya	*Verbo:*
	Por favor, vaya a la sala.

Rebelar	*Sublevarse*
	Se rebelaron contra la dictadura.
Revelar	Descubrir.
	Revelaron la verdad sobre el incidente.

Grabar/ Gravar

Grabar   *Hacer una grabación.*

      ¿Se grabó el mensaje?

Gravar   *Imponer un impuesto.*

Otros ejemplos de homófonos

bale   forma del verbo balar

vale   forma del verbo valer

bascular oscilar

vascular concerniente a los vasos sanguíneos

beta la segunda letra del alfabeto griego

veta   filón de un mineral

bienes posesiones, riquezas

vienes del verbo venir

cabo lengua de tierra que penetra en el mar; empleo militar

cavo conjugación del verbo cavar

cabe forma del verbo caber

cave forma del verbo cavar

tubo objeto cilíndrico

tuvo pretérito del verbo tener

Un reto

Escribe una oración usando una palabra de cada pareja. Después compártelas con un compañero de clase, quien deberá decir si es la palabra con b o con v.

Usa las ilustraciones para ayudarte a completar las palabras.

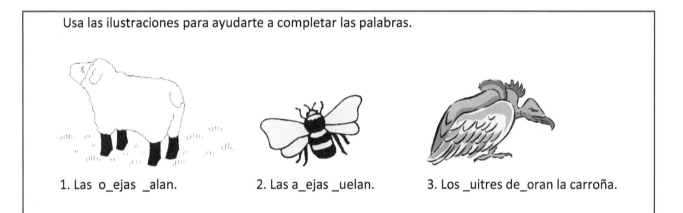

1. Las o_ejas _alan.

2. Las a_ejas _uelan.

3. Los _uitres de_oran la carroña.

Ejercicios con la _b_ y la _v_

BV-1 **Dictado** Trabaja con un compañero. Cada uno va a escribir una lista de palabras que se escriban con be y con ve. Después se van a alternar para dictarse sus listas de palabras y comprobar que las hayan escrito correctamente.

1. _____   6. _____

2. _____   7. _____

3. _____   8. _____

4. _____   9. _____

5. _____   10. _____

¿B o V? Las siguientes palabras están incompletas. Decide si necesitas la **B** o la **V**.

1. C A __ A L L O

2. A __ E N I D A

3. __ A C Í O

4. N A D Á __ A M O S

5. A L __ E D R Í O

6. __ O L A N T E

7. B E N E __ O L E N T E

8. A __ I Ó N

9. S A M __ A

10. H I E R __ A

11. H E R __ I R

12. H E R __ Í __ O R O

13. C A M __ I O

14. A L __ A H A C A

BV-3 **¿Cuál es la palabra correcta?** Decide cuál es la palabra lógica para cada oración.

1. Extrajeron la (sabia / savia) de la planta para curar las quemaduras.

2. Los fotógrafos (rebelaron / revelaron) las fotografías.

3. El gobierno (grabó / gravó) los alimentos con el 4% de impuestos.

4. Los (bienes / vienes) de mi padre son pocos.

5. Los miembros de la Marina avistaron el (cabo / cavo).

6. Yo (cabo / cavo) en el jardín para plantar un árbol.

BV-4 **¡Basta!** Vas a jugar basta en grupos de tres o cuatro estudiantes. Cuando su profesor(a) lo indique, tratarán de encontrar una palabra que empiece con "B" para cada una de las categorías de la tabla. No se obtendrán puntos si más de un estudiante tiene la misma respuesta. Tendrán un minuto. La persona que gana este juego es la que tenga más palabras (todas escritas correctamente, por supuesto). En la segunda ronda deberán escribir palabras que empiecen con "V".

adjetivo	animal	gentilicio	comida	objeto	ciudad	nombre

Ejercicios de mecanización

La B y la V   http://www.quia.com/pop/760411.html

La B y la V (2)   http://www.quia.com/quiz/7781828.html

LA C, LA S Y LA Z

En el español de Latinoamérica, en general, no hay diferencia en la pronunciación de la **c** (seguida por las vocales *e* o *i*), la **s** y la **z**. Por esta razón, la ortografía de palabras con este sonido puede ser difícil para algunos. Las siguientes son algunas reglas que pueden ayudarte a distinguir cuándo se debe usar la c, la s o la z.

REGLAS PARA EL USO DE LA C

1. Se escriben con C los verbos que terminan en -cir, -ciar, -cer y -ducir.

Ejemplos: acariciar, aducir, agradecer, apreciar, decir, conducir, estremecer, hacer, negociar, producir, relucir, traducir, vaciar, zurcir

Excepciones: anestesiar, asir, ansiar, coser, lisiar, toser y ser.

2. Se escriben con C las palabras que terminan en -ancia(o) y -encía.

Ejemplos: cansancio, conciencia, constancia, decadencia, excelencia, extravagancia, insurgencia, fragancia,

Excepciones: ansia, Hortensia.

3. Se escriben con C las palabras terminadas en -ción.

Ejemplos: admiración, bendición, composición, contaminación, sensación

4. Se escriben con C los diminutivos -cito, -ecito y -ecillo, siempre y cuando vengan de palabras sin S final.

Ejemplos: dulce: dulcecito; flor: florecita; pez – pececito.

5. Se escriben con C los sufijos -cida, -cido, -cidio.

Ejemplos: aparecido, homicida, genocidio.

6. Se escriben con C las palabras que finalizan en -cimiento.

Ejemplos: agradecimiento, enriquecimiento, establecimiento, nacimiento.

> **Un reto**
>
> Para ayudarte a recordar, da un ejemplo adicional para cada una de las reglas.

7. Se escriben con C las palabras que terminan en -acia, -icia(e)(o)

Ejemplos: bullicio, codicia, falacia, milicia, malicia.

Excepciones: Asia, eutanasia, gimnasio.

8. Se escribe con C la terminación -ces cuando pluraliza una palabra terminada en Z.

Ejemplos: lápiz: lápices; maíz-maíces, pez-peces.

9. Deben escribirse con C las formas de los verbos que terminan en -ceder, -cender, -cibir, y -citar, siempre y cuando no vengan de raíces con la letra S.

Ejemplos: anteceder, conceder, encender, percibir, recibir.

10. Deben escribirse con C los verbos terminados en -zar si la vocal que la sigue es la E.

Ejemplos: Analizar: analice; avergonzar: avergüence; cazar: cace.

REGLAS PARA EL USO DE LA *S*

1. Se escriben con S los gentilicios que terminan en -ense.

Ejemplos: canadiense, costarricense, nicaragüense.

2. Se escriben con S las palabras terminadas en -sivo o -siva.

Ejemplos: abrasivo, corrosivo, explosivo, intensivo, masivo.

3. Se escriben con S las palabras terminadas en -sión siempre y cuando procedan de palabras terminadas en -so, -sor, o -sivo.

Ejemplos: Agresor: agresivo; comprensión: comprensivo; persuasión: persuasivo; represión - represivo.

4. Se escriben con S todos los superlativos finalizados en -ísimo o -ísima.

Ejemplos: bellísima, intensísimo, tristísimo.

5. Se escriben con S las palabras terminadas en -oso(a) y en -ismo.

Ejemplos: Altruismo, atletismo, bondadoso, dadivosa, sabroso, perezosa, maravilloso, grandioso.

6. Se debe escribir con S las palabras terminadas en -esca(o).

Ejemplos: grotesca, dantesca, burlesco, gigantesco, pintoresco.

7. Si el pronombre SE es parte de una conjugación, se conserva la grafía S.

Ejemplos: márchese, llevarse.

8. Se escriben con S las conjugaciones de los verbos en el modo subjuntivo del pretérito imperfecto.

Ejemplos: Amase; conociesen, supiese.

9. Se escriben con S las conjugaciones del verbo auxiliar HABER (subjuntivo).

Ejemplos: hubiese querido.

10. Se escriben con S las terminaciones -esta, -esto e -ista.

Ejemplos: artista, feminista, fiesta, floresta, machista.

11. Se escriben con S las palabras terminadas en -ersa(o), y -erse.

Ejemplos: adverso, converso, inverso, perversa, verse.

REGLAS PARA EL USO DE LA Z

De interés

En casi toda España, la Z se pronuncia con un sonido parecido al de la *th* del inglés (igual que en el caso de *ce* y *ci*). En cambio, en Hispanoamérica, y algunas partes de España (en particular Andalucía), se suele pronunciar como una ese. Este modo de pronunciación se conoce como seseo.

1. Deben escribirse con Z las palabras terminadas en -anza(o) y -azgo.

Ejemplos: adivinanza, danza, hallazgo, liderazgo, mudanza, panza.

Excepciones: gansa/o, mansa/o.

2. Los sufijos -ez, -eza, -az, y -oz se escriben con Z.

Ejemplos: atroz, belleza, fugaz, paz, torpeza, voraz.

3. Se escriben con Z los sufijos -azo(a) que denotan exageración o golpe, sí como los sufijos -zuela(o) que denotan desprecio.

Ejemplos: carrazo, codazo, ladronzuelo, portezuela, puertazo, mujeraza

4. Muchos apellidos españoles (patronímicos) se escriben con terminaciones con Z : -ez, -oz y -az.

Ejemplos: Méndez, Ramírez, Ordaz

5. Si un verbo termina en -izar, su conjugación se escribe con Z delante de las vocales a, y o.

Ejemplos: Analizar: analizo

aterrorizar: aterrorizan;

escandalizar: escandalizamos

Excepciones: alisar, avisar, divisar, decomisar, improvisar, guisar, procesar y revisar

6. Se escriben con Z las palabras terminadas en -izo(a).

Ejemplos: enfermizo, mestizo, movediza.

7. Las raíces de la primera persona del presente del indicativo y todas las del presente del subjuntivo de los verbos terminados en -acer, -ecer, -ocer y -ucir:

Ejemplos: nazco, nazcan, conozco, conduzcan

¡Atención! En inglés se escribe con k... ¿y en español?

Respuesta: _____

En inglés se escribe con z... ¿y en español?

Respuesta: _____

¿Termina la palabra con *-ción* o con *-sión*?

Hay muchos sustantivos en español que terminan con -ción o -sión. Para saber cuál de los dos necesitas, usa las siguientes reglas:

1) Los sustantivos terminan en **-ción** cuando hay un sustantivo o adjetivo de la misma familia terminado en **-do**, **-dor**, **-to** o **-tor**.

Ejemplo: funda(¿?)ión→ fundador → *Conclusión*: fundación

2) Los sustantivos terminan en **-sión** cuando hay un sustantivo o adjetivo de la misma familia terminado en **-so**, **-sor**, **-sivo** o **-sible**.

Ejemplo: televi(¿?)ión→ televisor → *Conclusión*: televisión

CSZ-1 ¿-ción o -sión? Completa la siguiente tabla, en la que deberás decidir si se necesita terminar cada palabra con *-sión*, o con *-ción*. La primera columna se ha usado como ejemplo. Puedes ver que en todos los casos debes dejar una columna vacía.

Sustantivo terminado en –ción / -sión	Sustantivo o adjetivo de la misma familia terminado en -do, -dor, -to o -tor.→ C	Sustantivo o adjetivo de la misma familia terminado en -so, -sor, -sivo o -sible.→ S
deci_**S**_ión		decisivo
compa_**ión**		
depre_**ión**		
colabora_**ión**		
emi_**ión**		
aclara_**ión**		
can_**ión**		

CSZ-2 Para cada una de las siguientes palabras, encuentra un sustantivo de la misma familia que termine en -ción o en -sión, según sea necesario.

Modelo: evasivo → evasión

1. prescriptivo _____

2. evasivo _____

3. auditor _____

4. aviador _____

5. visible _____

6. actor _____

Homófonos

Hay muchos casos de palabras que suenan igual pero se escriben de manera diferente. Como no hay mejor manera de aprender que enseñándoles a otros, la clase se va a dividir en grupos, y cada grupo va a investigar lo que significan algunos de los pares/grupos de palabras y se lo explicará a la clase. También deberán diseñar una actividad en la que puedan evaluar si sus compañeros de clase los entendieron.

abrasar	cenado	ciento	seta
abrazar	senado	siento	zeta
azar	cebo	ceda	poso
azahar	sebo	seda	pozo
asar			
	cede	cerrar	sueco
acecinar	sede	serrar	zueco
asesinar			

basar	ciervo	cocer	saga
bazar	siervo	coser	zaga
bracero	cegar	cien	ves
brasero	segar	sien	vez
casa	cierra	concejo	vocear
caza	sierra	consejo	vosear

caso	cima	has	sumo
cazo	sima	haz	zumo

¡Atención! En inglés el número "0" se escribe con zeta… ¿Y en español?

Respuesta: _____

0

Ejercicios con homófonos

CSZ-3   **Explicaciones** Vas a trabajar con un(a) compañero(a) de clase. Uno de ustedes verá solamente la lista de palabras **A**, y el otro estudiante verá solamente la lista **B** (cubran con un papel la lista que no deben ver). Deberán turnarse para explicarle a su compañero la palabra SIN DECIRLA. Su compañero la escribirá y el estudiante que la explicó le dirá si es correcta o no, prestando atención a la ortografía.

A	**B**
1. sien	1. zumo
2. cierra (verbo)	2. azahar
3. sima	3. vos
4. cegar	4. concejo
5. seta	5. abraso (verbo)
6. sumo (verbo)	6. sierra
7. cebo	7. cazo
8. vez	8. siento (verbo)
9. consejo	9. sierra
10. ceda (verbo)	10. voz

CSZ-4 **¡Basta!** Vas a jugar basta en grupos de tres o cuatro estudiantes. Cuando su profesor(a) lo indique, tratarán de encontrar una palabra que empiece con "S" para cada una de las categorías de la tabla. No se obtendrán puntos si más de un estudiante tiene la misma respuesta. Tendrán un minuto. La persona que gana este juego es la que tenga más palabras (todas escritas correctamente, por supuesto). En la segunda ronda deberán escribir palabras que empiecen con "C". La tercera columna es para palabras que empiecen con la letra "Z".

país	animal	gentilicio	comida	objeto	ciudad	materia escolar

Actividades de mecanización en Internet

La C, la S y la Z   http://www.quia.com/quiz/7781758.html

La C / S / Z: decidir entre -ción y -sión   http://www.quia.com/quiz/7781830.html

La G y la J

En realidad no existe confusión alguna para distinguir si se debe escribir **g** o **j** cuando la letra que sigue es una de las siguientes vocales: **a**, **o** y **u**. Esto se debe a que el sonido de *ga*, *go*, y *gu* es suave, en tanto que la combinación *ge* y *gi* produce un sonido fuerte, idéntico al de *je* y *ji* (y de cualquier combinación de la jota con una vocal).

Originalmente, la letra jota era una variante de la "i", y representaba un sonido más largo de esta vocal. Al evolucionar el idioma, durante la época medieval, la jota se convirtió en una letra con un sonido propio. Aunque este sonido es el descrito anteriormente, hay algunas excepciones para extranjerismos que han entrado al español recientemente, como es el caso de las palabras *jazz* o *jet*.

Las siguientes consideraciones te ayudarán a recordar si se escribe con ge o con jota cuando la vocal que sigue es una e o una i.

Se escriben con g

1. Las palabras que comienzan con el prefijo griego **geo-** (que significa Tierra):

      Ejemplos: geografía   geología   geometría

2. La terminación **-gen**

      Ejemplos: aborigen   imagen   margen

3. Las conjugaciones de los verbos terminados en *-ger* y **-gir**:

      Ejemplos: corregir   dirigir   escoger   recoger
      Excepciones: crujir y tejer

4. Las palabras terminadas en **-gélico, -genario, -géneo, -génito**, y **-gésimo**, así como sus plurales:

      Ejemplos: fotogénico   octagenario   primogénitos   vigésimo

5. Las palabras terminadas en **-gía(o), -gión, -gional, -gionario** y **-gioso**

      legión   legionario   religión   religioso

Se escriben con j

1. Las conjugaciones de los verbos cuyo infinitivo se escribe con la letra jota.

      Ejemplos: crujir   trabajar   tejer

2. La terminación **-jería**

      Ejemplos: mensajería   conserjería

3. Las conjugaciones de los verbos cuyos infinitivos no llevan ni *g* ni *j*, pero en la conjugación incluyen el sonido *je* o *ji*. Esto ocurre generalmente con los verbos terminados en *-cir* y algunos otros.

conducir → conduje, condujera;   traducir → tradujeron; traer → trajeron;   decir → dijeron

Fuente: www.fundeu.es (Asesorada por la RAE)

Homófonos

Algunas palabras pueden escribirse tanto con *g* como con *j*, pero su significado cambia. La mayoría de los homófonos con estas letras son poco comunes, pero aquí hay algunos que son más frecuentes.

Agito	Del verbo agitar
Ajito	Diminutivo de la palabra ajo
Gira	Del verbo girar: darle vuelta a un objeto, o una excursión o viaje (sustantivo)
Jira	Pedazo rasgado de tela (sustantivo)
Vegete	Del verbo vegetar
Vejete	Derivación despectiva de la palabra *viejo*
Ingerir	Consumir a través de la boca comida o medicamentos.
Injerir	Introducir un objeto en otro
Geta	Originario de un pueblo del este de Europa, o de su lengua
Jeta	El hocico de un cerdo

Ejercicios

GJ-1 ¿**Cómo se escribe?** Las siguientes palabras requieren de la **g** o de la **j**. Completa las palabras y luego túrnate con un(a) compañero(a) para explicar lo que significan.

1. __ itano

2. __ inetes

3. a__edrez

4. in__enuo

5. a_enda

6. in__eniero

7. diri__ir

8. condu__imos

9. alucinó__eno

10. evan__élico

11. homo__éneo

12. ál__ebra

GJ-2 ¿Qué letra es? Las siguientes palabras carecen de algunas letras ge y jota. Escribe la que corresponda en cada caso.

1. __endarme

2. a__encia

3. Gara__e

4. __eringa

5. lengua__e

6. e_ercicio

7. beren__ena

8. mu__er

9. indí__ena

10. te__ieron

11. drena__e

12. salva__e

GJ-3 **Palabras relacionadas** Recuerda que las palabras de una misma familia conservan su ortografía. Para cada una de las siguientes palabras escribe una palabra relacionada.

Modelo: caja → cajetilla

1. granja _____

2. aguja _____

3. homenaje _____

4. canje _____

5. masaje _____

6. ágil _____

7. agendar _____

8. gente _____

GJ-4 Prefijos Como aprendiste en las reglas, algunos prefijos y sufijos siempre se escriben con ge, mientras que otros siempre se escriben con jota. Escribe el prefijo o sufijo necesario para completar cada palabra.

Opciones: -gen   geo-   -génito   -gésimo   -gía   -gión   -jería

1. ___logía

2. here___

3. bru____

4. ori____

5. espe_____

6. ___grafía

7. nona____

8. eulo___

9. con____

10. reli___

11. ____metría

12. cerra_____

¡Atención! En inglés se escribe con g...¿y en español?   Respuesta: _____

Ejercicios de mecanización en Internet

La G y la J   http://www.quia.com/pop/760415.html

La G y la J (2)   http://www.quia.com/quiz/7781873.html

La G y la J (3)   http://www.quia.com/quiz/7782743.html

La letra hache

La letra hache es un caso especial en el alfabeto español porque es la única letra que no se pronuncia, es decir, es muda. Por lo mismo, se ha sugerido en muchas ocasiones que desaparezca del alfabeto, ya que parece oponerse al principio fonético del idioma español. Sin embargo, la hache permanece en la escritura. Cabe mencionar que esta letra no siempre fue muda. Hace unos siglos se pronunciaba como la hache del inglés al principio de una palabra. Con el tiempo, dejó de pronunciarse, y esto afectó a a muchos vocablos que habían entrado al español a través del latín. Además, otras palabras del latín que empezaban con efe empezaron a pronunciarse de manera aspirada, lo que llevó a que empezaran a escribirse con hache. Así fue como se pasó de *fumo* a humo, de *farina* a harina, y de *facer* a hacer. El cambio también afectó algunas palabras que tenían una efe a la mitad, creando palabras como búho.

Otra razón histórica por la que la hache era necesaria, fue porque antiguamente las grafías para la letra "u" y la "ve" eran idénticas. Poner una hache antes permitía saber que se trataba de una u, no de una v.

Es necesario recordar que, a pesar de que la che [ch] no se considera una letra, ocurre en muchas palabras y en este caso la hache, mediante su conexión a la ce, crean un sonido particular.

En general, la hache se encuentra en palabras que empiezan con ciertos sufijos, como se verá más adelante. A pesar de ser una letra muda, la hache debe pronunciarse en algunas palabras que han entrado al español recientemente, como las palabras *hardware, hawaiano* o *hámster*, en cuyos casos se pronuncia como una "j" muy suave.

Fuentes: RAE y BBC Mundo (La incógnita de la letra H: ¿por qué existe si no suena?, por Irene Hernández Velasco)

Fragmento del Cantar del Mío Cid (s XII)

Si cuenta uos fuere alguna al algara,
Fazed me mandado muy priuado a la çaga:
Daqueste acorro fablara toda Espanna.
Nonbrados son los que yran en el algara,
E los que con Myo Çid fincaran en la çaga.
Ya quiebran los albores e vinie la mannana.
Yxie el sol, Dios, que fermoso apuntaua!

Un reto: Encuentra tres palabras en las que ahora se usa la hache.

Palabras que se escriben con H

1. Todas las conjugaciones de los verbos cuyo infinitivo se escribe con h.

Ejemplos: haber, hablar, habitar, hallar

Nota: El verbo **haber** se usa también como auxiliar en el español en los tiempos perfectos. Cada vez que digas que alguien *ha hecho* algo, se va a necesitar: he, has, ha, hemos, han, y formas del subjuntivo como haya.

2. Las palabras que empiezan con el prefijo hum-.

> **Ejemplos:** humano, humilde, humor
> **Excepciones:** umbilical, umbral y umbría.

3. Las palabras que empiezan con hecto- (cien), helio- (sol), hetero- (distinto), hepta- (siete), hexa- (seis), homo- (igual).

> **Ejemplos:** heterogéneo, hexagonal, homófono.

4. Las palabras que comienzan por herb-, herm-, hist-, holg-, horm-, horr-, hosp- y host-.

> **Ejemplos:** herbicida, hermano, historia, holgazán, hormiga, horrible, hospital, hostelería.
> **Excepciones:** erbio, ermita, ermitaño, istmo, ostentar (y sus derivados), ostra (y sus derivados).

5. Las palabras que empiezan por hemi-, hidr-, hiper-, hipo-.

> **Ejemplos:** hemiciclo, hipérbole, hipopótamo, hidrógeno
> **Excepciones:** emigrar y sus derivados, eminencia, emitir y sus derivados.

6. Las palabras que empiezan por los diptongos hia-, hie-, hue-, hui-, y sus derivados.

> **Ejemplos:** hiato, hielo, hueco, huir
> **Excepciones:** oquedad (de hueco), orfandad y orfanato (de huérfano), osamenta, osario, óseo y osificar (de hueso), oval, ovario, ovíparo, ovoide y óvulo (de huevo).

7. Las palabras que empiezan por mo- y za- seguidas de vocal.

> **Ejemplos:** mohín, moho, zaherir, zahón.
> **Excepciones:** Moisés y zaino.

Palabras con hache intermedia

Esta categoría es difícil de explicar con pocas reglas, pues incluye muchos vocablos que entraron al español de otras lenguas, como el árabe (muchas empiezan con *al-*: almohada, alhaja). También ocurre a veces después del prefijo *ex*, cuando sigue una vocal (exhausto, exhumar, exhibición, exhortar).

Ejercicios

H-1 **Homófonos** La siguiente es una lista de homófonos muy comunes que cambian su significado según se escriban con o sin la hache. Trabaja con un(a) compañero(a) y túrnense para explicarse cuál es el significado de los siguientes pares de palabras.

a	desecho	hojear	hola
ah	deshecho	ojear	ola
asta	errar	honda	horca
hasta	herrar	onda	orca

H-2 ¿Cuál se necesita? Decide cuál es la ortografía necesaria para que las oraciones sean lógicas.

1. ¡_____ la vista!   asta   hasta

2. Tomé una foto de unas _____ en el acuario.   horcas   orcas

3. Los _____ industriales destruyen el hábitat.   desechos   deshechos

4. _____ es humano.   errar   herrar

5. ¿_____ qué _____ es la obra?   a   ah   /   hora   ora

6. Una _____ es una especie de _____ en el agua.   hola   ola   /   honda   onda

7. El animal tenía solo un _____.   asta   hasta

8. Por favor, _____ el libro para ver si está en buen estado.   hojea   ojea

9. El acusado fue condenado a la _____.   horca   orca

10. _____ que te veo. ¿Qué _____? ¿Cómo estás?   asta   hasta   /   honda   onda

11. La piscina está muy _____.   honda   onda

12. _____, ya entendí: Iremos al cine _____ a la playa.   a / ah / ha   ho / o / oh

H-3 Errores Encuentra los errores ortográficos y corrígelos. Hay más de uno en cada oración y todos están relacionados con la hache.

1. Nunca e visto una horca en un hacuario ni en el océano.

2. Los deshechos industriales destruirán el ábitat hasta que agamos algo..

3. Herrar es humano, pero horar también lo es.

4. Voy ha ver una obra de teatro que trata sobre un hombre umilde que ablaba muchos dialectos

5. El animal estaba erido y tenía solo un hasta.

6. Hasta que te veo. ¿Ha dónde as hido últimamente?

7. Ah, ya entendí: oh vamos al cine o ha la playa.

H-4 ¿Se necesita? Escribe la hache solamente si se necesita.

1. ___ojo   4. ___ielo   7. ___imno   10. ___uevos

2. ___oja   5. ___ueso   8. ___orfanato   11. ___ibernar

3. ___ada   6. ___imagen   9. ___ermandad

Ejercicios de mecanización en Internet

La letra hache   http://www.quia.com/quiz/7782791.html

La letra hache (2)   http://www.quia.com/quiz/7782809.html

> **Un reto**
> ¿Qué quieren decir las siguientes palabras?
> cohorte
> alcahuete
> alharaca
> cohibir

La ka y la cu

El sonido [k] en el idioma español puede producirse a través del uso de tres letras diferentes: la _ce_ (_c_), la _ka_ (**k**) y la **cu** (**q**).

- o   La letra _ce_ produce este sonido solamente cuando le siguen las vocales o y u.

- o   La letra _cu_ siempre produce este sonido y siempre va seguida de la vocal u, la cual es muda en este caso (no produce ningún sonido.

- o   La letra _ka_ también produce siempre este sonido y va seguida de cualquiera de las cinco vocales.

Hoy en día es común ver que en redes sociales y en mensajes muchos usuarios substituyen "_qu_" por "_k_" para escribir menos letras, pero esto es poco agradable a la vista, y usa en exceso una letra que en español se ha usado tradicionalmente para escribir palabras que han entrado a la lengua a partir de idiomas no latinos. Por lo mismo, la lista de palabras que se escriben con _ka_ es muy corta comparada a otras letras. Observa la siguiente lista y busca en un diccionario el significado de aquellas palabras con las que no estés familiarizado(a). **¡Atención!** No todas las palabras han sido aceptadas por la RAE oficialmente.

kabuki	kapput	kilo	kiosco
kafkiano	kayak	kilogramo	kit
káiser	kebab	kilómetro	kitsch
kaki	kéfir	kilovatio	kiwi
kamikaze	keniano	kimono	koala
karaoke	kermesse	kínder	kremlin
karate	kerosén	kindergarten	kung-fu
karma	kibutz	kinesiología	

Esta segunda lista es de palabras aceptadas por la RAE que contienen la letra ka.

afrikáans	eureka	perestroika	telekinesis
amok	éuskara	psicokinesia	tetrabrik
anorak	folklor	punk	trotskismo
backstage	folklórico	raki	ukelele
bikini	haka	rock	valkiria
búnker	pakistaní	rock and roll	vodka
burka	páprika	sake	zika
chakra	Parkinson	sketch	
cricket	pekinés	sodoku	

KQ-1 **Ortografía cambiante** Como sabes, la RAE continúa modificando las reglas de ortografías. Algunas de las palabras de las listas anteriores pueden escribirse de dos maneras. Para cada una de las siguientes palabras, escribe la ortografía que creas que también se acepta y después verifícala con la ayuda de un diccionario.

1. folklor _____   2. kaki _____   3. kiosko _____   4. valkiria _____   5. kermesse _____

La LL y la Y

Aunque la doble ele dejó de ser una letra en el alfabeto español hace muchos años, esto no significa que no ocurra en el idioma ni que haya perdido su sonido singular, que no es el de una ele prolongada (como en el caso del italiano). En muchos países la doble ele se pronuncia igual que la i griega (hoy llamada "ye" por la Real Academia Española). Este fenómeno se conoce como "yeísmo". El yeísmo se traduce en otra complicación ortográfica para los hablantes de aquellos países en los que ocurre. Por lo mismo, aquí te presentamos algunas reglas básicas para saber qué grafía debes utilizar.

LA Y

1. Si se trata de un gerundio, debes usar la ye. También ocurre con las formas del subjuntivo.

Ejemplos de gerundios	Ejemplos de subjuntivos
construyendo	construya
obstruyendo	obstruya
oyendo	intuya
yendo	vaya

2. Usa la ye si está al final de la palabra, pues tiene sonido de vocal. Nota que también hay muchas palabras en español que terminan en i latina.

     buey   convoy   rey

3. Si el infinitivo de un verbo se escribe con **y**, todas sus conjugaciones conservarán la **y**.

     apoyar   ayunar

4. Algunas palabras que comienzan con **h** tienen dos ortografías aceptadas. En este caso, se usa la **y**.

     hiedra → yedra   hierba → yerba

5. Las palabras que contienen la secuencia 'yec'.

     abyecto   inyección   proyecto

Áreas sin yeísmo

Áreas mixtas

Áreas con yeísmo

Fuente: Wikipedia
CC BY-SA 4.0
File: Yeísmo idioma español.png
Creado el: 7 de noviembre de 2015

La LL

1. Se escriben con **ll** las terminaciones **-illo**(s), **-illa**(s)

     almohadilla   cajetilla   ventanilla

2. Si un verbo en infinitivo lleva **_ll_**, todas las formas de la conjugación continuarán escribiéndose con **_ll_**, como todos los verbos cuyo infinitivo termina en **_-illar_**, **_-ullar_** o **_-ullir_**.

aullar   maullar   brillar   cepillar   engullir   escabullirse

Homófonos

aboyar (poner boyas o flotar)/

abollar (hacer una depresión en una superficie)

faya (tejido grueso de seda)/

falla (error o defecto)

arroyo (caudal de agua)

arrollo (del verbo atropellar, o envolver en un rollo)

rayar (hacer rayas)

rallar (desmenuzar)

cayo (del verbo caer/ isla pequeña)

callo (del verbo callar, o dureza en la piel)

rayo (descarga de electricidad)

rallo (utensilio para rallar)

haya (del verbo haber: que yo haya)

halla (del verbo hallar: él/ella halla)

aya (persona que custodia niños)

royo (fruta no madura)

rollo (objeto con forma cilíndrica para rodar)

maya (de la civilización maya)

malla (red)

vaya (subjuntivo del verbo ir: yo vaya)

valla (obstáculo o vallado para defensa)

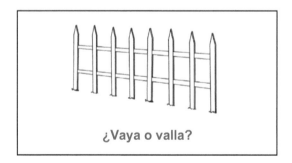

¿Vaya o valla?

Ejercicios

LLY-1 Escribe una palabra relacionada con la original.

1. sello_____   4. llave _____

2. lluvia _____   5. yerba _____

3. silla _____   6. maullar _____

LLY-2 **Cambios** Escribe una palabra relacionada con la original que lleve los sufijos -illo o -illa. Explica cuál es la diferencia entre el término original y la palabra que termina en -illo(a).

Modelo: ventana → ventanilla

1. fruta _____   5. luz _____

2. naranja _____   6. cámara _____

3. hombre _____   7. plato _____

4. bomba _____   8. asunto _____

LLY-2 **¿Cuál es?** Escribe la palabra necesaria para completar cada oración lógicamente. ¡Atención! Podría necesitarse el plural si es un sustantivo.

aboyar/abollar	arroyo/arrollo	cayo/callo	haya/halla	maya/malla	faya/falla
rayar/rallar	rayo/rallo	royo/rollo	aya/vaya/valla		

1. Caminé mucho y ahora tengo _____ en los pies.

2. Antes las mujeres acostumbraban usar _____ de colores brillantes.

3. Fuimos a un _____ para nadar, pero antes de llegar Frida se _____ y _____ la fruta que llevábamos para almorzar.

4. Es posible que _____ un examen, pero Pancho no puede estudiar porque no _____ su libro.

5. Antes se acostumbraba contratar _____ para cuidar a los niños de las familias adineradas.

6. El perro saltó una _____ y casi lo _____ un auto. Afortunadamente no pasó a mayores.

7. La receta indicaba que había que _____ el queso para rellenar un _____de queso, un platillo delicioso de Bolivia.

8. Un grupo _____ de Guatemala convocó a una región urgente para proteger su patrimonio. Quieren poner una gran _____ para evitar que la gente entre a saquear las ruinas.

Ejercicios de mecanización en Internet

La ll y la ye   http://www.quia.com/pop/760413.html

La ll y la ye (2)   http://www.quia.com/quiz/7782815.html

La eñe

La letra eñe se existe solamente en el alfabeto español, pero se usa al escribir varios idiomas, entre ellos el gallego, el asturiano y un gran número de lenguas originarias de las Américas, ya que el sonido que representa es común en varias lenguas de este continente y, por lo mismo, se adoptó a la grafía de la eñe para la representación escrita de muchas palabras en estos idiomas. Un ejemplos es la palabra ñandú, de origen guaraní.

La *ñ* nació en la época medieval. Como todos sabemos, el latín dio origen a varias lenguas que hoy conocemos como lenguas romances. En varias de esas lenguas surgió un sonido semejante a una "n" nasal que no existía en latín. Los escribanos empezaron a transcribir tal sonido con dos letras "n" contiguas, o con las letras "gn". Eventualmente se les ocurrió escribir solamente una n, pero con una tilde encima de ella que hoy conocemos como la virgulilla. Esta nueva grafía se popularizó en el siglo XIV y Antonio de Nebrija la incluyó en su Gramática de la lengua española (la primera gramática publicada acerca de nuestro idioma) en 1492. La eñe, sin embargo, no entró a los diccionarios de la Real Academia Española sino hasta el año 1803, a pesar de haber existido por un largo tiempo.

Como no es una letra que aparezca en los teclados de países donde se habla inglés, algunas personas tienden a ignorarla y a representarla como una simple n. Por supuesto, esta substitución no funciona en ningún caso, y hay veces que cambia completamente el significado de lo que se dice. No es lo mismo decir "tengo veinte años" a afirmar "tengo veinte anos".

Actividades

Ñ-1 **Diferencias** A continuación aparece una lista de palabras cuyo significado cambia si se usa la ene en vez de la ñ. Altérnate con un compañero para explicar el significado de cada una de las palabras.

cana	caña	sana	saña
pena	peña	seno	seño
mono	moño	sonar	soñar
nono	ñoño	dona	doña
una	uña	panal	pañal
campana	campaña	canon	cañón

Ñ-2 **Vocabulario** Aquí hay una serie de palabras que requieren de la ñ. Trabajen en parejas y altérnense para explicarlas sin decir qué palabra es. Su compañero debe escuchar la definición y decir cuál fue la palabra explicada.

añil	ñandú	rapiña	aliño	cuñado	riña	señuelo
soñoliento	señoría	añejo	ceño	cañón	greña	hazaña

Ñ-3 **Interferencia** Obviamente, en inglés no existe la ñ, pero hay muchas palabras parecidas que en español se escriben a veces con ene, y a veces con eñe. Escribe un <u>cognado</u> en español a las palabras de la lista. ¿Cuáles se escriben con ene y cuáles con eñe?

inglés	español
canyon	
cane	
channel	
cannal	
pregnant	
signal	
foreigner	
sovereign	
vignette	
piranha	
annual	
milennial	
campaigne	

La r y la rr

Desde hace muchos años la RAE decidió que la doble ere (erre) ya no sería una de las letras del alfabeto, pero claramente el sonido de dos eres es diferente al de una sola, con la excepción de la ere al inicio de una palabra, que siempre suena como la **rr.**

Aunque en el español normativo solamente existen estos dos sonidos de la ere, en el español hablado en muchas regiones pueden encontrarse variaciones. Por ejemplo, en algunas regiones del Caribe como Puerto Rico y la República Dominicana hay hablantes que pronuncian la ere como ele a la mitad de una palabra, o que pronuncian la ere al inicio de una palabra como [xrr].

Como se puede ver en las siguientes reglas, se sigue con fidelidad el principio fonético para escribir palabras.

R

1) Al inicio de una palabra solamente se escribe una ere, pero tiene el sonido fuerte de la doble ere.

> **Ejemplos:**   ratón   redacción   ridículo

2) Después de las letras ele, ene y ese, se debe escribir solamente una ere, pero el sonido también es fuerte.

> **Ejemplos:**   enriquecerse   Israel   alrededor

3) Después del prefijo sub-, también se escribe una ere, pero se pronuncia doble.

> **Ejemplos:**   subrayar

RR

1) En el interior de una palabra, solamente se duplicará la ere entre dos vocales y si el sonido es fuerte.

> **Ejemplos:**   horror   zurrar   acorralar

2) Si es una palabra compuesta y hay una ere inicial en la segunda palabra, se debe duplicar para preservar el sonido original (siempre y cuando esté entre vocales).

> **Ejemplos:**   vice + rector → vicerrector
>
> anti + racismo → antirracismo

3) El prefijo *in-* (de negación), se transforma a "ir" si está enfrente de una ere, creando una doble ere:

> **Ejemplos:**   real → irreal   razonable → irrazonable

Excepciones

Aunque la RAE desaconseja el uso de guiones en las palabras compuestas, si se usa entonces no es necesario duplicar la ere de la segunda palabra.

> **Ejemplos:**   greco-romano.

Ejercicios

RR-1 Trabaja con un compañero y altérnense para explicar la diferencia entra cada par de palabras.

1. pero	perro		5. coro	corro
2. careta	carreta		6. enterar	enterrar
3. caro	carro		7. foro	forro
4. cero	cerro		8. para	parra

RR-2 Combina las dos palabras en una y decide si se escribe con ere o con doble ere. Recuerda que el prefijo "in" puede cambiar, dependiendo de la letra que siga.

Modelo: pelo + rojo → pelirrojo

1. para + rayo _____   6. pre + romanticismo _____

2. in + racional _____   7. per + durar _____

3. sin + razón _____   8. auto + retrato _____

4. super + dotado _____   9. anti + religioso _____

5. in + realizable _____   10. co + relación _____

RR-2 ¿Ere o doble ere? Decide cuál se necesita.

1. ron ____onear   5. en___edadera   9. son___eir

2. hon ___ a   6. en ___ejado   10. en___ollar

3. en ___ojecimiento   7. a ___opar   11. i___egular

4. su ___ealista   8. des___aizar   12. o___illa

RR-3 Cognados Escribe la palabra en español. Todos son cognados.

1. guitar _____   6. territorial _____

2. Barber _____   7. unreal _____

3. armadillo _____   8. vocabulary _____

4. macaroni _____   9. (to) ruin _____

5. correspondence _____   10. extraterrestrial _____

Ejercicios de mecanización en Internet

La R y la RR   http://www.quia.com/pop/760425.html

La equis (*x*)

La letra equis es una de las complicadas en el idioma español puesto que tiene muchos sonidos diferentes, dependiendo de su entorno. Debido a varios cambios de ortografía dictados por la RAE, existen algunas palabras en español que se pueden escribir de dos maneras diferentes. El caso más evidente es el nombre de México, el cual ningún mexicano escribiría con la letra jota por cuestiones históricas. Sin embargo, durante casi 200 años la RAE quiso imponer la versión escrita con la jota. México se opuso ferozmente durante mucho tiempo y, finalmente, en 1992 la RAE admitió que se podrían usar las dos ortografías, pero prefiriendo la jota como la mejor opción. Sin embargo, en el año 2001 la RAE cambió su posición, estableciendo la versión con «x» como la más recomendable. La RAE también recomienda escribir todas las palabras derivadas del nombre México con la «x» (mexicano, mexiquense, mexicanidad).

Al igual que en el caso de otras palabras, la confusión entre la jota y la equis surgió en el siglo XVII, a partir de que se hicieron algunas reformas fonéticas y se acordó que la «x» dejaría de pronunciarse como "sh" y se pronunciaría como la jota, aunque se escribiera con equis. Hay algunos otros ejemplos de palabras que aceptan las dos grafías, pero que se pronuncian como jota: Javier/Xavier; Tejas/Texas; Quijote/Quixote.

Además del sonido de la jota, la letra equis también puede representar un sonido doble, como /ks/, semejante al sonido de dos «c».

En algunos casos la pronunciación de la «x» ha cambiado y ahora se pronuncia como «s», lo cual genera dudas ortográficas. En general, si la equis está entre vocales o al final de una palabra, se pronuncia como /ks/.

Ejemplos

se pronuncia como «j»	se pronuncia como /ks/	se pronuncia como /sh/ o como /s/ (común en palabras de origen náhuatl).
Oaxaca	axioma	Xochimilco
Ximena	boxear	Xola
Xalapa	éxito	mixiote
Mexía	tórax	axiote

Las siguientes son algunas reglas para entender mejor cuándo se requiere emplear la equis.

1. Se escriben con equis las palabras que comienzan con el prefijo ex, seguido de las consonantes "pr":

   Ejemplos: *expresar*   *exprés*   *exprimir*

2. Se escriben con equis las palabras que inician con los prefijos *ex, extra-* y *exh-*.

   Ejemplos: *expresidente   exánime   exhausto   extraordinario*

3. Se escriben con «x» las palabras que comienzan con xeno- (extranjero), xero- (árido) y xilo- (madera):

   Ejemplos: *xenófobo   xilófago   xilófono*

4. El prefijo Hexa- (seis) también requiere el uso de la equis.

   Ejemplos: *hexagonal   hexacordo   hexagrama*

5. Los sustantivos que se crean a partir de palabras terminadas en -je, -jo o -xo se escriben con equis:

   Ejemplos: *anexo → anexión*   *reflejo→ reflexión*

6. Se usa comúnmente antes de las consonantes **c**, **p**, **t.**

   Ejemplos: *exceso*   *excepción*   *explicación*

   Excepciones: *esplendor, espléndido*

7. Las palabras que comienzan con exa-, exe-, exi-, exo- y exu-;

   Ejemplos: *examen*   *exilio*   *exuberante*

8. Las palabras que empiezan con el afijo sex-:

   Ejemplos: *sexista*   *sexenio*   *sexualidad*

9. Otras palabras que se escriben con equis:

   Ejemplos: *auxilio*   *exiguo*   *flexible*

10. Las siguientes palabras no son homófonas, pero tienen un sonido similar que puede conducir a equivocaciones.

esotérico (oculto, secreto)

exotérico (accesible, fácil de entender)

escoria (desecho metálico)

excoria (conjugación del verbo excoriar, lesionar la piel)

espiar (observar en secreto)

expiar (sufrir un castigo, purificar)

estática (leyes del equilibrio de los cuerpos)

extática (que experimenta un estado de éxtasis)

estirpe (linaje)

extirpe (conjugación del verbo extirpar)

cesto (recipiente)

sexto (del número seis)

Fuentes: RAE, HayFestivalQuerétaro@BBC,

¿Cuándo se escribe con *cc* y no con equis?

Se escribe con doble ce si alguna palabra de la misma familia léxica lleva la secuencia -ct.

   Ejemplo: adicción (palabra de la familia léxica: adicto)

   traducción (traductor)

Generalmente se escriben con **-cc** palabras seguidas por las vocales **e** o **i**, pero es menos frecuente ver la doble **c** antes de la **a**, la **o** y la **u**.

Ejercicios

X-1 ¿Cómo se escribe? Decide si debes usar **x**, **cc** o **xc**.

1. satisfa____ión.

2. e____aminación.

3. restri____ión.

4. ele___ión

5. e____traordinario

6. e___iliar

7. e___orcizar

8. e___edente

9. e___esposa

10. e___istir

11. e___éntrico

12. e___epcional.

13. e____eder.

14. e____aminar

15. le___ión

16. a___ioma

17. gala____ia

18. a___ión

X-2 Errores Lee las siguientes oraciones y corrige los errores. Podría haber más de uno en cada oración.

1. El estranjero llegó de un país estraordinario donde no existía el dinero.

2. Multaron a Xavier por ir a exeso de velocidad. El policía excuchó su explicación pero no quiso hacer ninguna eccepción.

3. María era muy religiosa, por eso iba a espiar sus culpas a la iglesia todos los días. Al sacerdote le estrañaba este comportamiento y le pidió una esplicación.

4. El sesto grado es el último año de la primaria y se debe pasar en esamen muy difícil para pasar a la secundaria.

X-3 Relaciones Escribe un sustantivo de la misma familia léxica que se escriba con -cc para cada una de las siguientes palabras.

Modelo: Adicto → adicción

1. destructivo _____

2. conductor _____

3. directiva _____

4. construir _____

5. lectura _____

6. cocer _____

Ejercicios de mecanización con la equis

X / CC / CS   http://www.quia.com/pop/760427.html

Más homófonos

A lo largo de este texto hemos hablado de homófonos asociados con ciertas letras, por ejemplo con la *e*, la ese y la zeta: coser no es lo mismo que cocer.

En esta sección añadiremos un par de homófonos que van más allá de una palabra: **A ver/ haber** y **hacer/ a ser**.

Haber / a ver

Es obvio que los dos verbos tienen significados muy diferentes. A la hora de escribir, simplemente se debe hacer una pausa para decidir si se está hablando de la existencia de algo (haber), o de la acción de percibir mediante los ojos.

Voy **a ver** una película de horror en la muestra.

Va a **haber** películas de horror en la muestra de cine.

Hacer / a ser

Aunque la secuencia de "a ser" suene igual a hacer, se trata de verbos con significados muy diferentes. Una vez más, para decidir la ortografía pensemos: ¿se está hablando de crear algo (hacer), o de la existencia (ser)?

Vamos **a hacer** un pastel

Vamos **a ser** los mejores estudiantes que podamos.

Otras combinaciones

Hay muchos otros casos como los anteriores porque el futuro perifrástico del español (el que se hace con el verbo ir: voy a...) siempre requiere el uso de la preposición a, la cual pude sonar como parte de la siguiente palabra:

(vas) a cavar / acabar

(van) a callar / acallar

(voy) a cercar   / acercar

(va) a clamar / aclamar

(van) a notar / anotar

(vamos) a pagar / apagar

(va) a pelar / apelar

(vas) a portar / aportar

(voy) a rimar / arrimar

(van) a sentir / asentir

(va) a tender / atender

Por qué / por que/ porqué / porque

Aunque suenan igual, tienen usos muy diferentes:

- o Si se trata de una <u>pregunta</u>, se separan las dos palabras y se requiere del acento: ¿**Por qué** viajas?

- o Si se trata de la <u>respuesta</u>, se escribe como una sola palabra, sin acento: Viajo **porque** me gusta.

- o La palabra porqué es un <u>sustantivo</u> y equivale a decir la causa o la razón. Generalmente aparece acompañado de un artículo definido o indefinido, y es la única de estas opciones que puede ser pluralizada. Ejemplo: No se sabe **el porqué** de tanta inconformidad.

- o Si la palabra que está funcionando como un pronombre relativo para relacionar dos ideas, es posible que requiera la preposición **_por_**. En este caso se trata de dos palabras separadas (y un pronombre relativo jamás lleva acento): El maestro estaba ansioso **por que** se arreglara el problema.

Nota: Recuerda que aunque no haya signos de interrogación, si la entonación es la de una pregunta, se debe escribir separado y con el acento.

Ejercicios

HOM-1 Completa con **(a) haber/ (a) ver** o **(a) hacer / (a) ser**

1. Podría _____ un examen el jueves, entonces vamos _____ una reunión para estudiar.

2. Voy _____ si tienen ese libro en la biblioteca porque voy _____ un reporte para la clase.

3. Ve _____ si hay leche en el refrigerador, no vaya _____ que se haya acabado.

4. No voy _____ nada para celebrar mi cumpleaños porque va _____ un miércoles y debo trabajar.

5. Para _____ una estudiante exitosa voy _____ un plan de trabajo y voy _____ disciplinada.

HOM-2 **Otros homónimos** Decide cuál es el verbo necesario en cada caso. En algunos casos está conjugado.

cavar/acabar	callar/acallar	cercar/acercar	clamar/aclamar	notar/anotar	pagar/apagar
pelar/apelar	portar/aportar	rimar/arrimar	a sentir/asentir	tender/atender	

1. El trabajador necesita _____ una zanja y _____ el área con una valla para proteger la seguridad de los vecinos y _____ sus protestas.

2. Vamos a _____ todo lo que necesitamos comprar en la farmacia para _____ a Jimena, quien está muy enferma. Con los antibióticos se va _____ mejor.

3. Deberá _____ en la corte si no está de acuerdo con la decisión, pero ahora vamos a_____ para que el juez no se enoje.

4. Hija, ven y _____ una silla porque vamos a _____ de escribir la poesía que te encargó tu maestra de español. Mira, vas a _____ palabras que terminen con -_allo_.

5. La nueva ley no _____ nada. Ni siquiera _____ a este país a encontrar una solución.

Por qué/ porque / porqué Decide la ortografía necesaria.

1. No entiendo _____ debemos leer ese libro. Quizás sea _____ habla de la historia de la región, pero preferiría leer otro _____ ese autor tiene opiniones muy diferentes a las mías.

2. Me pregunto el _____ de su negativa a explicarnos _____ renunció a su puesto.

3. Nos cuestionamos el _____ de su comportamiento _____ no es apropiado para alguien de su edad.

4. Si quieres saber _____ no les hablo a mis vecinos, te lo diré _____ creo que debes enterarte.

5. La madre quería rezar por que se recuperara su hijo. Afortunadamente, se recuperó pronto, aunque nadie sabe _____ ocurrió el milagro.

Ejercicios de mecanización

Homófonos 1   http://www.quia.com/quiz/7781749.html

Homófonos 2   http://www.quia.com/quiz/7781750.html

Por qué / porque / por que / porqué   http://www.quia.com/pop/760407.html

Homófonos 3   http://www.quia.com/pop/760406.html

Homófonos: hacer / a ser   http://www.quia.com/pop/760409.html

LOS NÚMEROS

La ortografía de los números

1	uno	12	doce	30	treinta	
2	dos	13	trece	31	treinta y uno	
3	tres	14	catorce	32	treinta y dos	
4	cuatro	15	quince	40	cuarenta	
5	cinco	16	dieciséis	50	cincuenta	
6	seis	17	diecisiete	100	cien	
7	siete	18	dieciocho	101	ciento uno	
8	ocho	19	diecinueve	500	quinientos	
9	nueve	20	veinte	1000	mil	
10	diez	21	veintiuno	1.000.000	un millón	
11	once	22	veintidós			

Hace unos cuarenta o cincuenta años se aceptaba escribir con palabras separadas los números entre 15 y 30 (por ejemplo, *diez y seis*). Esta regla cambió y ahora solamente se considera correcto escribirlos en una palabra. Sin embargo, a partir del número 31 los números se deben separar otra vez. Por ejemplo, ciento dos (102), o novecientos dieciocho (918).

Observa que los números no tienen género, pero cuando se usan para modificar a un sustantivo, aquellos que terminen en -*un* o en -*er* deben cambiar a la forma femenina si se refieren a un sustantivo femenino.

Hay **treinta y un** estudiantes en la clase.   Hay **veintiún** países en donde se habla español.

Hay **treinta y una** páginas en el capítulo.   Hay **veintiuna** personas en la lista.

La traducción de *one thousand* generalmente no se traduce como "un mil", sino solamente *mil*. Por ejemplo, la fecha 1938 se dice *mil novecientos treinta y ocho*.

¡Atención! El plural de *millón* pierde el acento: millones.

EJERCICIOS
Deletrea los siguientes números.

a) 1 115 _____

b) 534 _____

c) 23 745 _____

d) 2 301 100 _____

Ejercicios de mecanización en Internet

Ortografía de números (1)   http://www.quia.com/quiz/7781740.html

Ortografía de números (2)   http://www.quia.com/quiz/7781744.html

Observa

Lee las siguientes palabras en voz alta:

guerra	güera
lengua	lingüística
agua	desagüe
trigueña	cigüeña

Analiza

¿Cuál es la diferencia en la pronunciación de *gue* y **güe**? ¿Y **gui** y **güi**? ¿Cuándo se escriben los dos puntos sobre la *u*?

Las reglas

La diéresis

La diéresis es un signo de puntuación que afecta el sonido de la vocal sobre la cual se escribe. En español solamente se usa sobre la letra *u* y sirve para devolverle el sonido cuando esta letra aparece en las sílabas **gue** y **gui** (sin la u, el sonido no sería suave). Nota que la diéresis no se usa en las sílabas **guo** ni **gua** porque la *u* no ha perdido su sonido en ellas. En un signo ortográfico muy antiguo, y su nombre viene del griego y significa *separación*.

Entre las palabras más frecuentes que llevan diéresis en español usan se encuentran las siguientes:

agüero

agüitarse	bilingüe	lingüística	sinvergüenza
ambigüedad	cigüeña	nicaragüense	vergüenza
argüir	güero	pingüino	

> **Ponlo a prueba**
> ¿Cuál es el pretérito de los siguientes verbos para la primera persona del singular (yo)? ¿Cuáles requieren de la diéresis?

Ejercicios de mecanización en Internet

La diéresis   http://www.quia.com/quiz/7781751.html

Ejercicios con temas combinados

COM-1 **Errores** Cada una de las siguientes oraciones tiene varios errores ortográficos. Reescribe sobre la línea las palabras correctas. ¡Atención! Las equivocaciones podrían ser de acentuación.

1. Mi prima Gisela me prestó sus lapizes para aser mi examen. _____

2. Haber si bienen nuestros vecinos a alludar con la celebrasión. _____

3. Los alumnos se cayaron y la clase comensó de immediato. _____

4. No e visto la ultima película de guillermo del toro todabía. _____

5. La immigración a traído benefisios y cultura a esta nacion. _____

6. Por favor coce este calsetín por que es mi favorito. _____

COM-2 **Relaciones** Empareja las palabras con sus definiciones. De entre las palabras de la segunda columna, decide cuál es la ortografía correcta y escríbela en la línea.

1. Es una cerca. _____   a. reusar / rehusar

2. Una ocasión. _____   b. e / he / eh

3. Pretérito de tener. _____   c. vienes / bienes

4. Interjección. _____   d. valla / vaya

5. No querer. _____   e. grabar / gravar

6. Del verbo hacer. _____   f. tuvo / tubo

7. Sinónimo de pero. _____   g. Has / haz / as

8. Del verbo dar. _____   h. más / mas

9. Posesiones. _____   i. de / dé

10. Añadir impuestos. _____   j. ves / vez

COM-3 **Traducción** Traduce las palabras al español. Presta atención a la ortografía.

1. head _____   6. Winter _____   11. carrot _____

2. heart _____   7. government _____   12. machine _____

3. giraffe _____   8. stork _____   13. alchemist _____

4. bat _____   9. bee _____   14. facts _____

5. egg _____   10. wasp _____

COM-4 Encuentra los errores En la siguiente carta hay catorce errores ortográficos. Ayuda a Héctor a corregirlos. Localiza los errores y escribe las correcciones en las líneas de abajo.

Hola abuelita:

¿Como has estado? Nosotros asta ahora estamos bien, pero estoy muy ocupado con el trabajo... y haber cómo me organizo cuando empiese la escuela por que no boy a tener tiempo para nada. Además, no creo que valla a tomar clases en el plantel de la universidad, sino que voy a tomar todas mis clases en internet, algo que nunca e echo antes. Por favor, escribeme y dime si mi abuelo todabía está llendo a Michoacán una ves al mes, porque quiero haserle un encargo.

Te quiere tu nieto,

Héctor

1. _____   8. _____

2. _____   9. _____

3. _____   10. _____

4. _____   11. _____

5. _____   12. _____

6. _____   13. _____

7. _____   14. _____

COM-5 ¿Cuál es? Encierra en un círculo la versión de la palabra que se necesita.

1. Por favor (as / has / haz) la cena para tus hermanos esta noche.

2. Juan Ramón es un (as / has / haz) de los deportes.

3. ¿ (Porque / por qué / porqué) no quieres ir con nosotros?

4. Cuando mi bisabuela llegó a este país trabajaba de (allá / haya / aya / halla) para una familia adinerada.

5. No creemos que el presidente le (vaya / valla) a dar la razón a su oponente.

6. ¿ (Tú / tu) sabes a (quién / quien) le toca el turno (de / dé) la tarde?

7. Para (mi / mí) que no hay nada como la comida (echa / hecha) en (casa / caza).

8. Vamos (haber / a ver) si (ay / hay) algo que (a ser / hacer) en el jardín.

Cuaderno de gramática con ejercicios

Contenido

Observa

Lee las siguientes dos oraciones.

> La niña camina rápidamente.

> Una la niña rápido caminan

Analiza

¿Es correcta la primera oración? ¿Cuántos errores hay en la segunda?

Cuando aprendemos un idioma de nuestros padres internalizamos las reglas de un idioma, es decir, que las aprendemos naturalmente sin pensar en ellas. Por ejemplo, nos damos cuenta de que nunca ocurre una secuencia como "una la". Mientras más acceso tenga una persona al idioma escrito y hablado, más reglas podrá internalizar y distinguir así los usos normativos del idioma. Para la mayoría de los hablantes de español que crecen en los Estados Unidos, cuando comienzan a asistir a la escuela su contacto con el español disminuye, y esto hace que el inglés se vaya volviendo su lengua dominante y distingan mejor las reglas del inglés que la del español. ¿Es esa tu experiencia?

En este cuaderno de gramática vamos a enfocarnos en algunas reglas para ayudarte a tener un mejor dominio del español, y a que te sientas cómodo(a) usando el idioma.

Las reglas

Las partes del idioma

Para entender mejor como funciona nuestro idioma, es necesario estar familiarizado con sus componentes y cómo se relacionan entre ellos dentro de una oración. A continuación verás una lista de las partes del idioma con algunos ejemplos.

Adjetivos → Los adjetivos calificativos describen a una persona, objeto o lugar. Hay otros tipos de adjetivos, como los posesivos (mi, tu, su, etc.), los adjetivos demostrativos (ese, aquel, etc.), los numerales o los gentilicios.

ejemplos: bonito   interesante   cariñosa   colombiano   tercera

Adverbios → Modifican a verbos y adjetivos. Se clasifican en adverbios de cantidad, lugar, modo, tiempo, negación/afirmación y de duda.

ejemplos: audazmente   en cuanto   aunque

Artículos → Acompañan a los sustantivos. Siempre se colocan antes del sustantivo y ayudan a determinar el género y número del sustantivo, además de comunicar si es uno específico, o no específico.

artículos definidos: el   la   los   las

artículos indefinidos: un   una   unos   unas

Conjunciones y marcadores de discurso → Sirven para unir o relacionar palabras y oraciones. Guían el discurso y contribuyen a lograr la coherencia de un texto.

ejemplos: y   además   luego   también   sin embargo

Interjecciones → Una interjección expresa reacciones como sentimientos o impresiones. Incluso puede ser la imitación de un sonido. Pueden estar hechas con sustantivos, adjetivos, sustantivos o verbos.

ejemplos: ¡Ay!   ¿Eh?   ¡Guau!   Ajá   ¡Atención!   ¡Bah!   ¡Vaya!   Uf

Preposiciones → Hay muchos tipos de preposiciones. Las usadas más comúnmente indican el lugar en el que está algo (preposición de lugar), posesión (de), propósito, causa o medio.

ejemplos: en   a   por   para   de

Pronombres → También existen muchos tipos de pronombres. Los pronombres personales substituyen al nombre. Por ejemplo, reemplazamos el nombre de Luis por el pronombre *él*. Los pronombres personales átonos substituyen a complementos directos o indirectos. Otros tipos son los pronombres reflexivos, posesivos y relativos.

ejemplos de pronombres personales: yo   tú   él   ella   nosotros
ejemplos de pronombres átonos: me   te   le   lo   les   se...

Sustantivos → Son las palabras que nos permiten nombrar objetos, lugares, o cualquier otro concepto.

ejemplos: casa   escuela   mesa   bondad

Verbos → Son las palabras para hablar de acciones o movimiento. En español terminan siempre en -ar, -er o -ir, y su conjugación varía según esta terminación (y el sujeto al que se refieren).

ejemplos: caminar   comer   dormir   sentarse

Notas importantes

1) A diferencia del inglés, los adjetivos deben <u>concordar</u> con el sustantivo que describen. En otras palabras, deben cambiar a femenino o masculino y singular o plural, dependiendo del sustantivo al que se refieran.

Soy *inteligente* → somos *inteligentes*
Es un libro *largo* → es una novela *larga*

2) Es posible (y preferible) omitir los pronombres personales, a menos que haya duda de quién es el sujeto.

~~Yo~~ soy de California.

3) A diferencia del inglés, el artículo definido es necesario al principio de una oración si hay un sustantivo.

Spanish is a beautiful language →   **El español** es un idioma bonito.

Ejercicios

a) ¿Qué parte es? Indica la categoría a la que pertenece cada palabra en las siguientes oraciones.

1. Mis hermanos asisten a una universidad grande.

2. La gente del campo trabaja incansablemente.

3. ¡Ay! Me levanté rápidamente y ahora me siento mareada.

4. Mi gato se sube a los muebles por la noche.

b) Ideas incompletas Escribe el nombre de la parte del idioma que se necesita para completar las oraciones.

1. Dos ejemplos de _____ son por y para.

2. Las _____ son reacciones emocionales.

3. Un _____ se usa en vez de un nombre.

4. Los _____ pueden decirnos que algo le pertenece a alguien.

5. Los _____ acompañan a los sustantivos y pueden ser definidos o indefinidos.

6. Un ejemplo de _____ es *ferozmente*.

7. Dos ejemplos de _____ son *tú* y *yo*.

8. Los _____ son la parte de la lengua que indica acción.

c) La palabra faltante Decide qué palabra completa cada oración correctamente y escribe en la línea de qué parte del idioma se trata. **¡Atención!** Es posible que debas hacerles cambios a las palabras (por ejemplo, cambiar un sustantivo de singular a plural). No necesitarás todas las palabras.

Modelo: __Mi__ amiga es de Portland. __Pronombre posesivo__.

a	el	estar	lento	mucho	muy	tu	ser

1. Las clases _____ muy interesantes.   _____

2. ¿ _____ amigos hablan español?   _____

3. Hoy hace _____ frío.   _____

4. _____ un poco confundidos.   _____

5. Voy _____ la farmacia. ¿Me acompañas?   _____

6. Francisco come _____.   _____

Ejercicios en Internet

Partes del idioma   http://www.quia.com/pop/760404.html

Observa

a. El hombre sintió que <u>la cólera</u> se le subía a la cabeza.

b. El hombre pensó que <u>el cólera</u> había sido la causa de muchas muertes.

c. Invitó a un <u>estudiante</u> a representar a la clase.

d. Invitó a una <u>estudiante</u> a representar a la clase.

Analiza

¿Por qué en la primera oración se usa el artículo femenino (la) y en la segunda se usa el artículo masculino (el) en la segunda? ¿Cuál es la diferencia en el significado de las oraciones *c* y *d*?

Las reglas

Género y número

En el idioma español los sustantivos tienen **género** (femenino o masculino), y **número** (singular o plural). El género de una palabra es arbitrario, y se decide por cuestiones meramente lingüísticas. Por ejemplo, la palabra vestido es masculina porque termina en "o", aunque su uso se asocie con la vestimenta de las mujeres.

Las siguientes son las reglas más útiles para reconocer el género de una palabra.

GÉNERO MASCULINO

1) El 99% de los sustantivos que terminan en **–o** son masculinos.

Ejemplos: libro   conejo   horno

Excepciones más frecuentes: la mano   la moto   la radio   la polio

2) La gran mayoría de las palabras que terminan en **–r** o **–l** son masculinas.

Ejemplos: amor   árbol   papel   tambor

Excepciones más frecuentes   mujer   flor   cárcel   miel

3) Más del 90% de las palabras que terminan en **–n** o **–s** son masculinas (pero no las terminadas en -ción/ -sión).

Ejemplos: camión   cantón   cactus   sillón

Algunas excepciones: imagen   razón   res   tos

4) Si la palabra termina en **–e**, hay aproximadamente un 90% de posibilidades de que sea una palabra masculina

Ejemplos:	coche	muelle	ante	chocolate
Algunas excepciones:		clase	llave	noche

Si la palabra puede referirse a un hombre o a una mujer, el género se indicará en el artículo:

el/la estudiante   el/la presidente   el/la gerente

5) Las culturas ancestrales de las Américas terminan en la letra a, pero son palabras masculinas:

Ejemplos: los aztecas   los incas   los mayas   los olmecas

6) Siempre son masculinos los días de la semana, así como los meses, los colores, los idiomas y los números.

Ejemplos: el viernes   los sábados   el francés   el amarillo

GÉNERO FEMENINO

1) Casi todas las palabras que terminan en **-a** son femeninas. Sin embargo, hay muchas palabras que entraron al latín del idioma griego, y estas tienden a ser excepciones.

Ejemplos:	ventana	novela	maceta	bebida	
Excepciones frecuentes:	el aula	el día	el mapa	el planeta	el sofá
	el poema	el problema	el tema	el cometa	el tranvía

¡Atención! Algunas palabras que empiezan con **a** requieren el artículo masculino (el) para evitar la cacofonía de dos letras a:

el agua   el águila   el azúcar   el alma   el arpa

Observa que si usamos un adjetivo después, veremos que la palabra es femenina:

El agua *clara* del Caribe es perfecta para bucear.
El águila *calva* es símbolo de los Estados Unidos

2) Las palabras que terminan en **-ción**, **-ie, -umbre** y **-z** son femeninas

Ejemplos:	acción	superficie	muchedumbre	voz	luz
Excepciones frecuentes:	el maíz	el arroz	el pez		

3) Las palabras que terminan en **–dad**,y **-tad** también son femeninas.

Ejemplos: universidad   libertad   amistad   gratitud

4) Las palabras terminadas en **-is** también son femeninas.

Ejemplos:	crisis	tesis	síntesis
Excepciones:	éxtasis	arcoíris	coxis

Ambos géneros

1) Algunas palabras aceptan los dos géneros, en particular aquellos que vienen del griego y se refieren a personas (al igual que ocurre con los ejemplos que citamos bajo palabras terminadas en **e**). Observa que la mayoría de los casos se refieren a personas (y por lo tanto hay más de un género).

el/la artista	el/la líder	el/la pianista
el/la dentista	el/la astronauta	el/la guía
el/la atleta	el/la colega	

2) Existen algunas palabras que en algunas regiones son masculinas y en otras son femeninas. Por ejemplo, sartén (aunque la RAE reporta que la versión femenina es la correcta, en muchas regiones se usa la forma masculina).

el/la mar	el/la agravante	el/la reuma
el/la pijama	el/la interrogante	el lente/ la lente

3. Algunas palabras cambian de significado si se usan con artículos femeninos o masculinos:

el policía	la policía	el frente	la frente
el radio	la radio	el orden	la orden
el cura	la cura	el mañana	la mañana
el papa	la papa		

El número

El concepto de que un sustantivo sea singular o plural se conoce como ***número***.

1) En español las palabras se hacen plurales añadiéndoles una ese al final si terminan en vocal, y -es si terminan en consonante. Si la consonante es la zeta, esta se convierte en ce.

pez → pe**c**es	lápiz → lápi**c**es
auto → autos	bolsa → bolsas
árbol → árboles	camión → camiones

2) Si la palabra termina en **í** o en **ú**, se puede usar -s o -es (la forma preferida en la lengua culta es el plural -es). Sin embargo, si es un gentilicio, siempre se prefiere la forma -es.

bisturí → bisturíes/bisturís
tabú → tabúes/tabús
marroquí → marroquíes

3) Las palabras que terminan en ye se pluralizan con -es, con la excepción de palabras que entraron al español recientemente, en cuyo caso se convierte la ye en la i latina.

rey → reyes   buey → bueyes

Palabras de otros idiomas:

gay → gays   espray → espráis   jersey → jerséis

4) A diferencia del inglés, los apellidos no se pluralizan.

La familia García = Los García

5) Hay algunas palabras que tienen la misma forma en singular y en plural, como los días de la semana (excepto sábado y domingo). La siguiente es una lista con ejemplos de palabras comunes,

paraguas	nupcias	abrelatas
gafas	trabalenguas	análisis
víveres	cumpleaños	síntesis
crisis	cascarrabias	
cactus	paracaídas	

6) Los sustantivos abstractos terminados en -ismo no tienen plural, así como otros adjetivos siguientes que se refieren a conceptos abstractos.

budismo   cristianismo   comunismo   judaísmo

7) Hay una serie de sustantivos no contables que generalmente se usan en singular, aunque pueden pluralizarse. Algunos ejemplos son aire, arena y cielo.

8) Para referirte a animales se usa el género con algunos animales comunes, pero con la mayoría se debe especificar si se trata de un macho o de una hembra. En otros casos se usa una palabra diferente.

ejemplos con cambio de género:	gato(a)	perro(a)	conejo(a)
ejemplos de cambio de nombre:	gallo/gallina	vaca/toro	caballo/yegua
ejemplos en que se debe especificar			
macho/hembra.	una ardilla macho/hembra		
	un ratón macho/hembra		
	una llama macho/hembra		

Ejercicios

a) **Sustantivos** Escribe junto a la palabra si es masculina (**M**) o femenina (**F**)

idioma _____	televisión _____	problema _____
vestido _____	día _____	foto _____
salud _____	relación _____	programa _____
reunión _____	labor _____	mujer _____
conferencia _____	administración _____	azúcar _____

b) Dos posibilidades Los siguientes sustantivos pueden ser femeninos o masculinos, pero cambian de significado. Trabaja con un compañero para hacer una oración con el sustantivo femenino y una con el sustantivo masculino.

1. el capital/ la capital

2. el coma/la coma

3. el corte/ la corte

4. el papa/ la papa

5. el pendiente/la pendiente

6. el radio/la radio

7. el cometa/la cometa

8. el editorial/ la editorial

c) Artículos indefinidos Decide qué artículo se necesita para cada una de las palabras. Escribe todos los posibles sin cambiar la palabra. **¡Atención!** Algunos pueden tener más de una respuesta.

Modelo: __una__ agenda
unos/unas estudiantes

1. _____ problemas

2. _____ cactus

3. _____ águila

4. _____ noche

5. _____ crisis

6. _____ gerente

7. _____ ardilla

8. _____ cohete

9. _____ llaves

10. _____ pies

11. _____ situación

12. _____ mar

13. _____ aula

14. _____ temas

d) La concordancia Las siguientes oraciones tienen errores de concordancia. Corrígelos.

1. Ayer visité a los Anayas porque su madre está enferma. _____

2. Las clases me parecieron muy interesante. _____

3. La gente que asistió al concierto era jóvenes. _____

4. No es verdad que el dinero nos haga más feliz. _____

5. Hay una bandera en la frente del edificio. _____

6. Nos pidieron escribir sobre las aztecas. _____

7. El hombre sufrió un accidente y permaneció en una coma por meses. _____

8. El gobernador y el policía de la ciudad ordenaron que nadie saliera por la noche. _____

Ejercicios en Internet

Género y número de las palabras   http://www.quia.com/quiz/7781735.html

Género y número de las palabras (2)   http://www.quia.com/quiz/7781738.html

Observa

Pedro visita un parque

Pedro visita a su amigo en el hospital.

Llevo unos canapés para la fiesta.

Llevo a mi esposo a la fiesta.

Analiza

¿Por qué la preposición "a" aparece algunas veces después del verbo, pero otras veces no?

Las reglas

Si respondiste que es porque hay una persona después del verbo, tienes razón. En español se conoce como objeto o complemento directo a la parte de una oración que recibe la acción del verbo. Si el objeto directo es una persona, se necesita la llamada "a personal". Para identificar el objeto directo en una oración, pregúntale "¿Qué?" al verbo. Por ejemplo, en la oración "mi padre y yo sembramos un árbol", para localizar el objeto directo nos preguntamos ¿Qué sembramos?.

1. Si el objeto directo es una persona, usa la "a".

2. Generalmente se usa también con animales, particularmente si los consideramos cercanos, como una mascota.

3. No se usa con los verbos **tener** ni **haber** (hay, hubo, había, etc.). Sin embargo, en el caso de **tener** es necesario usar la **a** cuando se añade información sobre el objeto mencionado.

> Tengo tres hermanos.

> Mi vecino tenía **a** mi hijo en su casa cuando ocurrió el temblor.

> No tengo **a** nadie que me escuche.

4. Se omite generalmente cuando no hay un sujeto específico, somo en expresiones impersonales:

> Se solicita jardinero.

> Buscamos personas que hablen inglés.

6. Si se requiere del artículo definido masculino (el) después de la a, se convierten en *al*.

> Llamemos **al** presidente.

7. Las palabras *quien*, *alguien* y *nadie* siempre se refieren a personas, así que es necesario usar la a personal (siempre y cuando funcionen como objeto directo).

Ejercicios

a) ¿Se necesita? Escribe la *a* personal en las oraciones <u>solamente si se necesita</u>. ¡Atención! Podría necesitarse el artículo **el** o **al**.

1. Tengo _____ amigos que viven en Honduras.

2. Le pregunté _____ profesor si tendremos un examen final.

3. Llevé _____ mi perro al veterinario.

4. Buscamos _____ voluntarios para probar la vacuna.

5. Mis abuelos tuvieron _____ cuatro hijos.

6. No hay ـ____ nadie en la casa.

7. El científico estudió _____ virus por muchos meses.

8. En mi empresa están contratando _____ contadores.

9. Nos encanta ver _____ películas en Netflix.

10. _____ mi primo no lo encontraron hasta el otro día.

11. ¡Llamen _____ la policía!

12. Me sentí feliz cuando vi _____ amanecer.

Ejercicios en Internet

La a personal   http://www.quia.com/quiz/7782886.html

Observa

Lee los siguientes diálogos y decide cuál es la mejor respuesta a cada pregunta.

1. ¿Visitaste a tu abuelo?

   a) Sí, le vi en el hospital ayer.

   b) Sí, lo vi en el hospital ayer.

2. ¿En dónde compraste el almuerzo para Enrique y Jaime?

   a) Se lo compré en el café del centro.

   b) Se los compré en el café del centro.

Analiza

En la primera pregunta, ¿qué palabra substituye "a tu abuelo"?

En la segunda pregunta, ¿qué palabra substituye "el almuerzo"?

Una vez que hayas respondido, lee las siguientes notas sobre las respuestas.

En la primera oración la respuesta es b). Si respondiste que preferías la respuesta a) (Sí, le vi en el hospital), no estás solo: A este fenómeno se le conoce como *leísmo* y ocurre mucho en España. Sin embargo, la respuesta que sigue las reglas gramaticales es la b). En la misma actividad es probable que hayas respondido que *b)* te sonaba mejor si eres latinoamericano, pero la respuesta gramaticalmente correcta es *a)*. Como el pronombre "se" no tiene plural, los hablantes sienten que el plural se ha perdido, y tratamos de compensar haciendo plural el pronombre "lo", aunque haya solo un almuerzo.

Las reglas

Los pronombres de objeto directo

Un objeto directo (también llamado *complemento directo*) es la persona u objeto que recibe la acción del verbo. En otras palabras, si le preguntamos al verbo "¿qué?", la respuesta será el objeto directo. Los pronombres de objeto directo se usan para referirse a un objeto/persona que ya se ha mencionado, evitando así repeticiones. Los únicos pronombres que pueden substituirlo son **me**, **te**, **nos**, **os**, **lo**, **los**, **la** y **las**. El pronombre debe concordar con el objeto que se reemplaza.

Leo un libro. → ¿Qué leo? → un libro → **lo** leo.

Veo a mis padres → ¿Qué veo? → a mis padres → **los** veo.

Te visito → ¿Qué visito? a ti → Te visito

Nota que en el último caso es necesario escribir el pronombre de objeto directo desde un principio. Esto ocurre con los pronombres **me**, **te**, **os** y **nos**.

A diferencia del inglés, los pronombres de objeto directo se colocan antes del verbo conjugado. Cuando hay un infinitivo pueden pasar a formar parte de este verbo, adheridos al final y como parte de la palabra:

Voy a escribir una actualización en Facebook → **La voy** a escribir / Voy a **escribirla**

Además de los infinitivos, también es posible añadir pronombres a los gerundios (verbo terminado en -*ando* o -*iendo*) y a los mandatos. En estos casos hay que prestar atención a los acentos, pues es muy probable que sea necesario añadir uno, de acuerdo con las reglas de acentuación:

Llevó regalos para todos y fue ***entregándolos*** uno por uno.
Llevemos comida → ***Llevémosla.***

Por último, hay que decir que no todos los verbos en español toman un objeto directo. Por ejemplo, los verbos de movimiento no lo admiten. En la oración *Voy al mercado*, no tiene ningún sentido preguntar "¿Qué vas?". Los verbos que no toman un objeto directo se conocen como verbos intransitivos o absolutos. Además de *ir*, otros ejemplos de verbos intransitivos son *caminar* y *salir*.

El leísmo

Se conoce como *leísmo* al hábito de usar pronombres de objeto indirecto siempre que se trate de una persona. Este uso es común en España, pero no sigue las reglas establecidas del idioma.

Vi a mi sobrino salir temprano por la mañana. → Lo vi salir. [gramaticalmente correcto]
→ Le vi salir. [gramaticalmente incorrecto]

Ejercicios

a) **En el restaurante** El señor y la señora Pérez fueron a un restaurante. Lee su conversación e identifica a qué se refiere cada pronombre en negritas.

Sr. Pérez: ¿Quieres ver el menú?

Sra. Pérez: No, no **lo** necesito hoy. Ya sé exactamente lo que quiero comer hoy.

Sr. Pérez: Me imagino que quieres pedir la carne asada, como la vez pasada.

Sra. Pérez: No, no **la** voy a comer hoy. Pienso pedir pozole.

Sr. Pérez: ¡Yo quiero pedir**lo** también! ¿Quieres que ordenemos unas cervezas?

Sra. Pérez: Sí, podemos ordenar**las**… pero también quiero una jarra de agua de horchata.

Sr. Pérez: ¡Buena idea! … ¿Dónde está la mesera? No **la** veo.

Sra. Pérez: Allá está. ¡Lláma**la** ahora para que **nos** vea!

Sr. Pérez: ¡¡¡Señorita!!!

b) Respuestas Responde reemplazando el objeto directo con un pronombre. ¡Atención a los acentos.

1. ¿Estás estudiando matemáticas?   Sí, _____

2. ¿Necesitamos comprar una nueva computadora? No, _____

3. ¿Estás haciendo la comida?   Sí, _____

4. ¿Vas a visitar a tus abuelos durante las vacaciones? No, _____

5. ¿Vas a visitarme en el verano?   Sí, _____

6. ¿Quieres llamarnos mañana por la noche? Sí, _____

7. ¿Piensas visitarme esta tarde?   No, _____

8. ¿Necesitamos ponernos un cubrebocas para salir?   Sí, _____

c) Las repeticiones El siguiente texto tiene varias repeticiones innecesarias. Encuéntralas y reescribe las oraciones repetitivas usando pronombres de objeto directo.

El mesero les trajo agua a Gloria y Marcelo y ellos bebieron el agua. Unos minutos después el mesero trajo los menús y ellos miraron los menús. A Gloria le encanta la carne asada, así que decidió ordenar carne asada. A Marcelo se le antojaron unos tacos de pescado y pidió tacos de pescado. Las ensaladas se veían deliciosas y ambos pidieron ensaladas. Cuando terminaron de comer Marcelo buscó al mesero y llamó al mesero otra vez para pedir un postre. El mesero recomendó el flan, pero ellos no quisieron el flan y ordenaron un pastel de tres leches. Unos minutos después el mesero regresó con el pastel de tres leches y Gloria y Marcelo compartieron el pastel de tres leches. Al final, el mesero les llevó la cuenta y ellos pagaron la cuenta con su tarjeta de crédito y se marcharon muy satisfechos.

Ejercicios en Internet

El objeto directo (1)   http://www.quia.com/quiz/7784321.html

El objeto indirecto (2)   http://www.quia.com/jq/296403.html

El objeto directo (3)   http://www.quia.com/jq/296409.html

Objeto indirecto y los verbos de afección psíquica

Observa

Lee las dos opciones que se dan para cada oración y decide cuál te suena más natural.

1. a) Me gusta ver películas en mi computadora portátil.

   b) Disfruto ver películas en mi computadora portátil.

2. a) Me encanta la política.

   b) Amo la política.

3. a) ¿Te agrada tu profesora?

   b) ¿Te gusta tu profesora?

4. a) Me interesan mucho las elecciones este año.

   b) Me intereso mucho en las elecciones este año.

5. a) Hago preguntas a mis compañeros de clase.

   b) Les hago preguntas a mis compañeros de clase.

Analiza

Después de elegir las opciones que prefieres, ¿piensas que alguna sea incorrecta? ¿Hay diferencias en el significado de cada par de opciones?

Las reglas

Los pronombres de objeto indirecto y los verbos de afección psíquica

Los verbos en los ejemplos anteriores (con la excepción del # 5) se distinguen de otros verbos en español porque no representan una acción, sino una **reacción** a algo (ese algo es el verdadero sujeto de la oración).

De entre este tipo de verbos, el más frecuente en español es el verbo *gustar*. Al usar estos verbos, recuerda que el verbo debe concordar con el sujeto al final de la oración.
Nota que con estos verbos no es posible usar los pronombres personales (**yo, tú, él, ella**, etc.), sino que se deben usar solamente pronombres de objeto indirecto: **me**, **te**, **le**, **nos**, **les**.

Un objeto directo (OI) se define como la persona que recibe indirectamente la acción del verbo: *¿Para quién hacemos algo, o a quién?* En español se debe indicar <u>antes del verbo</u> con un pronombre de objeto indirecto que alguien recibirá la acción de este verbo. El objeto indirecto puede ser redundante (aparecer dos veces dentro de la misma oración, cuando no está claro de quién se trata).

Hablo a mis amigos en español.	*incorrecto*
Les hablo a mis amigos en español.	*correcto*
Les hablo en español.	*correcto* (por el contexto sabemos a quién se refiere *les*).

Algunos verbos, por definición, requieren de un "beneficiario", alguien que reciba la acción.

> Les pregunté a mis hermanos si querían venir conmigo.
>
> Le pedí a mi amigo que me acompañara.

Verbos que por su significado requieren de un OI

contar	devolver	preguntar
contestar	enviar	regalar
dar	pedir	responder

Verbos de afección psíquica (como _gustar_)

aburrir	disgustar	importar
agradar	doler	indignar
alegrar	encantar	interesar
caer bien/mal	enojar	molestar
chocar (coloquial)	faltar/ hacer falta	ofender
dar miedo	fascinar	preocupar

Algunas reglas adicionales para los verbos similares a _gustar_

1) Si el tema del que hablas se expresa con un sustantivo, se usa el artículo definido o un pronombre posesivo.

> Me gustan **los** gatos.

2) Si el tema es un verbo (por ejemplo, algo que te gusta hacer) usa el infinitivo. No importa cuántos verbos listes, el verbo gustar se conjuga en singular.

> Me gusta **jugar** deportes.
>
> Me gusta **practicar** tenis, **correr** y **jugar** deportes.

3) Es posible usar las expresiones "a mí", "a ti", "a él", "a nosotros", "a vosotros", "a ustedes" y "a ellos" antes del pronombre de objeto indirecto. Se usan para enfatizar que a esa persona sí le gusta/molesta/interesa (etc.) algo, en comparación a alguien más.

Me gustan los gatos.

A mí me gustan más los perros.

Errores comunes

1) Omitir la "a" personal:
Rosa le encantan los dulces.
(En vez de _A Rosa le encantan…_).

2) Usar el gerundio en vez del infinitivo:
Nos encanta bailando en el club.
(En vez de _Nos encanta bailar en el club_).

3) Usar pronombres personales:
A mis amigos y yo nos gusta ir al cine.
(En vez de _A mis amigos y a mí nos gusta ir al cine._)

Ejercicios

a) Un diálogo Luisa, Gaby y Ana están tratando de ponerse de acuerdo sobre qué película ver esta noche. Completa su diálogo con el verbo gustar y las palabras faltantes.

Luisa	Gaby y Ana, ¿ _____ gustan _____ películas de horror?
Gaby	_____ mí no, pero _____ _____ ver películas románticas. ¿Y a _____, Ana?
Ana	¡Ay! no _____ gustan para nada las películas románticas ni las de horror.
Gaby	¿ _____ tu hermano Pedro _____ gustan _____ películas de acción?
Luisa	Sí, _____ fascinan, pero a _____ me interesan más los documentales.
Gaby	¿Documentales? No me _____ los documentales... ¡me ponen a dormir!
Ana	Nunca nos vamos a poner de acuerdo. Mejor vayamos a cenar.

b) Reacciones Completa las oraciones lógicamente usando los verbos de la lista.

aburrir	agradar	caer bien	disgustar	doler	encantar	enojar
faltar	importar	indignar	molestar	preocupar		

1. Al presidente _____

2. A mis compañeros de clase _____

3. A mi familia _____

4. A mí _____

5. A los jóvenes de este país _____

6. ¿A ti _____?

d) Objeto indirecto Completa las ideas con el pronombre de **objeto indirecto** necesario.

1. _____ sugerí a mi madre que tomara unas vacaciones.

2. (Ustedes) _____ llamaron por teléfono a mí.

3. Ayer _____ compré un libro a mis hijos.

4. A Rosa no _____ gustan las cebollas.

5. A mis hijos _____ molesta hacer su tarea.

6. Nosotros _____ dimos una sorpresa a nuestras amigas.

7. _____ pregunté a la profesora cuándo va a ser el examen. Ella _____ respondió que será mañana.

8. El mesero _____ dio la cuenta a sus clientes.

9. Mis amigos _____ invitaron a un restaurante a mi esposa y a mí.

10. No _____ pregunté nada a mis parientes ayer.

11. Anoche _____ mandamos unas flores a mi madre.

12. ¿Sabes a quién _____ van a dar el premio por ser la mejor actriz de telenovelas?

c) **En común** Habla con un compañero sobre sus reacciones a la siguiente lista de temas. Usen los verbos de la página anterior, u otros verbos similares. Repórtenle a la clase lo que tengan en común.

1. la tecnología   3. las clases por computadora   5. leer   7. los deportes

2. las redes sociales   4. el costo de la educación   6. conducir   8. el futuro

e) **No es lo mismo** Decide si el objeto subrayado es directo o indirecto.

1. El hechicero <u>nos encantó</u>.

2. El cocinero <u>te sirvió</u>.

3. Escuchan los niños <u>a sus abuelos</u>.

4. Le presentó a <u>su novio</u> a su padre.

5. <u>Nos</u> encontró llorando.

Ejercicios en Internet

Objeto indirecto (1)   http://www.quia.com/jq/296410.html

Objeto indirecto (2)   http://www.quia.com/pop/760412.html

Observa

De las siguientes cuatro oraciones, dos son incorrectas. ¿Cuáles son las dos correctas? Corrige los errores de las oraciones incorrectas.

a) ¿Las entradas? Creo que están regalándoselas a la gente en la taquilla.

b) Le quiero decir a todos los ciudadanos que sean pacientes con la situación.

c) La abuela se va a vivir a Madrid. No pude decírselos a sus nietas.

d) La película es estupenda y quiero recomendárosla.

Analiza

¿Cuál es el objeto indirecto en las oraciones *a)* y *c)*? ¿Qué pronombre se usa para substituirlo?

Las reglas

Los pronombres de objeto directo e indirecto usados simultáneamente

Hemos visto que los pronombres de objeto directo reemplazan al objeto o persona que recibe la acción del verbo directamente, en tanto que el objeto indirecto nos dice quién recibe la acción indirectamente (¿a quién o para quién hacemos algo).

Algunos de los pronombres sirven para substituir tanto al objeto directo como al indirecto. El contexto nos dice de cuál se trata. En ambos casos, los pronombres se colocan antes del verbo conjugado o, si hay un mandato, un infinitivo o un gerundio, los pronombres pasan a formar parte de él.

Da**le** el libro.   (le = objeto indirecto)
Me pegó con la pelota. (me = objeto indirecto)

Pronombres de objeto directo (¿Qué?)	ME	TE	LO, LA	NOS	OS	LOS, LAS
Pronombres de objeto indirecto (¿A quién? ¿Para quién?)	ME	TE	LE	NOS	OS	LES

Es común substituir ambos pronombres al mismo tiempo. El pronombre de objeto indirecto siempre se coloca antes del objeto directo. Cuando los dos pronombres inician con la letra "l", el objeto indirecto se cambia al pronombre **se**.

Le regalé un teléfono nuevo a mi madre. → **Se** lo regalé.

Como explicamos anteriormente, algunos hablantes tratan de compensar por el hecho de que el pronombre **se** no tiene un plural y hacen plural el pronombre de objeto indirecto (cuando es *lo*, o *la*). Aunque esta práctica es común, se considera un error gramatical.

Les compré una tableta a mis sobrinos. → Se la compré. [*correcto*]

→ Se las compré. [*incorrecto*]

Como puedes ver, cada vez que el pronombre de objeto directo sea **lo**, **la**, **los** o **las**, el pronombre de objeto indirecto cambiará a **se**. Este cambio nunca ocurre si el pronombre de OD es **me**, **te**, **nos** u **os**.

El médico **os** dará una receta para comprar la medicina.

→ **Os la** dará.

> **Errores comunes**
> Cuando los dos pronombres se usan con un mandato, algunos hablantes duplican (equivocadamente) la ene de la conjugación:
> Den un vaso de agua a Rocío.
> → Dénsenlo (equivocado)
> → Dénselo (correcto).
> Recuerda añadir un acento cuando haya dos pronombres al final de un mandato.

Ejercicios

a) Substituciones Decide si las palabras subrayadas son objeto directo [OD], objeto indirecto [OI], o ninguno [N]. Después vuelve a escribir las oraciones substituyendo con un pronombre cuando sea posible.

Modelo

Visito a <u>mis padres</u> en su casa.   _OD_   Los visito en su casa.

1. Les hablo <u>a mis amigos</u> por teléfono.   _____   _____

2. Invito <u>a mi familia</u> a viajar.   _____   _____

3. Les digo "hola" <u>a mis amigos</u>.   _____   _____

4. Visito a mi hermana <u>en su casa.</u>   _____   _____

5. Le doy <u>un obsequio</u> a mi abuela.   _____   _____

6. Quiero invitar <u>a nuestra familia</u> a la fiesta.   _____   _____

b) Preguntas Responde las preguntas substituyendo los dos pronombres simultáneamente <u>cuando sea posible</u>.

1. ¿Quién te enseñó a hablar español? _____

2. ¿A quiénes les hablas en español? _____

3. ¿A qué clase le dedicas más tiempo? _____

4. ¿A qué profesor le escribes más mensajes? _____

5. ¿Quién te ha dado buenos consejos? _____

6. ¿A quiénes les has hecho tú algún favor? _____

Ejercicios en Internet

Distinguir entre objetos directo e indirecto (1)   http://www.quia.com/jq/296404.html

Pronombres de objeto directo e indirecto (2)   http://www.quia.com/quiz/7784327.html

Pronombres de objeto directo e indirecto (3)   http://www.quia.com/quiz/7784346.html

Pronombres de objeto directo e indirecto (responder) (4)   http://www.quia.com/quiz/7784347.html

Pronombres de Objeto directo e indirecto (5)   http://www.quia.com/quiz/7781780.html

Pronombres de objeto directo e indirecto (6)   http://www.quia.com/quiz/7784362.html

Observa

a) Rosaura **se** ducha por las noches porque no tiene tiempo.

b) Lidia y Carlos s**e** casaron y **se** besaron.

c) **Se** me olvidaron las llaves en mi casa.

d) Compré algunos regalos para los niños, pero no **se** los voy a dar todavía.

e) En la República Dominicana **se** comen muchos mariscos.

f) El lobo **se** comió a Caperucita Roja y a su abuela.

g) El público debería enojar**se** ante tantas mentiras.

Analiza

En todos los ejemplos anteriores se utiliza el pronombre _se_, pero en cada uno tiene un significado diferente. Explica ese significado.

Los usos del pronombre _se_

Las reglas

Verbos reflexivos

a) Rosaura **se** ducha por las noches porque no tiene tiempo.

En este caso, _se_ es un pronombre reflexivo. Indica que la persona hace y recibe la acción.

> Rosaura **se** baña y después baña <u>a su hija</u>.

Observa que en el primer caso no hay nada después del verbo. Rosaura es el sujeto y es también el objeto directo. En el segundo caso, el objeto directo es "su hija". No es un uso reflexivo.

_Se_ es el pronombre reflexivo para la tercera persona del singular y del plural. Los otros pronombres reflexivos son **me**, **te**, **nos**, y **os**.

Verbos recíproco

b) Lidia y Carlos **se** casaron y **se** besaron.

En la oración anterior Lidia se casó con Carlos, y Carlos se casó con Lidia: se trata de una acción recíproca. En apariencia, es idéntico a un verbo reflexivo, pero el uso recíproco solamente existe con sujetos plurales porque se necesitan al menos dos personas. En este caso el significado del pronombre se es "el uno al otro/a la otra".

Eventos accidentales

c) **Se** me olvidaron las llaves en mi casa.

En este caso, el pronombre indica que el evento que ocurrió fue accidental, no intencional. Frecuentemente lo acompaña un pronombre de objeto indirecto, como en el ejemplo anterior, y este indica a quién le ocurrió el accidente. Observa que el verdadero sujeto en estas oraciones es el objeto que sufrió un proceso. Decir "se me olvidé las llaves" no tendría sentido.

El **se** accidental es equivalente a una construcción pasiva en inglés:

> Se me olvidaron las llaves = *The keys were forgotten by me.*

Por otra parte, es posible usar esta construcción sin que haya una "víctima" del incidente. Por ejemplo, en la oración "El perrito se extravió" sabemos qué se perdió, pero no a quién se le extravió.

Errores comunes
Debido a la influencia del inglés, muchas veces los hablantes de herencia usan el verbo romperse para referirse a máquinas: Se me rompió la computadora (En vez de *Se me descompuso la computadora*).

¡Atención! Esta construcción accidental funciona con un número limitado de verbos. La siguiente es una lista de estos verbos, pero no son los únicos. Por ejemplo el verbo escapar generalmente no se usa con el **se** accidental, pero puede ocurrir: *Escapé de un incendio* vs. *Se me escaparon los perros*.

acabarse	derramarse	olvidarse	quemarse
apagarse	descomponerse	perderse	romperse
caerse	hacerse(le) tarde	quebrarse	terminarse
dañarse	mancharse	quedarse	

Se como pronombre de objeto indirecto

d) Compré algunos regalos para los niños, pero no **se** los voy a dar todavía.

Como aprendiste en la sección sobre pronombres de objeto directo e indirecto usados simultáneamente, *se* substituye a los pronombres *le* y *les* para evitar la cacofonía de "le lo(a)".

> Preparé un pastel para ustedes. → Les preparé un pastel. → *Se* lo preparé.
>   OI   OI OD

Se pasivo o impersonal

e) En la República Dominicana **se** comen muchos mariscos.

Si leemos la oración anterior y preguntamos *¿quién come mariscos?* la respuesta no se menciona explícitamente, pero entendemos que es "la gente" en general, nadie específico. En inglés se usa la voz pasiva cuando el sujeto no es importante (*A lot of seafood is eaten in the Dominican Republic*). En el caso del español, el uso del **se** pasivo es mucho más recomendable que el uso de la voz pasiva en casi todos los casos. Observa que, al igual que con el *se* accidental, el verbo debe concordar con el objeto directo. Si no hay un OD porque se trata de un verbo intransitivo, el verbo se conjuga en la tercera persona del singular. En estas circunstancias se habla del *se* impersonal.

> En muchos países hispanos **se come** con la familia y los amigos. *(No hay un objeto directo explícito)*
> En muchos hispanos **se comen** platillos hechos con maíz. *(El objeto directo es plural.)**

*La primera oración es un ejemplo del **se** impersonal, en tanto que la segunda oración muestra el **se** pasivo.

Se pronominal

f) El loco **se** comió a Caperucita Roja y a su abuela.

En esta oración, el pronombre _se_ está intensificando la acción de comer; es como decir que el lobo comió a la Caperucita entera, sin dejar nada. Muchos verbos pueden usarse de esta manera.

> Bebió café y no pudo dormir.

> Se bebió el café y no pudo dormir.

Los verbos pronominales usan los pronombres reflexivos para acentuar la acción del verbo, o indicar que la acción afecta directamente al sujeto.

Cambio de estado o emoción.

g) El público debería enojar**se** ante tantas mentiras.

Aunque este último ejemplo puede considerarse como un caso de verbo pronominal, vale la pena ponerlo en una categoría diferente. Este tipo de construcción indica que ha habido un cambio de estado o de emoción. En inglés esta idea se transmite con el verbo _to become_:

> Se enojaron = _They became angry_.

Aunque en español también es posible usar los verbos _ponerse_, _hacerse_ o _volverse_ para expresar el cambio, en español existen verbos específicos que transmiten este significado, como puede verse en la lista de abajo. Al escribir, es mejor estilo usar los verbos de la lista. Por ejemplo, es mejor escribir _**se alegró**_ que "se puso enojado" (esta última suena coloquial).

aburrirse	derretirse	frustrarse
alegrarse	enamorarse	sentarse
asustarse	enfermarse	sorprenderse
congelarse	enloquecer	
dormirse	entristecerse	

En cuanto a las formas coloquiales (construidas con los verbos **ponerse**, **hacerse** y **volverse**), debe notarse que _**ponerse**_ se usa solamente con adjetivos de emoción, pues estas pueden cambiar de un momento a otro, en tanto que los otros dos verbos implican cambios que ocurren con el tiempo y que son más permanentes. También hay que notar que no existen verbos para todas las emociones, así que hay ocasiones en que solo se puede expresar una idea a través de estos tres verbos.

> Se puso melancólica.   (cambio de estado)

> Se volvió melancólica.   (cambio de personalidad más permanente).

> Se hizo monja.   (cambio de ocupación que requiere tiempo y esfuerzo).

Además, ponerse se usa en múltiples expresiones que se construyen con una preposición y un sustantivo. Por ejemplo, ponerse de buen(mal) humor; en ridículo; de acuerdo; de moda; al revés; en contra, etc.).

Ejercicios

a) Culturas diferentes Decide cómo completar las oraciones con el *se* pasivo/impersonal.

Modelo: En Cuba __se usa__ una pirámide nutricional diferente a la de los EE. UU. [usar]

1. En los Estados Unidos _____ que "el tiempo es oro". [pensar]

2. En México _____ pasar tiempo con la familia y los amigos. [preferir]

3. En Argentina _____ más que en otros países hispanos. [leer]

4. Uruguay, Nicaragua y Chile _____ como tierra de poetas. [conocer]

5. En Uruguay _____ más carne que en cualquier otro país. [comer]

6. En Chile _____ muy buenos vinos. [producir]

7. En Latinoamérica _____ muchas lenguas autóctonas. [hablar]

b) Razones ¿Por qué hace la gente lo que hace? Usa el *se impersonal* para explicar por qué o cuándo la gente hace o no hace lo siguiente.

    Modelo   comer comida chatarra

        → Se come comida chatarra porque sabe bien.

        → Se come comida chatarra porque es barata.

1. beber alcohol/fumar

2. no hacer ejercicio

3. no comer vegetales

4. ver mucha televisión

5. no ponerse un cubrebocas (durante una pandemia)

6. ahorrar

7. quedarse en casa

8. casarse

c) Etiqueta ¿Cuáles son reglas de etiqueta de lo que se debe hacer en estos lugares? Usa el *se impersonal/pasivo* para dar una o dos reglas de etiqueta para cada lugar.

Modelo Un salón de clases
→ No se asiste a clase si se está resfriado./ Se cubre la cara con el antebrazo si se estornuda.

1. Un hospital	3. Un cine	5. Un restaurante
2. Una clase virtual (en Zoom)	4. Un gimnasio	6. Un supermercado

d) Instrucciones Elije **uno** de los siguientes objetivos y explica siete (7) pasos para lograrlo. Usa verbos diferentes en tus recomendaciones.
Modelo: Conseguir una "A" en la clase de español

→ Para tener una "A" en español se hace la tarea todos los días. Se viene a clase y se participa activamente. Se practica con otros estudiantes. También se compran chocolates para la profesora. (etc.).

1. Para hacerse un cantante muy famoso.

2. Para tener una buena relación con los vecinos.

3. Para conquistar el corazón de una persona.

4. Para planear un buen viaje a Europa/ Latinoamérica.

5. Para hablar *Espanglish*.

6. Para tener una salud perfecta.

e) Accidentes Explica lo que le ocurrió accidentalmente a cada persona.

f) ¿Qué significa ese *se*? Lee las oraciones y decide cuál es el significado del pronombre se en cada caso (reflexivo, recíproco, accidental, objeto indirecto, impersonal, o cambio de estado/énfasis).

1. Marina y Pablo **se** iban a casar... _____

2. ...pero al padrino **se** le olvidó llevar los anillos. _____

3. Pablo **se** enojó mucho con el padrino. _____

4. Un amigo de Marina **se** comprometió a traer los anillos rápidamente. _____

5. El amigo **se** subió a su auto y condujo rápidamente. _____

6. Regresó con los anillos y **se** los dio a Marina y a Pablo. _____

7. Marina y Pablo **se** besaron. _____

8. La moraleja de la historia es que **se** debe elegir a un padrino que sea responsable. _____

g) Creatividad Haz tantas oraciones con **se** como puedas para los siguientes dibujos.

ilustraciones de pdclipart.org

Ejercicios en Internet

El se impersonal/pasivo   http://www.quia.com/pop/760441.html

El se accidental (1)   http://www.quia.com/jq/296406.html

El se accidental (2)   http://www.quia.com/pop/39604.html

Verbos pronominales (1)   http://www.quia.com/pop/760452.html

Hacerse, ponerse y volverse   http://www.quia.com/pop/760453.html

Observa

Últimamente no siento ningún interés por nada.

Nadie me va a convencer de que no hay nunca oportunidades.

Analiza

¿Cuántas palabras negativas hay en cada una de las dos oraciones?

¿Puedes omitir alguna de las palabras negativas sin que afecte el significado o la corrección?

Las reglas

Expresiones indefinidas y negativas

A diferencia del inglés, la doble negación en español no solo es correcta, sino frecuentemente necesaria para expresar una idea con claridad.

La regla principal es que en las oraciones negativas se necesita colocar una palabra negativa antes del verbo. Es correcto usar palabras negativas adicionales para dar énfasis o agregar información. Observa que si se usa una palabra negativa para enfatizar, se debe usar el singular, no el plural.

No tengo amigas.

No tengo **ninguna** amiga.   (*Efecto de énfasis → usa el singular*)

Los exámenes finales **nunca** son opcionales.

Los exámenes finales **no** son opcionales **nunca**.   (***nunca*** *no es información adicional, pero aparece después del verbo, haciendo necesario usar no antes del verbo*).

¡Atención! En español, el negativo **_no_** se usa solamente antes de un verbo, a diferencia del inglés, que lo acepta antes de un sustantivo.

No tengo amigos. ✓ (correcto)   *I don't have friends.*

Tengo no amigos. ✗ (incorrecto)   *I have no friends.*

Las expresiones negativas son intercambiables con las expresiones indefinidas, pero las indefinidas se usan en preguntas y afirmaciones. En general no es aconsejable usar las expresiones negativas en preguntas porque generan ambigüedad.

¿No tienes amigos?   Sí. (Puede interpretarse como "sí los tengo" o como "sí, correcto, lo los tengo).

No. (Puede interpretarse como "no los tengo" o como "no, es incorrecto porque sí los tengo).

La siguiente tabla nos muestra las expresiones indefinidas y sus equivalentes negativos.

expresiones indefinidas	expresiones negativas	Notas
algo	nada	Sustantivos.
alguien	nadie	Sustantivos. Pueden ser el sujeto de una oración. Recuerda usar la "a" personal si funcionan como objeto directo.
alguno(a)	ninguno(a)	Pueden funcionar como adjetivos (van antes de un sustantivo con el que deben concordar, pero si es un sustantivo masculino singular, se elimina la "o": algún libro/ningún día. También pueden funcionar como sustantivos (substituyendo al sustantivo al que se refieren, cuando hay un contexto específico.
siempre	jamás / nunca	Nunca y jamás son sinónimos, aunque jamás da un poco más de énfasis.
o...o / y	ni...ni	Es posible usar solamente un "o" o un "ni".
también	tampoco	

Ejercicios

a) **La otra manera de decirlo** Observa que algunas de las siguientes oraciones tienen una expresión negativa, y otros tienen dos. Si tiene un negativo, reescribe la oración usando dos, y si tiene dos, reescríbela usando uno.

1. Esta pandemia no va a terminar nunca.   _____

2. No practico fútbol jamás.   _____

3. Apuesto a que nadie va a venir a la fiesta.   _____

4. Nadie canta mejor que yo.   _____

5. No hemos escuchado ningún chisme.   _____

6. Nadie quiere acompañarme al concierto.   _____

b) **Lo opuesto** Convierte las siguientes oraciones a ideas negativas. Presta atención a las palabras subrayadas.

1. Nos gusta jugar con nuestros vecinos y con sus amigos. _____

2. Quiero viajar a España, y mi amiga también.   _____

3. En el otoño voy a tomar clases de arte o de teatro.   _____

4. Alguien vino y te dejó un mensaje en la puerta.   _____

5. Invité a algunas amigas a cenar.   _____

6. Siempre nos encontramos con algún problema.   _____

c) **¿Cómo se responde?** Responde cada pregunta de manera afirmativa (con expresiones indefinidas) y de manera negativa (con expresiones negativas).

Modelo: ¿Quieren comer?   Sí, queremos comer algo.   No, no queremos comer nada.

1. ¿Quieren ver películas?   2. ¿Quieren viajar a un lugar?   3. ¿Piensan leer?

d) La palabra faltante Ernesto y Demián están de vacaciones, pero Demián hoy está muy negativo y a todo responde que no. Completa su diálogo con palabras lógicas de la lista.

	algo	alguien	alguno(a)(s)	siempre	o	también
no	nada	nadie	ninguno(a)(s)	nunca/jamás	ni	tampoco

Ernesto   ¿Quieres comer _____ ?

Demián   _____, _____ quiero comer _____.

Ernesto   Hace buen tiempo… ¡vayamos _____ a la playa _____ a la piscina!

Demián   _____ nado. _____ me enseñó. _____ tengo traje de baño. _____ tengo un salvavidas… Ojalá hubiéramos ido a esquiar.

Ernesto   Bueno, _____ va a obligarte a divertirte. Si cambias de opinión, voy a estar en la playa con _____ amigos que conocí ayer.

e) Oraciones originales Escribe cinco oraciones originales usando las palabras que se indican.

1. [ni…ni] _____

2. [tampoco] _____

3. [ningún] _____

4. [jamás] _____

5. [nada] _____

Ejercicios en Internet

Expresiones negativas e indefinidas (1)   http://www.quia.com/quiz/7784337.html

Expresiones negativas e indefinidas (2)   http://www.quia.com/quiz/7784483.html

Expresiones negativas e indefinidas (3)   http://www.quia.com/jq/296407.html

Observa

Las siguientes oraciones podrían confundir a un hispanohablante. Léelas con atención.

a) Está casado con hijos.

b) Voy a cantar por ti.

c) No servimos niños aquí.

d) Estamos aquí para ver Mónica.

e) Le pedí por ayuda.

f) Está enamorado con su novia.

Analiza

La confusión en algunas de las oraciones anteriores ocurre porque las preposiciones se usan de manera diferente en inglés y en español. Corrige las oraciones para que no haya ninguna ambigüedad. **¡Atención!** La corrección puede requerir cambiar completamente la oración.

Las reglas

El uso de las preposiciones en inglés y en español a veces coincide, pero muchas veces no es así. A quienes hablan inglés les confunde en particular el uso de por y para, que en inglés son solamente uno. La mejor estrategia es familiarizarte con las preposiciones que algunos verbos toman con frecuenia, pero la lista no es exhaustiva, así que los verbos listados abajo podrían usarse con otras preposiciones.

a	con	de	en
acceder	acabar + sust.	abstenerse	confiar
acostumbrarse	acordar	acabar + verbo	consistir
animar	casarse	acordarse	empeñarse
apresurarse	comparar	arrepentirse	entrar
atreverse	contar	asombrarse	fijarse
comenzar	encontrarse	avergonzarse	molestarse
contribuir	enfadarse	cansarse	obstinarse
dedicarse	quedar(se)	dares cuenta	pensar
empezar	soñar	dejar	quedarse
incitar	tropezar	despedirse	
ir		enamorarse	
jugar		encargarse	
negarse		enterarse	
oponerse		hartarse	
resignarse		presumir	
someterse		quejarse	
unirse		reírse	
viajar		tratar	

Diferencias entre el inglés y el español

En inglés muchos verbos cambian de significado cuando se usan con preposiciones diferentes. Por ejemplo, **to look for** se traduce como <u>buscar</u> en español (sin ninguna preposición), pero **to look after** es <u>cuidar</u>, que tampoco requiere de una preposición, excepto la "a" personal si el objeto directo es una persona. Esta diferencia crea confusión en muchos hablantes de herencia.

Como en estos dos casos, hay muchos otros verbos que o no toman una preposición, o requieren una diferente. Por ejemplo, to wait for: en español esta construcción requiere de la a personal solamente:

> I am **waiting for** my friend. → Estoy **esperando a** mi amigo.

Otras consideraciones

La preposición *a*

Se usa con mucha frecuencia debido a que es necesaria cuando el objeto directo es una persona (*ver la explicación bajo la "a" personal*). También se usa con verbos que implican movimiento de alejamiento.

La preposición *de*

También se usa con verbos de movimiento, pero para indicar acercamiento al lugar en donde está el hablante. Además se usa para indicar posesión, origen, el material del que está hecho algo.

> salgo **a** la escuela a las ocho de la mañana..
>
> salgo **de** la escuela a las dos de la tarde.

Las preposiciones *por* y *para*

Aunque estas preposiciones tienen usos muy diferentes, a veces se pueden usar ambas, pero producen un significado diferente. ¿Cuál es la diferencia en el significado?
Por ejemplo, observa estos dos pares de oraciones:

> Perdí mi vuelo *por* levantarme tarde.
> Perdí mi vuelo *para* levantarme tarde.
>
> Rezo por ti.
> Rezo para ti.

> **NOTA:** En el español hablado muchas personas dicen "pa" de manera coloquial, en vez de decir <u>para</u>.
> ¡No lo uses para escribir!

Los siguientes son los usos de estas dos preposiciones.

Usa <u>por</u> para indicar:
a. Causa, razón o motivo

> **Por** la lluvia, no vamos a la piscina hoy.
> Mis padres hicieron muchos sacrificios **por** sus hijos.

b. duración, período

> Va a quedarse en el hospital **por** dos semanas.

c. Intercambio, compra

> Compramos los libros **por** 200 dólares. Gracias **por** el regalo de cumpleaños.

d. Movimiento a través de un espacio (*through, around, along, by*)

> Ayer caminé **por** el parque.

e. Expresiones que siempre necesitan **por**:

por ejemplo	**por** supuesto	**por** eso
por fin	**por** favor	**por** otro lado
por ahora	**por** consiguiente	**por** cierto
por si acaso	**por** completo	**por** Dios

Usa **para** se usa para indicar:

a. Un objetivo, meta o propósito

> Vamos al cine **para** ver una película.   El gimnasio es **para** hacer ejercicio.

b. Destinatario

> Ella compró un libro **para** su madre.

¡Atención! Si hay un destinatario, los pronombres *yo* y *tú* cambian a *mí* y *ti*. Observa que no hay acento en *ti*.

> El regalo es para **ti**.   A **mí** me gusta pescar. (énfasis)

c. Destino

> Salimos **para** México mañana.

d. Fecha límite

> La tarea es **para** mañana.

e. Para contrastar con lo que se espera de algo

> **Para** película de horror, no hay muchos sustos.

f. Expresiones con **para**:

para siempre	**para** variar	**para** colmo	**para** nada
no ser para tanto	**para** empezar	**para** terminar	**para** entonces
ser tal **para** cual			

Ejercicios

> **RECUERDA:** No uses **por** con los verbos <u>buscar</u> (*to look for*), <u>esperar</u> (*to wait for*) ni <u>pedir</u> (*to ask for*).

a) La lógica Completa con una preposición más lógica. **¡Atención!** Es posible que no se necesite nada.

1. Todos los días estudio _____ las dos _____ la tarde _____ las cinco.

2. Estudio _____ tener un buen trabajo. Ahora estoy buscando _____ trabajo _____ pagar_____ la escuela.

3. El novio _____ mi hermana es _____ Nicaragua pero viaja _____ frecuencia a los EE. UU. y se queda _____ la familia _____ mi amigo Francisco. Yo voy a visitar _____ novio de mi hermana y a Francisco _____ la tarde.

4. Trabajo _____ una compañía internacional que está _____ un edificio histórico.

5. Los zapatistas han luchado _____ los derechos indígenas _____ muchos años _____ mejorar su vida.

6. "Don Quijote" es el libro más famoso _____ España. Fue escrito _____ Cervantes y publicado _____ 1605.

7. Me casé _____ un hombre carismático, pero me divorcié _____ él _____ tener problemas de compatibilidad.

8. Habrá una celebración _____ conmemorar la Independencia. Será _____ el zócalo _____ la noche.

9. Lorena se despidió _____ su esposo y caminó _____ la puerta.

10. Vimos _____ varios alces en el bosque cuando regresábamos _____ acampar _____ Colorado

b) **Verbos preposicionales** Traduce al español las siguientes oraciones. Presta atención a los verbos subrayados y a las diferencias en el uso de preposiciones.

1. I am <u>looking for</u> a paper about education. _____

2. Laura is <u>looking after</u> my siblings. _____

3. I enjoy <u>visiting with</u> friends. _____

4. My ex-boyfriend <u>married</u> my cousin. _____

5. I <u>came by</u> to talk with you. _____

6. We <u>paid for</u> the groceries with a credit card. _____

7. I am <u>fed up with</u> their excuses. _____

8. My cat is <u>waiting for</u> me. _____

Ejercicios en Internet

Verbos con preposiciones (1)   http://www.quia.com/pop/760445.html

Verbos con preposiciones (2)   http://www.quia.com/pop/760446.html

Por y para   http://www.quia.com/pop/760410.html

Observa

¿Cuáles de las siguientes oraciones son correcta y cuáles son incorrectas?

a) Mi hermano quiere jugar fútbol, pero corre muy lento.

b) Me enojé cuando el hombre se metió delante mío en la fila.

c) Comieron lenta y desenfadadamente.

d) Parece que estudió suficiente y aprobó el examen.

e) Practiqué mucho para la carrera.

Analiza

Corrige las oraciones que tienen errores y, si puedes, explica cuál es la regla que se ignoró.

Las reglas

Los adverbios

Un adverbio se define como una palabra que modifica verbos, adjetivos, o incluso otros adverbios. Son invariables en cuanto a número y género.

Hablas español **bien**.　　　(modifica un verbo)

Tu sobrino es **muy** simpático.　(modifica un adjetivo)

Camina **muy rápidamente**.　　(*muy* modifica a un adverbio y *lentamente* a un verbo)

Nota que con el sufijo -*mente* es posible transformar muchos adjetivos en adverbios. Observa también que cuando hay más de un adverbio en esta categoría, solamente se usa el sufijo en el último:

La estudiante habló clara, elocuente y apasionadamente.

No todos los adjetivos pueden convertirse en adverbios mediante este sufijo, así que una misma palabra podría funcionar en ocasiones como adjetivo o somo adverbio:

Habló muy **bajo** y no lo pude escuchar.

Adverbios de cantidad

Hay muchos tipos de adverbios. Hablaremos primero de una lista de adverbios muy comunes que se distinguen porque pueden funcionar también domo adjetivos o pronombres: **algo/nada**; **mucho/poco**; **bastante, tanto** y **cuanto**.

Practico **mucho** fútbol.　　(*mucho* modifica el sustantivo fútbol)

Practico **mucho**.　　　　　(*mucho* modifica al verbo)

> **Error común**
> Aunque es posible decir "muy poco", no es correcto en ningún caso decir "muy mucho".

Adverbios de tiempo

Nos dicen cuándo ocurre (o no) una acción. Por ejemplo:

> *Nunca* regresaremos a ese restaurante.
> Voy a terminar este libro *mañana*.

Los siguientes son los adverbios de tiempo:

ahora	después	nunca
anoche	entonces	tarde
anteayer	hoy	temprano
antes	jamás	todavía/ todavía no
aun/ aún	luego	ya/ ya no
ayer	mañana	
cuando	mientras	

El adverbio **aún** es sinónimo de *todavía*. en cambio, **aun** se usa como sinónimo de *incluso*.

> Aún no han llegado.
> Ni aun de esa manera podrán vencernos.

Los adverbios **tarde** y **temprano** se usan generalmente con el verbo *ser*.

Adverbios de cantidad

algo	demasiado	poco
apenas	medio	solo
bastante	menos	tanto
casi	mucho/muy	
cuanto	nada	

Algunas personas usan el adverbio demasiado de manera incorrecta, como si fuera sinónimo de "muy". Por su significado, demasiado implica una calidad negativa. Por lo tanto, decir algo como "está demasiado bonito" parece no tener sentido.

Otros dos errores comunes vienen de querer traducir literalmente "too much" y decir "demasiado mucho", lo cual es incorrecto. Es suficiente con decir demasiado. Decir "nada mucho" también es producto de la traducción literal de "*nothing much*".

Adverbios de modo

Los adverbios de modo nos dicen cómo se realiza una acción. Además de todos los adverbios que terminan en -mente, esta categoría incluye los siguientes: **así, bien/mal, como/cómo, deprisa** y **según**.

El adverbio así se usa para indicar cómo se hace algo (*like this*), por lo que se usa en un contexto en el que se demuestra una acción visualmente. Un error común es usarlo para contestar un saludo, pues es una traducción literal del inglés "*so so*":

> -- ¿Cómo estás?
> -- Así, así. ✖ (Spanglish).

El adverbio **bien** se usa <u>coloquialmente</u> para modificar adjetivos: "¡Es una película bien emocionante!". Si estás hablando formalmente o escribiendo, evita este uso: emplea el adverbio **muy** en su lugar. Sin embargo, es correcto usarlo con el verbo estar: "Estos zapatos están bien para caminar".

Frases (locuciones) adverbiales

Una frase adverbial es una frase hecha que tiene la función de un adverbio, pero esta función existe al usar todas las palabras de la frase juntas. Las siguientes son frases adverbiales comunes:

a ciegas	al final	en algún lugar	de ninguna manera
a diario	alguna vez	en vano	de raíz
a gusto	en alguna parte	de antemano	por cierto
al pie de la letra	en fin	de balde	por fin
a medias	en realidad	de buena gana	por poco
a menudo	en resumen	de cabeza	

Adverbios de lugar

Como su nombre lo dice, un adverbio de lugar indica dónde tiene lugar una acción. La lista de abajo muestra los más comunes.

abajo	arriba	donde/dónde
acá/aquí	atrás	encima
adelante	cerca	enfrente
adentro	debajo	fuera
adonde/adónde	delante	lejos
afuera	dentro	
allá/allí	detrás	

Una dificultad frecuente con estos adverbios consiste en la diferencia de significado/uso entre **donde** y **adonde**, **delante** y **adelante**, y **fuera** y **afuera**. En general, se usa la versión con la **a** inicial (adelante, adonde, afuera) cuando se emplea un verbo de movimiento.

Ve **afuera** y corta unas hierbas de la huerta.
El futbolista estaba **fuera** de lugar.
Estuve esperando a mis amigos **delante** del cine.
Sigue **adelante**, no te preocupes por tonterías.
Estamos **donde** queremos.
Viajemos **adonde** haga buen tiempo.

> **Error común**
> La traducción "salir afuera" (*to go out*) es incorrecta. El verbo salir implica la idea de fuera. Lo mismo ocurre con "entrar dentro".

Ejercicios

b) La lógica Decide cuál de los adverbios completa lógicamente cada oración. No se necesitan todos.

al pie de la letra   **fervientemente**   **adonde**   **afuera/fuera**   **por fin**   **a ciegas**   **aun/aún**

1. Las monjas rezaron _____ por muchos días.

2. Es importante que sigas las instrucciones _____.

3. _____ no sabemos los resultados de las pruebas.

4. Según la leyenda, debían dirigirse _____ vieran un lago en forma de jaguar.

5. Voy _____ a jugar con mis amigos.

6. Después de volar dos o tres veces alrededor de la ciudad, _____ aterrizó el vuelo

b) Encuentra el error Localiza el error en cada oración y corrígelo.

1. Pasé adelante

una florería y te compré unas rosas.

2. Fue acá que nos conocimos.

3. Yo no sabía llegar al teatro; le pregunté a otra persona, pero también no sabía.

4. Felicia escuchó el teléfono y lo contestó rápidamente y esperanzadamente.

5. Mi madre está contenta hoy; la oí cantando alegre.

c) Muchas maneras de hacerlo Para cada verbo, proporciona al menos tres adverbios que indiquen diferentes maneras de hacer la acción. No repitas ningún adverbio (por ejemplo, si escribiste "rápidamente" en tu primera respuesta, no puedes volver a usarlo con otros verbos). Imagina que estás escribiendo poesía y debes ser original.

Modelo: comer → lentamente, vorazmente, en silencio.

1. rezar

2. dormir

3. besar

4. leer

5. bailar

6. conducir

Ejercicios en Internet

Adverbios   http://www.quia.com/quiz/7784567.html

Observa

Entre las siguientes oraciones hay varias correctas y varias incorrectas. ¿Cuáles son las incorrectas?

a) Cuando llegas, por favor saca la basura

b) Es importante que te fijes bien en las instrucciones.

c) Ojalá haiga un vestido en mi talla.

d) No dudo que actualizan su perfil en las redes sociales muy seguido.

e) No es cierto que el gobierno ofrece mejores servicios de salud.

f) Tal vez encuentren una vacuna muy pronto.

g) Dudaba que vengan a visitarnos nuestros abuelos el fin de semana pasado.

Analiza

Indica el error en las oraciones que te parecieron incorrectas. Explica el error y cómo las corregirías.

Las reglas

Los modos y los tiempos del español

El sistema de conjugación de los verbos en español es significativamente más complicado que el del inglés.

Como sabes, los verbos, a través de su conjugación, nos dicen quién hace una acción, así como cuándo. en español hay aproximadamente 16 tiempos, distribuidos en tres modos, como puedes ver en la tabla de abajo.

Modo indicativo	Modo imperativo	Modo subjuntivo
presente presente progresivo pretérito pretérito anterior imperfecto presente perfecto pluscuamperfecto futuro futuro perfecto condicional perfecto condicional	presente	presente imperfecto presente perfecto pluscuamperfecto

Los modos son básicamente el contexto del que se habla. El **modo indicativo** sirve para hablar de hechos: lo que hacemos usualmente (presente), lo que hicimos en un momento específico del pasado (pretérito, lo que haremos (futuro), etcétera. El **modo imperativo** solamente tiene un tiempo, el presente, ya que podemos dar órdenes solamente en el presente, en el momento de hablar con alguien. El **modo subjuntivo** sirve para hablar de conceptos más abstractos: deseos, posibilidades, dudas y negaciones, entre otros.

El siguiente ejemplo muestra cómo el contexto hace que se usen modos diferentes, aunque todas las oraciones están en el mismo tiempo (presente):

	Indicativo	Imperativo	Subjuntivo
Función	*Expresar hechos*	*Dar mandatos*	*Expresar deseos, dudas o posibilidad.*
Ejemplo	**Estudias** en la universidad	**Estudia** en la universidad	Dudo que **estudies** en la universidad.

Observa que el modo subjuntivo ocurre generalmente en la segunda cláusula de una oración, pues en la primera cláusula se debe presentar el contexto de deseo, posibilidad, negación, etc. Casi siempre el pronombre relativo **que** une las dos cláusulas.

Las siguientes expresiones impersonales requieren del uso del subjuntivo. Son solo algunas de las más comunes, pero cualquier frase con esta estructura requerirá del subjuntivo en la siguiente cláusula, excepto los casos en los que se exprese certeza.

Conjugación de los tres modos en presente
En el capítulos 4 se explica en detalle la conjugación de los mandatos, y en el capítulo 5 la del subjuntivo. Básicamente se debe tratar a los verbos -*ar* como si fueran -*er* y viceversa. Las siguientes tablas muestran ejemplos que contrastan las conjugaciones de verbos regulares -*ar* y -*er*.

Ejemplo de un verbo ar: cantar

	Presente del indicativo	Imperativo	Presente del subjuntivo
yo	cant**o**	--	(que yo) cant**e**
tú	cant**a**s	canta/ no cantes	(que tú) cant**e**s
él/ella	cant**a**	--	(que él/ella cant**e**
usted	cant**a**	cante	(que usted cant**e**
nosotros	cant**a**mos	cantemos	(que nosotros) cant**e**mos
vosotros	cant**á**is	cantad	(que vosotros) cant**é**is
ustedes	cant**a**n	canten	(que ustedes) cant**e**n
ellos	cant**a**n	--	(que ellos) cant**e**n

Ejemplo de un verbo ar: beber

	Presente del indicativo	Modo imperativo	Presente del subjuntivo
yo	beb**o**	--	(que yo) beb**a**
tú	beb**e**s	bebe / no bebas	(que tú) beb**a**s
él/ella	beb**e**	--	(que él/ella) beb**a**
usted	beb**e**	beba	(que usted) beb**a**
nosotros	beb**e**mos	bebamos	(que nosotros) beb**a**mos
vosotros	beb**é**is	bebed	(que vosotros) beb**á**is
ustedes	beb**e**n	beban	(que ustedes beb**a**n
ellos	beb**e**n	--	(que ellos) beb**a**n

En el caso del subjuntivo y de los mandatos formales, si un verbo es irregular en la conjugación de la primera persona del presente del indicativo, el subjuntivo será irregular también La raíz de todas las conjugaciones del subjuntivo es la del indicativo de la primera persona del singular (yo).

Verbo	Presente del indicativo de la 1era persona singular	Presente del subjuntivo
decir	**digo**	(que...) **dig**a, **dig**as, **dig**a, **dig**amos, **dig**áis, **dig**an
hacer	**hago**	(que...) **hag**a, **hag**as, **hag**a, **hag**amos, **hag**áis, **hag**an
ir	**voy**	(que...) **v**aya, **v**ayas, **v**aya, **v**ayamos, **v**ayáis, **v**ayan
oír	**oigo**	(que...) **oig**a, **oig**as, **oig**a, **oig**amos, **oig**áis, **oig**an
poner	**pongo**	(que...) **pong**a, **pong**as, **pong**a, **pong**amos, **pong**áis, **pong**an
salir	**salgo**	(que...) **salg**a, **salg**as, **salg**a, **salg**amos, **salg**áis, **salg**an
venir	**vengo**	(que...) **veng**a, **veng**as, **veng**a, **veng**amos, **veng**áis, **veng**an

Los verbos con cambio en el radical también llevan ese cambio en el subjuntivo.

duermo → que duerma

sirven → que sirvan

Ejercicios

a) ¿Qué es? Lee con atención las siguientes oraciones y decide si las conjugaciones están en el **indicativo**, el **imperativo** o el **subjuntivo**. Hay una línea para cada verbo. Los verbos del indicativo podrían aparecer en otro tiempo que no sea el presente.

1. No **es** necesario que **vayas** al mercado esta tarde. _____ _____

2. **Ven** y **dime** la verdad. _____ _____

3. **Prefiero** que **nos sentemos** cerca de la pantalla. _____ _____

4. Nunca **voy** a la playa cuando **hace** mal tiempo. _____ _____

5. Si **tienes** tiempo **avísame** para salir a tomar un café. _____ _____

6. ¿**Viste** si **llegaron** ya a su casa mis sobrinos? _____ _____

7. ¿**Está funcionando** bien el teléfono que **compraste**? _____ _____

8. Los **queremos** mucho aunque **sean** un poco raros. _____ _____

b) Mandatos irregulares Usa la información para crear mandatos. Usa pronombres de objeto directo o indirecto cuando sea necesario.

Modelo: (tú) venir/aquí → ven aquí

1. (ustedes) salir _____

2. (usted) poner/la mesa _____

3. (nosotros) ir/ el cine _____

4. (ustedes)saber escuchar _____

5. (tú) hacer/ una presentación _____

6. (nosotros) decir/la verdad/a ella _____

7. (usted) reconocer/ a mí _____ 8. (ustedes) zurcir/ la ropa _____

c) **Subjuntivos irregulares** Usa los verbos de la lista para completar las oraciones con el modo subjuntivo. No vas a necesitar todos los verbos, pero no repitas ninguno.

dar   decir   haber   hacer   ir   poner   poder   salir   tener   venir   ver

1. Es probable que mis amistades no _____ de vacaciones este año.

2. Ojalá _____ pocas epidemias en el futuro de la humanidad.

3. Quiero que (tú) les _____ una fiesta sorpresa a tus abuelos por su aniversario.

4. No es necesario que ustedes _____ al médico si es solo un resfriado.

5. Nos sorprende que _____ salsa picante en la comida para niños.

6. Es necesario que ustedes le _____ algo al presidente para convencerlo.

7. Es importante que ustedes _____ a verme hoy mismo.

8. No creo que mi candidata _____ reunir suficientes votos para ser la nueva gobernadora.

d) **Ideas incompletas** A las siguientes oraciones les falta un verbo. Elige el verbo lógico de la lista y conjúgalo en el modo necesario (presente del indicativo o del subjuntivo, o mandatos).

buscar   encontrar   haber   juzgar   negarse   pagar   respetarse   ser   tratar

1. Yo siempre _____ a todas las personas con respeto.

2. Señor presidente, por favor _____ una solución al problema del desempleo.

3. Dudo que la manifestación_____ ilegal.

4. Amigos, _____ el alquiler tan pronto como puedan.

5. Es importante que el gobierno_____ los derechos de las minorías.

6. Es raro que todavía _____ noticias falsas en las redes sociales.

7. Me sorprende que tú _____ a firmar la petición sobre los derechos de los animales.

8. Es verdad que algunos _____ a una persona por el color de su piel.

Ejercicios en Internet

¿Indicativo, subjuntivo, mandato o infinitivo?   http://www.quia.com/quiz/7222668.html

¿Indicativo, subjuntivo o infinitivo? (2)   http://www.quia.com/quiz/7784368.html

Cláusulas adjetivas

Observa

¿Son correctas todas las oraciones?

1. a) Busco un suéter que combine con estos pantalones.

    b) Busco el suéter que combina con estos pantalones.

2. a) Necesito salones que tengan cupo para 30 estudiantes.

    b) Necesito salones que tienen cupo para 30 estudiantes.

3. a) Llama a la secretaria que habla español e inglés.

    b) Llama a una secretaria que hable español e inglés.

Analiza

¿Cuál es la diferencia en el significado de cada par de oraciones?

Las reglas

Cláusulas adjetivas

Las cláusulas adjetivas son frases con la misma función de un adjetivo: describir un sujeto. Como viste en los ejemplos de arriba, si el sujeto que se describe es específico, conocido, se usa un verbo en el indicativo en la segunda cláusula. Este tipo de cláusula adjetiva recibe el nombre de restrictiva. Si el sujeto no es específico, se requiere usar el modo subjuntivo en la segunda cláusula.

En los ejemplos anteriores puedes ver que cuando el sujeto no es específico muchas veces se usan artículos indefinidos, pero el uso de estos artículos no indica automáticamente que se necesitará el subjuntivo. Se debe prestar atención al verbo para saber si es un caso específico (por ejemplo, ¿se tiene o se busca?). Además, si la acción ocurrió ya, el sujeto al que se refiere tiene que ser específico.

> Tengo una casa **que tiene** cuatro recámaras.
>
> Busco una casa **que tenga** cuatro recámaras.
>
> Compré una película **que es** de horror.
>
> Voy a comprar una película **que sea** de horror.

Es posible que una cláusula adjetiva añada información no esencial sobre un sujeto específico, como en el siguiente ejemplo:

> El mesero, quien era de Madrid, llevaba dos años viviendo en Barcelona.

Observa que la cláusula donde se dice que era de Madrid aparece entre comas, como una anotación o un paréntesis. A este tipo de cláusulas adjetivas se le conoce como no restrictiva. Observa que para introducir una cláusula adjetiva se requiere de un pronombre relativo (que, quien, el cual, lo que, etc.).

> Quiero leer un libro *interesante*.   (no se necesita otro verbo)
>
> Quiero leer un libro *que sea interesante*.

Ejercicios

a) ¿Subjuntivo o no? Conjuga el verbo entre paréntesis en el modo y tiempo que sea necesario.

1. Estoy esperando a la maestra que _____ (ir) a enseñarles inglés a mis hijos.

2. Quiero votar por candidatos que _____ (ser) honestos.

3. Contraté a una mujer que _____ (saber) hablar japonés.

4. Hablaron de una pandemia que _____ (ocurrir) en 1918.

5. Veamos la película que _____ (tratar) sobre la Guerra Civil española.

6. Voy a buscar un libro que _____ (ver) anunciado en la televisión.

7. Busco una casa que _____ (tener) un jardín grande.

8. ¿Quieres invitar a tus amigos que _____ (estudiar) contigo en la universidad?

b) ¿Cómo lo quieres? Completa las oraciones.

En la universidad

1. Quiero clases que …

2. Prefiero tener profesores que…

3. Me gustan las actividades que…

En mi tiempo libre

4. Prefiero ver películas que…

5. Salgo con mis amigos que…

6. También hago actividades que…

En el trabajo

7. Me gusta tener colegas que…

8. Prefiero un jefe que…

9. Voy a buscar un puesto en que…

Ejercicios en Internet

| Cláusulas adjetivas (1) | http://www.quia.com/quiz/7781782.html |
| Cláusulas adjetivas (2) | http://www.quia.com/quiz/7784366.html |

Observa

Voy a viajar para ver a mis padres tan pronto **se acabe** la pandemia.

Voy a viajar para ver a mi padre porque **celebrará** su cumpleaños el próximo mes.

Analiza

¿Por qué en la primera oración la segunda cláusula lleva el subjuntivo, a diferencia de la segunda oración?

Las reglas

Las conjunciones adverbiales explican la relación entre dos ideas. Observa cómo cambia completamente el significado cuando cambiamos la conjunción:

Ahorran dinero

para que
a menos que
hasta que

la familia vaya de vacaciones.

Las conjunciones adverbiales nos dan información sobre el tiempo, el propósito a las condiciones que tienen que satisfacerse para que una acción ocurra. Llamamos cláusula adverbial a la oración subordinada que aparece después de la conjunción, pues esta viene a modificar cómo/cuándo/dónde o por qué se hace la acción de la primera cláusula.

1) Las siguientes conjunciones adverbiales siempre requieren del uso del subjuntivo en la cláusula subordinada:

a fin de que	con tal de que	para que
a menos que	en caso de que	siempre y cuando
antes de que	mientras que	sin que

Nota que, con la excepción de *siempre y cuando*, todas estas conjunciones requieren del pronombre relativo **que**. Es posible usar las mismas conjunciones adverbiales sin el **que**, y en este caso no se necesita usar el subjuntivo. Si la conjunción termina en una preposición se usa el infinitivo.

Estudio mucho **a fin de** terminar la carrera.

Estudio mucho **a fin de que** mis padres estén orgullosos de mí.

En el primer ejemplo el sujeto es el mismo en ambas cláusulas (yo estudio y yo quiero terminar la carrera). La conjunción con el pronombre que se usa cuando los dos sujetos son diferentes.

2) Las siguientes conjunciones nunca requieren del subjuntivo porque presentan evidencia, ejemplos de algo que se percibe como real.

| **así que** | **porque** | **por lo tanto** | **por eso** | **puesto que** | **ya que** |

Estudio química **porque** me apasiona.

Me dijo una mentira, **así que** ya no le hablo.

3) Cuando la conjunción expresa una relación temporal, se requiere del subjuntivo solamente si la cláusula principal no ha ocurrido. Las siguientes son conjunciones de tiempo:

cuando	en cuanto
después	hasta que
después de que	tan pronto (como)

Mercedes **ve** un noticiario después de que sus hijos **ven** las caricaturas.

Mercedes **va a ver** un noticiario después de que sus hijos **vean** sus caricaturas.

Observa que en el primer ejemplo se está describiendo la rutina de Mercedes, algo que hace siempre.

4) En el caso de las expresiones **aunque, como** y **(a)donde** generalmente se usa el subjuntivo, aunque es posible usar el indicativo si se habla de algo específico.

Quiero conocer Venezuela aunque **esté/está** muy lejos.

Ejercicios

a) **Las causas sociales** Decide si debes usar el subjuntivo o el infinitivo en la cláusula subordinada.

1. No debes ir a la manifestación **hasta que** el presidente _____ (terminar) su discurso.

2. Quiero pedir firmas para nuestra petición **después de** _____ (regresar) de trabajar.

3. No podemos hacer una huelga **sin que** la policía _____ (llegar) a detenernos.

4. El gobierno va a reducir los impuestos **siempre y cuando** los senadores_____ (firmar) el acuerdo.

5. No donaré dinero a Amnistía Internacional este año **con tal de** _____ (ahorrar).

6. La guerra contra nuestros enemigos va a comenzar **aunque** todos _____ (oponerse).

7. Los trabajadores inician huelgas **sin que** las compañías _____ (poder) evitarlo.

8. Los trabajadores deben ahorrar **en caso de que** _____ (haber) una recesión.

9. El gobierno está preparado **a fin de** _____ (enfrentar) cualquier emergencia.

10. La opinión pública no va a cambiar **mientras no** _____ (mejorar) la situación del país.

b) La tecnología Decide si necesitas usar el <u>infinitivo</u>, o el <u>presente del indicativo</u> o del <u>subjuntivo</u>.

1. Me gusta chatear con mis amigos cuando _____ (tener, yo) tiempo.

2. Susana va a enojarse cuando _____ (ver) que perdí su computadora portátil.

3. Cuando (yo) _____ (usar) las redes sociales, pierdo mucho tiempo.

4. Invitaré a mis amigos a leer mi blog tan pronto como _____ (escribirlo).

5. El profesor enciende su computadora antes de que _____(empezar) la clase.

6. Voy a adjuntar un archivo a este correo antes de _____ (enviarlo).

7. Quiero una computadora portátil nueva ya que la mía _____ (ser) muy vieja.

8. Estoy evitando usar las redes sociales a fin de _____ (conseguir) buenas notas en mis clases.

9. Te presto mi computadora siempre y cuando (tú) _____ (cuidarla).

10. Nunca abro un archivo sin _____ (usar) un programa antivirus primero.

c) La conclusión lógica Habla con un compañero y túrnense para completar las oraciones de forma lógica.

1. Los estudiantes escriben su contraseña **a fin de** _____

2. Voy a viajar con mi lector electrónico, **a menos que** _____

3. Quiero chatear con mis amigos **antes de que** _____

4. Vamos a marchar en la manifestación **aunque** _____

5. Queremos comprar mucha comida **en caso de que** _____

6. **Voy a hablar con un grupo feminista para** _____

7. El profesor hizo trampa en el examen **sin que** _____

8. **(con tal de que)** _____

Ejercicios en Internet

Cláusulas adverbiales y conjunciones (1)   http://www.quia.com/quiz/7781781.html

Cláusulas adverbiales   http://www.quia.com/quiz/7784349.html

Conjunciones adverbiales y el subjuntivo   http://www.quia.com/pop/760414.html

Subjuntivo con cláusulas adverbiales (2)   http://www.quia.com/pop/760451.html

Observa

Varias de las siguientes oraciones son correctas, pero otras son incorrectas. Identifica las incorrectas.

Todos los días estoy comiendo una dieta sana.

Este fin de semana estoy yendo a la playa.

Mi hermana y yo estamos estudiando en una universidad pública.

Soy leyendo un buen libro.

Mi amigo está trabajando en un restaurante.

Te llamo luego porque estoy estudiando.

Nos gusta bailando en las fiestas con nuestros amigos.

Fumando es terrible para la salud.

Analiza

Basándote en tus respuestas, ¿cuáles crees que sean las reglas sobre cuándo es correcto usar verbos terminados en *-ando* o *-iendo* en una oración?

El infinitivo y el gerundio

Las reglas

1. Se conoce como gerundio a un verbo que termina en *-ando* o en *-iendo*. El gerundio se usa de manera diferente en inglés y en español, con dos excepciones.

	verbos -ar	verbos -er	verbos -ir
terminación	-ando	-iendo	-iendo
ejemplo	caminando	escribiendo	viviendo

2. Algunos verbos tienen un gerundio considerado irregular, pero que sigue unas reglas lógicas:

caer	cayendo	**ir**	yendo
construir	construyendo	**leer**	leyendo
destruir	destruyendo	**oír**	oyendo

Observa el uso de la letra *ye* en vez de la *i* para deshacer un triptongo (tres vocales juntas). Por su parte, los verbos con cambio en el radical conservan este cambio:

preferir → prefiriendo   vestirse → vistiéndose

3. El uso más común del gerundio en español es como un componente del presente progresivo, el cual se construye con el verbo **estar** seguido del gerundio.

-ar	-er/ -ir
yo estoy cant**ando**	nosotros estamos escrib**iendo**
tú estás bail**ando**	vosotros estáis viv**iendo**
él/ella/usted está cant**ando**	ustedes/ellos están entend**iendo**

Este tiempo se usa solamente si la acción está en proceso, es decir, está ocurriendo al mismo tiempo que se habla, o si es rutina durante ese período. Sin embargo, es posible usarlo también para hablar de una acción que estaba en proceso en el pasado. en este caso, el verbo estar debe conjugarse en el imperfecto.

Este semestre **estamos tomando** tres clases en la universidad.

En este momento **estoy viendo** un buen programa de televisión.

Ayer **estaba viendo** la tele cuando llamaron a la puerta.

A diferencia del inglés, el presente progresivo no puede usarse si la acción va a ocurrir en el futuro. Tampoco puede usarse si en realidad no está ocurriendo ninguna acción.

I *am wearing* a sweater. → **Llevo** puesto un suéter. (No hay una acción real).

We *are leaving* for Mexico next Tuesday. → Vamos a viajar a México el próximo martes.

Estar no es el único verbo que puede usarse con el gerundio. También se pueden usar los verbos *andar*, *seguir* y *venir*. Estos verbos tienen un significado ligeramente diferente, y tienden a ser coloquiales (es mejor evitarlos cuando escribimos).

Marcelo anda diciendo mentiras sobre ti. → Implica repetición de la acción en lugares diferentes.

¿Sigue estudiando italiano Rosa? → Implica que la acción continúa desde hace algún tiempo.

Mis padres vienen ahorrando desde que nací. → También implica que la acción ha continuado desde hace tiempo.

4. En inglés es común usar el gerundio como sustantivo, sobre todo al inicio de una oración. Por lo mismo, puede ser el sujeto de una oración. En español esto no es posible: si un verbo es el sujeto de la oración se debe usar un verbo en infinitivo (un verbo no conjugado).

Smoking is bad for your health. → **Fumar** es malo para la salud.

5. Tanto en inglés como en español es posible usar el gerundio como un adverbio, es decir, una palabra que modifica cómo se hace una acción.

They entered the room **singing**. → Entraron **cantando**.

He left dancing. → Se fue **bailando**.

Ejercicios

a) ¿Qué estaban haciendo ayer a las seis de la tarde? Usa los sujetos y los verbos para crear oraciones originales sobre lo que estaban haciendo las personas. Presta atención a los verbos irregulares y a los cambios en el radical.

Modelo: Verónica (nadar) → (Ayer a las seis) Verónica **estaba nadando** en la piscina.

1. El niño (dormir) _____

2. Los ladrones (huir) _____

3. Los albañiles (construir) _____

4. La abuela (decir) _____

5. El gobernador (mentir) _____

6. Las plantas (morir) _____

7. El enfermo (ir) _____

8. El presidente (influir) _____

b) Traducciones Observa los siguientes ejemplos en inglés y trabaja con un compañero para decidir cuál es la mejor traducción al español. Presten atención al uso del gerundio, del infinitivo o del futuro.

1. Cooking with love is the secret for a great taste.

2. I don't enjoy going to the supermarket.

3. I am making a cake to celebrate your anniversary next weekend.

4. She ate her food chewing slowly.

5. I am reading a very interesting book.

6. I am feeling sick.

7. They were wearing their best clothes.

Ejercicios en Internet

Presente progresivo y gerundio   http://www.quia.com/quiz/7781778.html

¿Se necesita el gerundio?   http://www.quia.com/quiz/7781777.html

¿Infinitivo o gerundio?   http://www.quia.com/pop/760405.html

Observa

Observa los siguientes pares de palabras.

cama	camilla
insecto	insecticida
americano	panamericano

Analiza

¿Cuál es la diferencia en el significado de cada par de palabras? ¿Cómo se logra cambiar el significado?

Las reglas

Afijos: sufijos y prefijos

Un **afijo** es una silaba o una parte de una palabra que tiene la capacidad de cambiar el significado de un vocablo. Existen dos tipos de afijos: los **sufijos** y los **prefijos**. Los sufijos se colocan al final de una palabra, en tanto que los prefijos se ponen al inicio.

Existen muchos tipos de sufijos. Uno de los más comunes es el pronombre que se le agrega a un verbo reflexivo. Por ejemplo, *volver / volverse*. El significado de *volver* sin el sufijo es *regresar*, en tanto que *volverse* significa *cambiar*, *convertirse* en algo diferente: Se volvió loco.

Un sufijo puede añadirse a muchos tipos de palabras, no solo a los verbos. Por ejemplo, el sustantivo *cuchillo*, puede convertirse en *cuchillada* o *cuchillito*. Se conserva así el concepto original de la palabra (la raíz), pero ajustándose a las necesidades de la lengua. Así, un adjetivo como *hábil*, puede transformarse en el sustantivo *habilidad*, o al adverbio *hábilmente*. Si agregamos un prefijo, puede cambiar el significado de la palabra a lo opuesto: inhabilidad. Algunos prefijos comunes son *ante-*, *pre-*, *in-*, *en-* y *des-*. Entre los sufijos más comunes en español están *-ad*, *-ano*, y *-mente*.

Numerosos afijos del idioma español provienen del latín y del griego. En las siguientes páginas aprenderás algunos de los más comunes. Antes de observar la lista, ponte a prueba con las palabras de la lista de abajo.

Ponte a prueba

Piensa en tres palabras que pueden derivarse de las siguientes con un sufijo o un prefijo, y después explica cómo ha cambiado el significado con respecto a la palabra original.

canción _____	ventana _____	almohada _____
bueno _____	malo_____	leal _____

SUFIJOS DE ORIGEN GRIEGO

SUFIJO	SIGNIFICADO	EJEMPLOS
–algia	dolor	gastralgia
–arquía	mando	monarquía
–cracia	poder	democracia
–dromo	carrera	hipódromo
–filia	afición, proclividad a	germanofilia
–gamia	matrimonio	poligamia
-itis	inflamación	apendicitis
–lito	piedra	monolito
–patía	padecimiento	neuropatía
-teca	caja o archivo	biblioteca
–fobia	odio	hidrofobia

Un reto

¿Qué nuevas palabras puedes formar usando afijos y los siguientes sustantivos? ¿Qué significan?

aristócrata
auto
claustro
disco
tendón

Otro reto
Da otros ejemplos de palabras para cinco de estos sufijos.

SUFIJOS DE ORIGEN LATINO

SUFIJO	SIGNIFICADO	EJEMPLOS
-ano	Pertenencia a una persona, nación, etc.	Australiano: de Australia.
-ario	Indica una relación general o específica	Agrario: relacionado con el agro.
-ble	Que puede ser.	Visible: que puede ser visto. Amable+ puede ser amado
-ez(a)	Forma sustantivos femeninos a partir de adjetivos.	Belleza: cualidad de bello.
-ez	Pertenencia (por extensión se hizo patronímico)	Vejez, Pérez
-cida	Que mata.	Homicida, que mata hombres.
-dad, -tad	Formación de sustantivos abstractos.	Libertad: cualidad de libre.
-ia -io -ía, -ío	Puede formar adjetivos y sustantivos.	Alegría: cualidad de alegre.
-dura y -tura	Forma sustantivos derivados de verbos, participios a adjetivos.	Locura: cualidad de loco.
-voro	Que come.	Omnívoro: que come de todo.
-oso	Forma adjetivos desde sustantivos u otros adjetivos.	Chistoso: que es como un chiste

PREFIJOS COMUNES DE ORIGEN GRIEGO

PREFIJO	SIGNIFICADO	EJEMPLOS
alo-, ale-	otro	alopatía
a-, an-	sin	amorfo
anfi-	alrededor	anfiteatro
em-, en-	dentro	encéfalo
endo-	interno	endogamia
exo-	fuera	exoesqueleto
hemi-	medio	hemisferio
hiper-	sobre, exceso de	hiperventilar
hipo-	debajo, por debajo de	hipócrita
peri-	alrededor	periférico
poli-	varios	políglota
pro-	delante	prolongar

PREFIJOS COMUNES DE ORIGEN LATINO

PREFIJOS	SIGNIFICADO	EJEMPLOS
ad-	hacia o añadido	adjunto
bi-, bis-	dos	bilingüe
co-, con-, com-, cor-	con	conciudadano
des-	privación, no tener	descomunal
ex –	que ya no es, ha cesado	expresidente
extra-	muy, fuera de	extraordinario
in-, im-	en	imponer
i-, in-, im-	sin, privado de	irracional
inter-	entre	internacional
intra-	dentro	intramuscular
multi-	muchos	multicolor
omni-	todo	omnipotente
pos-, post-	después	poscomunión
pre-	delante, anterior	prenatal
re-	de nuevo, otra vez	reinventar
su-, sub-	debajo, por debajo	subalterno
super-, supra-	encima, por encima	superhéroe
trans-, tras-	más allá de, a través de	transiberiano

Un reto más

Usa afijos o prefijos para crear nuevas palabras con los siguientes vocablos. Explica qué significa la nueva palabra.

color
frágil
operación
pasar
solución
terrestre
usar

Ejercicios

a) **Cambios** Convierte cada palabra a otra parte de la lengua. Por ejemplo, si es un sustantivo, conviértelo en un verbo o en un adjetivo.

Modelo: alegre (adjetivo), alegría (sustantivo); alegrar (verbo)

adjetivo	sustantivo	verbo
malo		
	locura	
leal		
	mesura	
		embellecer
curioso		

b) **Significados** Los siguientes pares de palabras tienen una raíz en común, pero su significado es diferente gracias al uso de afijos. Túrnate con un compañero para explicar la diferencia en su significado. Recuerda usar **otras** palabras para definirlas.

1. decir, predecir

2. habilidad, inhabilidad

3. aracnofilia, aracnofobia

4. real, irreal

5. carne, carnívoro

6. física, metafísica

7. video, videoteca

8. malévolo, maldad

c) **¿Qué quiere decir la palabra?** Usa las tabla de sufijos y prefijos de las páginas anteriores para explicar lo que quieren decir las siguientes palabras. Usa la lógica y tu intuición. Si no reconoces alguna palabra, establece si es un adjetivo, un verbo o un sustantivo.

1. bigamia

2. colitis

3. herbívoro

4. amoral

5. cordura

6. alguicida

7. ostentoso

8. preconcepción

9. legendario

10. mesura

11. empoderar

12. inconexo

Ejercicios en Internet

Prefijos y sufijos   http://www.quia.com/quiz/7784607.html

Prefijos y sufijos (2)   http://www.quia.com/quiz/7784612.html

Made in United States
Troutdale, OR
07/27/2023

11606552R00164